Beate Küpper
Ann Marie Krewer (Hrsg.)

Arbeit mit geflüchteten und neuzugewanderten Personen

Eine Handreichung für die Praxis

Verlag Barbara Budrich
Opladen • Berlin • Toronto 2020

Bibliografische Information der Deutschen Nationalbibliothek
Die Deutsche Nationalbibliothek verzeichnet diese Publikation in der Deutschen Nationalbibliografie; detaillierte bibliografische Daten sind im Internet über https://portal.dnb.de abrufbar.

Gedruckt auf säurefreiem und alterungsbeständigem Papier

www.budrich.de

ISBN 978-3-8474-2338-6 (Paperback)
eISBN 978-3-8474-1554-1 (eBook)
DOI 10.3224/84742338

Umschlaggestaltung: Bettina Lehfeldt, Kleinmachnow – www.lehfeldtgraphic.de
Titelbildnachweis: www.istock.com
Lektorat: Monika Knaden
Satz: Anja Borkam, Jena – kontakt@lektorat-borkam.de
Druck: paper & tinta, Warschau
Printed in Europe

Arbeit mit geflüchteten und neuzugewanderten Personen

Inhalt

Verzeichnis der Abbildungen und Tabellen

Einleitung: Integration von Geflüchteten

Beate Küpper und Ann Marie Krewer

Im Zeitraum zwischen 2015 und 2019 kamen rund 1,2 Millionen Personen als Schutzsuchende nach Deutschland. Nach nunmehr vier Jahren nennenswerter, mittlerweile auch schon zahlenmäßig wieder deutlich zurückgegangener Fluchtbewegung werden Geflüchtete in Deutschland zu Neuzuwanderern.

Die Integration der Neuangekommenen ist nach wie vor ein zentrales Thema für Kommunen, Wohlfahrtsverbände und freie Träger sowie damit verbunden auch für Arbeitsagenturen, Jobcenter und viele weitere Akteure, die Integration koordinieren, moderieren, unterstützen bzw. zusammen mit den Geflüchteten gestalten. Der Integrationsdiskurs gehört zu den dominierenden und aktuell vor allem polarisierenden gesellschaftlichen Diskursen. Parallel sind in den vergangenen Jahren etliche Buchpublikationen zum Thema Geflüchtete und Neuzugewanderte auf dem deutschsprachigen Markt erschienenen (u.a. Bohn/Alicke 2016, Schmid-Nörr/Meints-Stender 2017, Schiffauer/Eilert/Rudloff 2017, Ghaderi/Eppenstein 2017, Kleist 2018, Fisch/Ueberbach/Patenge 2018).

Integrationsakteure bewegen sich damit in einem Spannungsfeld von theoretischen Überlegungen, den Anforderungen der praktischen Integrationsarbeit sowie aufgeheizter gesellschaftlicher Debatten, die wiederum in ihrer täglichen Arbeit ihre Spuren hinterlassen.

Integration im Spannungsfeld zwischen neuen theoretischen Ansätzen und der praktischen Umsetzung

Die Forschung zum Thema Integration entwickelt sich wie in anderen Feldern beständig weiter, nimmt je nach Fachdisziplin andere Perspektiven ein und verwendet andere Begrifflichkeiten. Älteres wird dabei nicht immer als Vorläufer verstanden, die von neueren Erkenntnissen abgelöst werden, sondern wird manchmal auch, begleitet von Empörung, als völlig überholt, unbrauchbar oder gar verwerflich eingestuft. Anderes wird im deutschen Kontext überraschend wenig auch nur zur Kenntnis genommen; dazu gehört beispielsweise die Forschung zur Akkulturation, die seit vielen Jahrzehnten Erfahrungen und

Erkenntnisse insbesondere aus den alten Einwanderungsländern USA und Kanada, aber u.a. auch aus den Niederlanden liefert (zur Übersicht über Theorien und Studien u.a. Zick 2010).

Die Praxis findet sich zwischen dem hohen Reflexionsgrad einer rassismuskritischen Perspektive und den Niederungen der alltäglich zu leistenden Integrationsarbeit, was sich auch in diesem Band spiegelt. So charakterisiert z.B. María do Mar Castro Varela (2013: 8ff.) „Integration als Teil einer meritokratischen Politik", die diejenigen belohne, die sich anstrengen, und so dazu führe, dass Integration lediglich von den „migrantischen Subjekten" zu leisten sei. Außerdem stabilisiere der Begriff ein Abstammungsdenken, das – verstärkt über den Begriff „Menschen mit Migrationshintergrund" – über Generationen hinweg eine Zugehörigkeitsgrenze ziehe, die zwischen *Deutschen* und *anderen Deutschen* verlaufe. Ziel des Integrationsprozesses von „Menschen mit Migrationshintergrund" sei insofern in postkolonialer Perspektive, dass diese Menschen sich an die Werte und Normen der Dominanzgesellschaft anpassen sollen, die Anpassung aber nie vollständig gelingen könne und die Menschen immer *anders* – nämlich *Menschen mit Migrationshintergrund* bleiben würden. In diesem Verständnis liegt das Augenmerk darauf, dass Integration immer auch etwas mit Macht und Dominanz zu tun hat – die *einen* geben vor, wer sich wie anzupassen hat und wohinein sich *andere* zu integrieren haben. In der Praxis geht es dann vielfach um die Herausforderung, die Integration vor dem Hintergrund dieser Machtansprüche und -gewohnheiten so gut wie möglich umzusetzen, immer konfrontiert mit diversen Hürden und Hindernissen. Dazu zählen beispielsweise sich beständig verändernde Gesetzeslagen, komplizierte, manchmal auch behäbige Verwaltungsstrukturen und Stimmungslagen in der Gesellschaft, die der Integration nicht immer förderlich sind, oder dass diejenigen, die sie leisten, gar beschimpft und bedroht werden.

In einigen Ansätzen wird nicht zuletzt aus diesem Grund dafür plädiert, statt den Begriff der *Integration* zu verwenden, besser von *Inklusion* geflüchteter bzw. zugewanderter Menschen zu sprechen (z.B. Bommes 2011, in Anlehnung an die soziologische Systemtheorie Luhmanns), um den Fokus auf die exkludierenden, also ausschließenden Mechanismen in Gesellschaft, Institutionen oder Rechtssystemen zu legen, die die Teilhabe von Menschen – aus welchen Gründen auch immer – über Zugangschancen begünstigen oder verhindern (z.B. die Kopplung einer Arbeitserlaubnis an den geklärten Schutzstatus einer Person).

Wichtig ist in dieser Perspektive, dass die Inklusionschancen bzw. Exklusionsrisiken von Menschen nicht auf deren jeweilige individuelle Problemlagen zurückgeführt werden (z.B. mangelnde Sprachkenntnisse). Es geht vielmehr um die Betrachtung der „systemspezifischen Inklusionsvoraussetzungen" (Bommes 2011: 62) – also eher um die Frage, welche Voraussetzungen das System schaffen muss, um neuankommenden Personen mit noch rudimentären deutschen Sprachkenntnissen trotzdem Teilhabe zu ermöglichen. Die meisten modernen kommunalen Integrationskonzepte tragen diesen neueren Entwicklungen Rechnung, indem sie Integration als umfassenden Prozess verstehen, der die ganze Bevölkerung einschließt (Filsinger/Gesemann 2018). Die Ausdifferenzierung und Umsetzung der oft durchaus anspruchsvollen Konzepte in den verschiedenen Feldern wird dem gesteckten Anspruch mal mehr, mal weniger gerecht. Erst wenige Ansätze beziehen Geflüchtete als professionelle Expert_innen oder Expert_innen ihrer selbst mit in die Konzeption von Maßnahmen und Angeboten ein, zumindest fanden in einigen Kommunen Konsultationsworkshops o.Ä. statt, um Bedarfe und Ideen von geflüchteten Personen zu eruieren. In diesem Band verstehen wir Integration als einen Prozess, der in Inklusion – oder eine radikale Diversität (Czollek/Perko/Kaszner/Czollek 2019) – münden kann, zugleich aber gruppenbezogene Vielfalt und Unterschiedlichkeiten gefühlter bzw. zugewiesener Zugehörigkeiten und Identitäten berücksichtigt.

Wir plädieren daher für einen undogmatischen und pragmatischen Umgang mit den verschiedenen Konzepten und Ansätzen, der es erlaubt, im Alltag zu handeln und auch jene mitzunehmen, die sich noch wenig mit dem Thema beschäftigt haben, der zugleich aber immer kritisch hinterfragt, was man eigentlich gerade tut, was – ggf. gewollt oder ungewollt – einfach übernommen wird, weil man das schon immer so gemacht hat und damit letztlich gewohnte Ungleichheiten zementiert. In der Praxis wird es vermutlich vor allem um eine gute Mischung aus Integration und Inklusion gehen, d.h. Menschen gleichzeitig in ihren gruppalen als auch ihren ganz individuellen Identitäten anzuerkennen.

Integration gelingt besser als behauptet

Es gab immer Phasen, in denen in kurzer Zeit Menschen in großer Zahl nach Deutschland kamen. Auch in der Vergangenheit waren diese Menschen nicht immer willkommen und es wurden nur unzureichende Maßnahmen ergriffen, ihr Bleiben-Können zu unterstützen. Auch diese Personen flohen vor den politischen, wirtschaftlichen und sozialen Verhältnissen, weil sie aus ihren Heimatländern vertrieben wurden oder es dort zu gefährlich für sie war. Oder sie sahen in ihren Heimatländern keine Lebensgrundlage mehr für sich. Wieder andere kamen (waren gerufen worden) als Arbeitsmigrant_innen. Deren Integration gilt trotz vielfacher Schwierigkeiten und Vorbehalte als gelungen, ungeachtet aller Unkenrufe über eine gescheiterte Integration einiger Submilieus (siehe dazu u.a. das Jahresgutachten des Sachverständigenrates deutscher Stiftungen für Integration und Migration, SVR 2018a). Auch gesellschaftliche Konflikte zwischen Eingewanderten und Alteingesessenen können als Indikator einer gelungenen Integration gelesen werden (u.a. El-Mafaalani 2018).

Die spezifische Situation geflüchteter Menschen ist, dass sie selten freiwillig hier sind, möglicherweise keinen längerfristigen Aufenthalt geplant haben und eher davon träumen, eines Tages in ihre Heimat zurückzugehen. Im Zweifelsfall wären die meisten vermutlich lieber zu Hause geblieben, wenn es die Zustände in ihren Herkunftsländern erlaubt hätten. Aktivist_innen, die sich für Geflüchtete einsetzen, verwehren sich u.a. deshalb gegen eine Gleichsetzung von Flucht und Migration.

Der Anspruch auf echte „Integration" – als Kontakt und Teilhabe an der Aufnahmegesellschaft bei der gleichzeitigen Möglichkeit eigene kulturelle Anteile beizubehalten und ggf. weiterzuentwickeln – ist in Bezug auf die geflüchteten Menschen vor allem aufgrund ihrer oft unsicheren Bleibeperspektive ein bitterer, fast zynischer (in der öffentlichen Debatte aber oft ignorierter) Widerspruch. Dabei ist der Prozess der Integration voller Hoffnungen und Enttäuschungen (auf beiden Seiten) geprägt von Erfolgen und Misserfolgen. Während auf der Arbeitsebene viele Menschen sich für die Integration manchmal bis zur Erschöpfung engagieren – Ankommende wie Aufnehmende – und Integration realistisch als mühseligen, aber auch Sinn stiftenden Prozess einschätzen, fällt der Blick der medialen Öffentlichkeit vor allem auf gewalttätige Verbrechen oder Übergriffe durch Geflüchtete, die jedoch eher die Ausnahme bilden. Kaum wahrgenommen wird dagegen gelingendes Ankommen – in einem unserer eigenen Projekte wurde ein junger, IT-spezialisierter Mann, der als Geflüchteter aus Syrien gekommen ist, nach rund zweieinhalb Jahren in Deutschland in einer westdeutschen Kommune als Beamter auf Lebenszeit eingestellt.

Ob Flucht als ein von Migration getrenntes oder damit verwandtes Phänomen verstanden und diskutiert wird, ist nicht zuletzt eine politische bzw. politisch instrumentalisierbare Frage. Die Genfer Flüchtlingskonvention trennt klar zwischen Flucht und Migration, ebenso die derzeitige Gesetzeslage in Deutschland. In der politischen Auseinandersetzung wird über die Fragen „Wer ist migriert, wer geflüchtet, und wer darf unter welchen Bedingungen bleiben bzw. wer nicht?" verhandelt. Die aktuelle Idee eines „Spurwechsels", der es Personen ermöglicht, den rechtlichen Status von Flüchtlingen zu verlassen und Migrant_innen zu werden, sobald sie in Deutschland einen Arbeitsplatz haben, soll den Übergang erleichtern.

Praktische Integrationsarbeit

Für Geflüchtete, die unter besonders schwierigen Umständen ins Land kommen und mehr oder weniger bei null anfangen müssen, bedeutet „Integration" zunächst einmal, sich ein neues Leben aufbauen zu müssen – einen Ort zum

Wohnen zu finden, gesund zu werden und zu bleiben, in ein kompliziertes Bildungssystem hineinzufinden und sich dafür einzusetzen, dass die vorhandenen Qualifikationen anerkannt werden, Arbeit zu finden, Freizeit zu gestalten und sich so sukzessive ein sich halbwegs vertraut anfühlendes soziales, politisches und kulturelles Leben in der Aufnahmegesellschaft aufzubauen. Ein anschauliches Bild über die Lebenssituation der ankommenden Flüchtlinge vermitteln die Interviews, die der Erziehungswissenschaftler Louis Henri Seukwa und sein Team mit einigen von ihnen geführt haben (Seukwa o.J.). Darin schildern die Flüchtlinge ihre hoffnungslos anmutende Situation ohne dauerhaftes Bleiberecht, ihr Leben in Wohnunterkünften meist am Stadtrand, ohne nennenswerte sozialpädagogische Angebote, in physischer und sozialer Distanz, ohne die Möglichkeit eigenes Geld zu verdienen oder ihre Freizeit zu gestalten – insgesamt zur Passivität gezwungen und zermürbt davon, keine Perspektiven zu haben:

> „Ein Mann erzählte beispielsweise von einem Ausflug ins Stadtzentrum. Dort seien er und seine Unterkunftsfreunde aber nur spazieren gegangen, weil sie kein Geld hatten, etwas zu kaufen. Genauso hatten sie Hemmungen, sich in ein Café zu setzen. Eine eigentlich entspannende Tätigkeit endete wegen dieser Einschränkungen in dem frustrierenden Gefühl, nicht dazuzugehören."

Seukwa kennzeichnet dies als „Rumkommen ohne anzukommen". Es beschreibt den Zustand, der sich bildlich auf die Gesamtsituation der Flüchtlinge in Deutschland übertragen lässt. Dabei wollen auch die von Seukwa und seinem Team interviewten jungen Männer einfach Teil der Gesellschaft sein, sich bilden, arbeiten, sich verlieben, Familien gründen und Freunde haben (vgl. Seukwa a.a.O.).

Dieser Prozess wird ermöglicht und erleichtert, manchmal aber auch gehemmt und gebremst durch viele rechtliche Regelungen und sie umsetzende Akteure, insbesondere in den Kommunen (aber auch auf Landes- und Bundesebene, etwa als „Entscheider" beim Bundesamt für Migration und Flüchtlinge, BAMF), in denen professionell und ehrenamtlich Tätige helfen, unterstützen, Wege bereiten. Nahezu alle Kommunen haben in den letzten Jahren Integrationskonzepte mit Blick auf Geflüchtete entwickelt und dabei vieles richtig und besser gemacht als in der Vergangenheit. Diverse zivilgesellschaftliche Akteure – lokale Flüchtlingsinitiativen, Kirchengemeinden, Sportverbände, Schulen, Unternehmen – und Institutionen, wie die kommunalen Integrationsagenturen, Verwaltungen, Jobcenter oder Arbeitsagenturen, arbeiten vielerorts gut vernetzt zusammen. Hier ist in kürzester Zeit viel auf den Weg gebracht worden und eine Vernetzungsstruktur entstanden, die über das Thema „Flüchtlinge" hinaus einen großen Schub für Kommunen und im Größeren für den gesellschaftlichen Zusammenhalt bieten könnte.

Dass Integration keine Einbahnstraße ist, sondern gleichermaßen von Ankommenden und Aufnehmenden geleistet werden muss und nur gemeinsam gelingen kann, wird dabei in der Alltagspraxis manchmal übersehen. Beim Reden oder Schreiben über Integration ist daher immer wieder von zentraler Bedeutung, innezuhalten und sich zu fragen: Aus welcher Perspektive rede oder schreibe ich? Was verbinde ich mit dem Begriff der Integration/Inklusion? Zementiere ich Macht- und Abhängigkeitsverhältnisse mit den Aktionen und Maßnahmen, die ich anbiete? Welche Zielvorstellung von unserer Gesellschaft habe ich? Es gilt also, Integration als gesamtgesellschaftlichen Transformationsprozess zu gestalten, der nie beendet sein wird, da immer neue Menschen entweder in die Gesellschaft hinein geboren werden oder auf anderen Wegen ankommen und zu integrieren sein werden. Dabei könnte die deutsche Gesellschaft in jedem Fall von ihren langjährigen Erfahrungen mit Migration profitieren, frühere Fehler vermeiden, etliches besser machen und die Integration von Neuangekommenen aktiver und gezielter befördern, als das in der Vergangenheit der Fall war. Vor allem geht es darum, nicht für, sondern mit Geflüchteten zu arbeiten und diese als Expert_innen ihrer selbst ernst zu nehmen.

Ziele und Inhalte des Bandes

Vor diesem Hintergrund möchte der vorliegende Band möglichst praxisnah und in vollem Bewusstsein des oben skizzierten Spannungsfeldes aus den drei Perspektiven – theoretische Grundlagen, gesellschaftliche Stimmungslage und praktische Integrationsarbeit – die Arbeit mit geflüchteten bzw. zugewanderten Menschen beleuchten. Dazu werden aufbauend auf einigen grundlegenden theoretischen wie empirischen Befunden zu Integration, Gruppenbezogener Menschenfeindlichkeit und dem Klima in Deutschland zentrale Themen der Integrationsarbeit angesprochen und in komprimierter Form theoretisch eingeordnet. Gleichzeitig werden praxisnahe Handlungshinweise und Anwendungsbeispiele zu den Themen gegeben. Damit richtet sich der Band primär an haupt- und ehrenamtlich arbeitende Personen, die in die Praxis der Migrations- und Integrationsarbeit mit Geflüchteten „neu" einsteigen wollen. Er kann darüber hinaus sicherlich auch für die Arbeit mit Migrant_innen ohne Fluchthintergrund hilfreiche Anregungen geben oder auch für die Lehre genutzt werden – ggf. in Ergänzung zu anderen Publikationen, die einen vertieften theoretischen Einblick geben.

Bei der Zusammenstellung des Bandes haben wir uns vor allem auf die Integration erwachsener Personen konzentriert. Der große und wichtige Bereich der Integration von Kindern und Jugendlichen, somit auch die Integrationsarbeit in Kitas, Schulen und sonstigen Bildungsinstitutionen wird ausgeklammert – wohl wissend, dass dies ein zentraler Bereich ist, der einen eigenen Band rechtfertigen würde.

Auch werden wir in unseren Handlungsempfehlungen nicht auf spezifische Gruppen von Geflüchteten mit z.T. besonderen Bedarfen (z.B. Minderjährige, LSBTQ-Personen) eingehen. Hierzu liegen bereits etliche Publikationen vor, zudem gilt es perspektivisch übergreifende Angebote und letztlich auch Regelstrukturen so weiterzuentwickeln, dass sie ggf. auch besonderen Bedarfen Rechnung tragen (einschließlich Schutz- und Empowerment-Räumen für mehrfach-vulnerable Personen).

Ein Schwerpunkt einzelner Kapitel liegt auf der Integration in Arbeit, nicht nur weil dies für viele Geflüchtete selbst das wichtigste Thema ist oder in der deutschen Zielsetzung im Hauptfokus steht, sondern auch aus theoretischer Sicht als ein zentraler Indikator für Integration gilt. Dazu werden jeweils Tools/Manuale vorgestellt, die vom Institut SO.CON[1] der Hochschule Niederrhein entwickelt, in der Praxis erfolgreich erprobt und auf Fachtagen vorgestellt wurden, und die für verschiedene Anwender_innen nutzbar sind. Die Tools/Manuale fokussieren zum Teil ganz explizit auf die Integrationsarbeit mit Blick auf Geflüchtete und Neuzugewanderte, zum Teil aber auch allgemein auf kulturelle Vielfalt in Unternehmen und Einrichtungen des Sozial- und Gesundheitswesens. Einige der vorgestellten Materialien stehen ergänzend im Online-Angebot des Budrich-Verlages zum kostenlosen Download zur Verfügung.

Der Band ist als zusammenhängendes Buch mit einzelnen Kapiteln mit Querverweisen angelegt, überwiegend verfasst von Mitarbeiterinnen des Instituts SO.CON. Nachstehend eine kurze Einführung in die einzelnen Kapitel:

Das erste Kapitel (Maaßen/Bos-Firchow/Küpper) bietet eine kurze Übersicht über die Faktenlage zu geflüchteten Personen. Hier zeigen wir in Abgrenzung zur Migration auf, wer als geflüchtet gelten kann, warum Menschen fliehen und welche ggf. traumatisierenden Erlebnisse mit der Flucht verbunden sein können. Wir werfen einen kurzen Blick auf die demographischen Daten derer, die in den vergangenen Jahren als Schutzsuchende nach Deutschland gekommen sind, und diskutieren alternative Bezeichnungen für diese soziale Gruppe. Wir zeigen auf, warum wir die Bezeichnungen „Flüchtlinge“, „Geflüchtete bzw. geflüchtete Personen“ und „Schutzsuchende“ alternierend verwenden.

---

1 Das Institut „SO.CON – SOcial CONcepts. Forschung und Entwicklung für die Soziale Arbeit“ ist ein In-Institut am Fachbereich Sozialwesen der Hochschule Niederrhein – einer der größten Hochschulen für angewandte Wissenschaften in Deutschland (https://www.hs-niederrhein.de/socon/). Es wurde 2010 gegründet mit dem Ziel, relevante Fragestellungen der Sozialen Arbeit zu erforschen und zusammen mit Praxis- und Transferpartner_innen anwendungsbezogene Lösungen zu erarbeiten. Arbeitsschwerpunkte sind Zusammenleben und -arbeiten in einer vielfältigen Gesellschaft, sozialraumorientierte, partizipative Ansätze zum Abbau sozialer Ungleichheit sowie digitale Kompetenzentwicklung. Handlungs- und Anwendungsfelder sind überwiegend Unternehmen der Sozial- und Gesundheitswirtschaft sowie kommunale Zusammenhänge von der Quartiersebene bis zu regionalen Governance-Strukturen.

Das zweite Kapitel (Küpper/Krewer/ Michalowski/Bos-Firchow) führt in aller Kürze theoretisch wie empirisch in das Thema Integration ein. Es wird unter Bezug auf alternative Konzepte von Inklusion und Diversity definiert, was wir unter Integration verstehen. Außerdem werden einige bekannte Integrationstheorien und Integrationsakteure vorgestellt, der aktuelle Stand der Integrationserfolge skizziert und auf besondere Herausforderungen verwiesen.

In Bezug auf die Integration von Geflüchteten werfen wir einen Blick auf die aktuelle Stimmungslage in Deutschland, die zwischen Willkommen und Hass pendelt. Thematisiert wird im dritten Kapitel (Küpper), wie Vorurteile und Diskriminierung der Integration im Weg stehen können, wie sich der Rechtspopulismus des Themas Flüchtlinge bemächtigt und wie sich die Praxis der Integrationsarbeit hiergegen wappnen kann.

Diskriminierung ist nicht nur aus ethischen und menschenrechtlichen Gründen ein Problem, sondern auch eine harte Barriere für die Integration. Das vierte Kapitel (Rüther) beschreibt auf Basis einer Befragung von Geflüchteten und Expert_innen, die mit geflüchteten Personen arbeiten, welche Diskriminierungserfahrungen sie machen müssen und gibt Handlungsempfehlungen für Organisationen zum Abbau von Diskriminierung.

Beim Thema Integration fällt oft als Erstes der Hinweis auf die Wichtigkeit des Erlernens der Sprache des Aufnahmelandes, in diesem Fall der deutschen Sprache. Geflüchtete sollen, wenn möglich, schnell mit dem Deutschlernen beginnen, der Besuch eines Sprach- und Integrationskurses ist sogar verpflichtend für diejenigen, die einen längeren Aufenthaltsstatus anstreben. Diese Forderung ist schnell gestellt, selten wird aber realisiert, welche Herausforderung das Erlernen einer neuen Sprache generell für Erwachsene bedeutet und umso mehr für Personen mit Fluchterfahrung bzw. in prekären Lagen, wie dies häufig der unsichere Aufenthaltsstatus mit sich bringt. Diese Perspektive eröffnet das fünfte Kapitel (Grimaldi).

Die Herausforderungen, die die Integration von Geflüchteten an einzelne Kommunen stellt, werden im sechsten Kapitel (Krewer/Vomberg/Golestani) beschrieben. Dabei geht es darum, ein Gesamtkonzept zu entwickeln, das nicht nur die Neuzugewanderten, sondern alle im Quartier lebenden Menschen einschließt, bisherige Aktivitäten bündelt und die zusätzlichen Aufgaben sinnvoll vernetzt. Anhand von zwei Modellen werden Empfehlungen zur praktischen Umsetzung gegeben.

Das siebte Kapitel (Krewer/Michalowski/Tiskens) lenkt den Blick auf die – nicht immer spannungsfreie – Zusammenarbeit von haupt- und ehrenamtlichen Mitarbeitenden in der Arbeit mit Geflüchteten. Vor diesem Hintergrund werden zunächst die spezifischen, sich aus der Flucht ergebenden Belastungsfaktoren charakterisiert. Aufbauend darauf werden die Grundlagen eines Fortbildungskonzeptes für ehren- und hauptamtlich in der Flüchtlingshilfe Engagierte vorgestellt, das die Stärkung persönlicher Ressourcen der Helfenden fokussiert. Auf einem systemischen Ansatz basierend soll die Fortbildung die Helfenden darin unterstützen, insbesondere unter Belastung in Balance mit den eigenen Ressourcen zu agieren, um so möglichst langfristig die hier angekommenen Menschen in ihren Integrationsprozessen begleiten zu können.

Im achten Kapitel (Närdemann) wird das Thema Integration aus der Perspektive von Geflüchteten beleuchtet. Die Autorin stellt dazu Befunde einer qualitativen Studie vor, aus der Hinweise für die Arbeit mit Geflüchteten abgeleitet werden.

Das neunte Kapitel (Schulz/Küpper) steht ganz im Zeichen der großen Bedeutung einer gelingenden Integration in Arbeit. Es werden konkrete und erprobte Vorgehensweisen für die Begleitung von Geflüchteten und Arbeitgeber_innen auf dem Weg der Integration in Betriebe vorgestellt.

Mit der Frage „Wie kann kulturelle Vielfalt gestaltet werden?“ beschäftigen wir uns im zehnten Kapitel (van Wickeren/Küpper). Nach einer kurzen theoretischen Vorstellung und Diskussion der alternativen Ansätze von interkultureller Öffnung und Diversity Management werden einige neue Instrumente vorgestellt, die bunter und diverser werdende Kommunen, Einrichtungen und Unternehmen bei der Umsetzung kultureller Vielfalt mit Blick auf alle Mitarbeiter_innen für die Organisationsgestaltung nutzen können.

Kapitel elf (Schulz/Wolgast) informiert über die Situation von Personen, die im Ausland einen Hochschul- bzw. Universitätsabschluss erworben haben, und damit zu einer besonderen Gruppe unter den Geflüchteten gehören. Derzeit finden viele nur unterhalb ihrer Qualifikation eine Beschäftigung. Das Kapitel bietet Empfehlungen für die Beratung und Begleitung von Personen mit einem im Ausland erworbenen akademischen Abschluss mit engem Bezug zu den Erfahrungen des Projekts „On Top“, das am Institut SO.CON in Projektpartnerschaft mit der Otto-Benecke-Stiftung, der Universität Duisburg-Essen bzw. der FH Köln durchgeführt und im Rahmen des Bundesprogramms „Integration durch Qualifizierung“ gefördert wird.

Abschließend öffnet das zwölfte Kapitel (Nebauer) den Blick auf den Transfer von Projektergebnissen und gibt Empfehlungen, die allgemein für Projekte im Feld der Integrationsarbeit und darüber hinaus für die Planung, Beantragung und nachhaltige Umsetzung hilfreich sein können.

Kapitel 1: Wer kommt nach Deutschland? Fakten zu Geflüchteten

Swantje Maaßen, Beatrix Bos-Firchow, Beate Küpper

Weltweit sind derzeit 71 Millionen Menschen auf der Flucht, mehr als je zuvor seit dem Zweiten Weltkrieg. Laut UNHCR Deutschland (2019) sind 41 Millionen dieser Menschen Binnenvertriebene, 26 Millionen gelten als Flüchtlinge[1] und 3,5 Millionen als Asylsuchende (d.h. ein Asylantrag wurde gestellt). 80 Prozent der Geflüchteten suchen Schutz in den jeweiligen Nachbarländern, die selbst Entwicklungsregionen sind.

Aktuell kommen 57 Prozent der weltweit registrierten Flüchtlinge aus drei Ländern: Syrien, Afghanistan, Süd-Sudan. Etliche Menschen bezahlen ihre Flucht mit dem Leben. So ertranken im Zeitraum von 2014 bis 2019 mindestens 20.000 Menschen im Mittelmeer bei ihrem Versuch von Nordafrika aus Europa zu erreichen. Ungezählt sind jene Menschen, die auf dem Weg durch die Sahara verdursten oder umgebracht werden. Mit anhaltenden politischen, sozialen und zunehmend auch ökologischen Krisen, einer wachsenden Weltbevölkerung und zugleich mehr Kenntnissen über andere Regionen und auch infrastrukturellen Möglichkeiten zu reisen, werden die Flucht- und Wanderungsbewegungen voraussichtlich andauern. Aber nur ein kleiner Teil dieser Menschen kommt nach Europa. Nach Deutschland kamen in den vergangenen Jahren rund 1,8 Millionen Menschen als *Schutzsuchende*.[2] Als solche gelten ausländische Personen, die sich unter Berufung auf humanitäre Gründe in Deutschland aufhalten, jedoch keinen Asylantrag gestellt haben oder über deren Asylantrag noch nicht entschieden wurde bzw. die aus anderen Gründen im Land bleiben möchten (s.u.). Rund 1,1 Millionen dieser Menschen haben beim Bundesamt für Migration und Flüchtlinge (BAMF) in den vergangenen Jahren einen Asylantrag gestellt; diese gelten als *Asylsuchende*. Als *Flüchtlinge* im rechtlichen Sinne gelten jene, deren Asylantrag bewilligt wurde. Über die rein rechtliche Bezeichnung hinaus wird neben dem Begriff *Flüchtlinge*

---

1 Dazu werden auch die 5,5 Mill. Palästinenser_innen gezählt, die das Staatsgebiet von Israel verlassen haben bzw. ihre Nachkommen und die seit Jahrzehnten in den umliegenden Ländern des Nahen Ostens leben, dort aber nach wie vor keine Staatsbürgerschaft erhalten (nicht zuletzt auch, um diese Menschen gezielt im Flüchtlingsstatus zu belassen, um Druck auf Israel auszuüben).

2 Einen kurzen Überblick über die Definitionen von in diesem Zusammenhang mit geflüchteten Personen relevanten Begriffe und beständig aktualisierte Information findet sich u.a. bei der Landeszentrale für politische Bildung Baden-Württemberg: https://www.lpb-bw.de/fluechtlingsproblematik.html [Zugriff: 10.02.2020].

zunehmend auch der Begriff *Schutzsuchende* als Sammelbegriff für Personen verwendet, die aus ihren Heimatländern fliehen mussten bzw. die in einem anderen Land Schutz suchen, unabhängig davon, ob ihre Gründe rechtlich als Fluchtgrund anerkannt werden. Für einige Aspekte der Integration ist der Status der schutzsuchenden Person hoch relevant (z. B. ob sie arbeiten darf), für andere nicht (z.B. ob eine Unterkunft benötigt wird, Verpflegung und Gesundheitsversorgung sichergestellt sind und irgendeine Form von Freizeitangebot besteht). Im Folgenden verwenden wir daher einige der Begriffe synonym. Weil es zudem gute Gründe für verschiedene Begrifflichkeiten für die Sammelbezeichnung *Flüchtlinge* gibt (siehe Kasten), verwenden wir sie abwechselnd.

Derzeit leben in Deutschland rund 81 Millionen Menschen. Rund jede_r Fünfte (19 Millionen) hat einen sogenannten Migrationshintergrund (d.h. ist selbst im Ausland geboren und eingewandert bzw. die Eltern/ein Elternteil), 10 Millionen besitzen nicht die deutsche Staatsbürgerschaft (Statistisches Bundesamt 2019). Im europäischen Vergleich hat Deutschland zwar in absoluten Zahlen die meisten Schutzsuchenden aufgenommen, liegt damit aber in Relation zur Einwohner_innenzahl nur im europäischen Mittelfeld, die wirtschaftliche Stärke ist dabei noch gar nicht berücksichtigt. Die meisten Asylanträge wurden in den Jahren 2015 und 2016 gestellt, seit 2017 geht die Zahl zurück (vgl. BAMF 2019a).

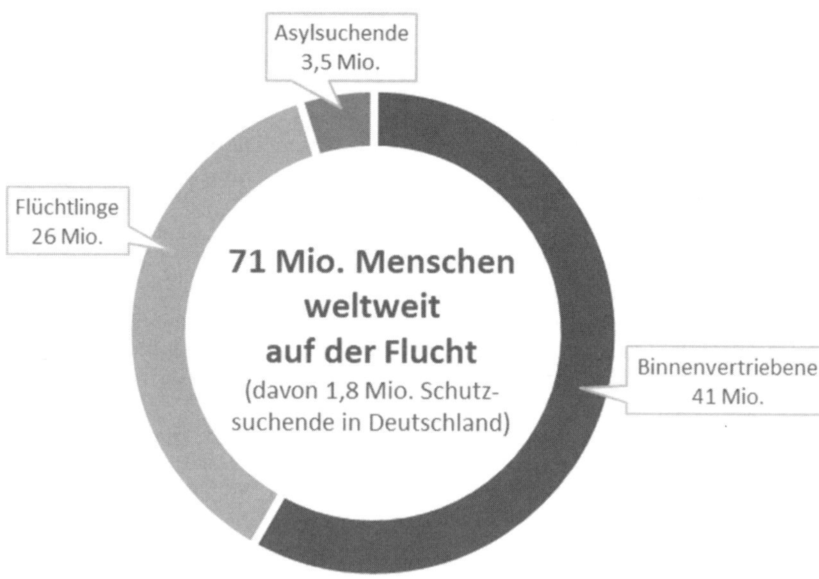

Abb. 1.1: Anzahl von Menschen auf der Flucht (Quelle: UNHCR Deutschland 2019)

Dabei ist die Situation, dass in kurzer Zeit vergleichsweise viele Menschen ins Land kommen und ihren Platz suchen, keineswegs neu, wie der kurze Blick in die Geschichte der Bundesrepublik Deutschland zeigt. Deutschland war schon immer ein Einwanderungsland (und übrigens auch ein Auswanderungsland) und die Migration verlief dabei immer in Wellen. Die meisten dieser Menschen kamen nur bedingt freiwillig nach Deutschland, sondern aus verschiedenen, Notlagen heraus, mal mehr, mal weniger geplant, mit mehr oder weniger Vorbereitungszeit. Dazu zählen die zwölf Millionen Menschen, die nach Ende des Zweiten Weltkriegs als Vertriebene aus den ehemals deutschen Ostgebieten herüberkamen und die keineswegs mit offenen Armen begrüßt wurden. In den 1950er bis 80er Jahren wurden Gastarbeiter_innen aus Südeuropa und der Türkei auf Einladung der deutschen Regierung angeworben, die später auch ihre Familien nachholten. Mitte der 1990er Jahre kamen die Bürgerkriegsflüchtlinge aus dem ehemaligen Jugoslawien, in den 1990er und 2000er Jahren die Spätaussiedler und jüdische Kontingentflüchtlinge aus der ehemaligen Sowjetunion und weiteren Ländern des Ostblocks und schließlich die Arbeitsmigrant_innen aus den neuen östlichen Mitgliedsländern der Europäischen Union und hier vor allem aus Polen, Rumänien und Bulgarien (vgl. Mediendienst Integration 2016). Erinnert sei auch an die großen Einwanderungen in die industriellen Regionen, wie das Ruhrgebiet, um die Jahrhundertwende 1900, begleitet von blutigen Straßenkämpfen zwischen den Alteingesessenen und Bergarbeitern aus Ostpreußen und Polen, die inzwischen fast vergessen sind.

Die meisten dieser Einwanderungsbewegungen gelten nicht als Flucht, die betroffenen Personen nicht als Geflüchtete, ihre Motive nicht als Fluchtgrund im rechtlichen Sinne. Klassische Migration und Flucht sind in vielerlei Hinsicht unterschiedliche Phänomene. Die Erfahrungen vor und während der Wanderungsbewegung sind bei einer Flucht ungleich dramatischer, die Aussicht auf Rückkehr ist bei der Flucht oft nicht gegeben, selbst kurze Besuche im oder aus dem Heimatland sind für viele unmöglich. Dennoch lässt sich aus der Erfahrung mit Einwanderung einiges – auch für die Integration von Geflüchteten – lernen. Dazu gehört u.a. die Erkenntnis, dass etliche Menschen dauerhaft in Deutschland bleiben, auch wenn weder sie selbst noch das Aufnahmeland dies zunächst vorhatten, und Integrationsmaßnahmen daher begründet mit längerfristiger Perspektive ausgelegt sind.

1.1 Welche Personen gelten als Geflüchtete?

Unter internationaler Migration wird gemeinhin eine Wanderbewegung von Menschen über Staatsgrenzen verstanden (Nuscheler 2004). Diese kann freiwillig erfolgen, wozu die reguläre wie auch irreguläre (wenn Ausweispapiere fehlen oder ungültig sind) Auswanderung zählt, aber auch der Familiennachzug oder diverse Formen der Migrationen auf Zeit werden dazu gerechnet (zu letzteren gehören u.a. längere Auslandsaufenthalte zum Zweck des zeitlich begrenzten Arbeitens von Saisonarbeiter_innen und ehemals so bezeichneten Gastarbeiter_innen sowie Schüler_innen-, Auszubildenden- und Student_innen-Austausch). Ist die Migration über Staatsgrenzen hinweg erzwungen, gilt sie als Flucht. Flucht kann in diesem Sinne als eine unfreiwillige Migration verstanden werden.

Die Genfer Flüchtlingskonvention (Artikel 1), die für Deutschland völkerrechtlich bindend ist, definiert einen Flüchtling als Person, „die sich außerhalb des Landes befindet, dessen Staatsangehörigkeit sie besitzt oder in dem sie ihren ständigen Wohnsitz hat, und die wegen ihrer Rasse, Religion, Nationalität, Zugehörigkeit zu einer bestimmten sozialen Gruppe oder wegen ihrer politischen Überzeugung eine wohlbegründete Furcht vor Verfolgung hat und den Schutz dieses Landes nicht in Anspruch nehmen kann oder wegen dieser Furcht vor Verfolgung nicht dorthin zurückkehren kann“ (UNHCR 2019)[3]. Umstritten ist, inwieweit hier nur staatliche Verfolgung gemeint ist oder auch die Verfolgung durch nicht-staatliche Akteure, etwa durch Milizen. Ob also auch Personen Schutz genießen, die aufgrund von Bürgerkriegen fliehen – was derzeit auf die meisten Flüchtlinge zutrifft. Um in Deutschland Asyl zu erhalten, muss eine Verfolgung durch staatliche Akteure nachgewiesen sein. Bürgerkriegsflüchtlinge erhalten nach EU-Recht ggf. subsidiären Schutz, wenn ihnen im Herkunftsland ein „ernsthafter Schaden“ droht. Menschen, die aufgrund von Naturkatastrophen bzw. Klimawandel ihre Herkunftsländer verlassen, werden von der Genfer Flüchtlingskonvention ebenfalls nicht berücksichtigt und in der Regel nicht als Flüchtlinge anerkannt (Bundesministerium für wirtschaftliche Zusammenarbeit und Entwicklung 2019). Der Flüchtlingsschutz in Deutschland greift auch bei Verfolgung durch nicht-staatliche Akteure und geht damit über eine Asylberechtigung hinaus (ebd.). Während die Genfer Flüchtlingskonvention die Urheber der Verfolgung betont, fordert das Flüchtlingshilfswerk der Vereinten Nationen (UNHCR) die Schutzbedürftigkeit einer Person in den Vordergrund zu rücken.

Als Asylsuchende gelten ausländische Personen, wenn sie einen Antrag auf Asyl gestellt haben, und sie behalten diesen Status solange, bis über ihren Antrag entschieden wurde. Nach Ausländer- und Asylrecht sind Asylsuchende ein Teil jener Personen, die als schutzsuchend gelten.

Als Schutzsuchende wiederum werden im Ausländer- und Asylrecht ausländische Personen bezeichnet, die sich unter Berufung auf humanitäre Gründe – z.B. wenn sie angeben, dass ihnen in ihrem Herkunftsland Folter, unmenschliche Behandlung oder die Todesstrafe drohen – in Deutschland aufhalten.

---

3 https://www.unhcr.org/dach/de/services/faq/faq-fluechtlinge [Zugriff: 10.02.2020].

Darunter sind Personen

- mit offenem Schutzstatus – d.h. für die noch nicht geklärt werden konnte, inwieweit sie im Herkunftsland keinen ausreichenden Schutz mehr genießen,
- die einen Asylantrag gestellt haben, der aber noch nicht entschieden wurde,
- Personen mit anerkanntem Schutzstatus, die einen befristeten oder unbefristeten Aufenthaltstitel aus dem humanitären Bereich des Aufenthaltsgesetzes besitzen,
- und Personen mit abgelehntem Schutzstatus, d.h. jene, deren Asylantrag abgelehnt wurde oder die ihren humanitären Aufenthaltstitel verloren haben und ausreisepflichtig sind (Statistisches Bundesamt 2019).

Einige Personen beginnen ihre Wanderung als Migrant_in und werden zu Schutzsuchenden. Eigentlich hatten sie vor, in Europa für begrenzte Zeit zu arbeiten und Geld für ein besseres Leben zu Hause zu verdienen, oder sie sind als Auslandsstudent_innen nach Deutschland gekommen. Doch dann ändern sich die Bedingungen im Herkunftsland (etwa der Bürgerkrieg in Syrien), wodurch eine Rückkehr unmöglich wird. Sie werden notgedrungen zu Asylsuchenden (siehe dazu Kapitel 8). Andere landen auf dem Weg nach Europa in gefängnisähnlichen Lagern etwa in Libyen, aus denen sie dann fliehen, was sie zu Schutzsuchenden werden lässt; wer es bis nach Europa schafft, stellt dann häufig einen Asylantrag. Auch Journalist_innen und Wissenschaftler_innen aus der Türkei, die ursprünglich nur zu einem Gastaufenthalt nach Deutschland kommen wollten, aber nicht mehr zurückkehren können, weil ihnen zu Hause ein politischer Prozess droht, gehören zu der Gruppe derer, die erst im Ankunftsland zu Schutzsuchenden werden, ohne aber vorerst in der Regel Asyl zu beantragen. Das Völkerrecht trennt klar zwischen Personen, die durch äußere Einflüsse zur Flucht gezwungen sind und jenen, die aus eigenem Antrieb auf der Suche nach besseren Lebensperspektiven ihr Land verlassen. Letztere gelten nicht als schutzbedürftig.

Sprechen über „Flüchtlinge“

Sprache entfaltet ihre eigene Wirkmächtigkeit und Gestaltungskraft: mit ihr erschaffen wir Bilder und Bedeutungen, die über die reine Benennung hinausgehen. So konstruieren wir durch Sprache die soziale Wirklichkeit, in der wir leben. Die Art und Weise, wie wir über die Welt reden ist also nicht nur ein Spiegel unserer Realität, vielmehr wird unsere Sicht auf ebendiese durch unsere Ausdrucksweise geformt, letztlich kann dies auch Auswirkungen auf unser Handeln haben. Redet man in einem freundlichen Ton über eine Personengruppe, ist die Wahrscheinlichkeit sich ihr gegenüber netter zu verhalten höher, redet man dagegen unfreundlich über sie, ist distanziertes, ausgrenzendes oder gar gewalttätiges Verhalten wahrscheinlicher (siehe näheres dazu in Kapitel 3).

Daher ist es auch nicht unwichtig, wie über geflüchtete Personen gesprochen wird. So wird häufig von einer „Flüchtlingswelle“ oder einem „Flüchtlingsstrom“ gesprochen, um die Vielzahl der Menschen, die nach Europa fliehen, zu betonen. Diese Beschreibungen zeichnen ein Bild bedrohlicher Naturgewalten, vor denen sich die Menschen in Europa (vermeintlich) schützen müssten – in letzter Konsequenz durch Abschottung. Um diese Ängste schürenden Bilder zu vermeiden, sind die Beschreibungen Flucht- oder Migrationsbewegungen besser geeignet.

In Bezug auf das Wort „Flüchtlinge“ gibt es unterschiedliche Standpunkte (zur Frage, ob man nun von „Flüchtlingen“ oder „Geflüchteten“ sprechen sollte u.a. Pro Asyl 2016b). Der umstrittene Begriff „Flüchtling“[4] soll in erster Linie einen Rechtsstatus ausdrücken, erzeugt aber je nach Kontext das Bild einer scheinbar homogenen Menschengruppe und bietet daher die Gefahr, die jeweiligen Einzelschicksale der Menschen aus dem Blick zu verlieren. „Die Flüchtlinge“ werden zum Problem oder es gibt eine „Flüchtlingskrise“. Auf diese Weise werden die Menschen, die hier Zuflucht suchen, stigmatisiert und auf das Merkmal des Geflüchtet-Seins reduziert.

Geflüchtete sind aber nicht nur geflüchtet, sondern zunächst einmal Menschen mit ihren jeweiligen Persönlichkeiten, Fähigkeiten, Interessen usw. Um das Geflüchtet-Sein zu reduzieren, auch wenn dies aktuell und ggf. auch zukünftig viel von dem, was sie sind und tun, prägt, empfiehlt sich die Bezeichnung *geflüchtete Personen* oder *Personen mit Fluchthintergrund.* Mit weiterer Reflektion, und auch, weil alte Begriffe eine neue, z.T. auch abwertend gemeinte Färbung bekommen (dazu gehört insbesondere die Bezeichnung „Asylant“), werden ggf. neue Bezeichnungen angemessener sein. Auch wenn das im Alltag vielleicht anstrengend ist, trägt u.E. eine sorgfältige und von Wertschätzung geprägte Sprache dazu bei, wie geflüchtete Menschen in der Gesellschaft gesehen werden und wie ihnen gegenüber gehandelt wird.

Inzwischen wird vielfach auch die Bezeichnung *Schutzsuchende* oder *Zufluchtsuchende* verwendet (erster u.a. auch vom Bundesministerium für wirtschaftliche Zusammenarbeit und Entwicklung). Dieser Begriff umfasst dann auch jene Personen, die sich vielleicht zunächst einmal auf der Suche nach einem besseren Leben auf den Weg gemacht haben, dann aber durch die Umstände der Flucht zu Schutzsuchenden wurden. Der Begriff verweist auf die derzeitige Situation von geflüchteten Personen, ihre besonderen Bedarfe und besondere Vulnerabilität, also Verletzlichkeit durch die Situation,

---

4 Unter anderem wird der Begriff aufgrund seiner Wortstruktur kritisiert, wonach Worte mit der Endung „-linge“ häufig negativ konnotiert seien oder auf ein Abhängigkeitsverhältnis verweisen würden (vgl. hierzu u.a. Interview mit Elisabeth Wehling in Brost/Pinzler 2016). Aber auch der Begriff „Geflüchtete“ wird kritisiert, weil hiermit eine aktive, frei entschiedene Handlung suggeriert würde, die dem Erleben der Betroffenen als Vertriebene nicht entspräche.

zugleich tritt der rechtliche Status sowie der historische Bezug zu beispielsweise deutschen Kriegsflüchtlingen in den Hintergrund.

1.2 Aus welchen Gründen fliehen Menschen nach Deutschland?

Die Migrationsforschung spricht bei der Migration – übertragbar auch auf Flucht – von sogenannten Pushfaktoren (Schubfaktoren), die sie anschiebt und Pullfaktoren (Sogfaktoren), die sie anzieht.[5] Zu den Pushfaktoren zählen die Bedingungen in den Herkunftsländern, die im schlimmsten Fall eben auch eine Flucht begründen können: Armut, Hunger und Perspektivlosigkeit, Gewalt, bewaffnete Konflikte und Krieg zwischen Staaten und Bevölkerungsgruppen, die Folgen des Kolonialismus und ausbeuterisches bzw. umweltbelastendes globales Wirtschaften sowie Naturkatastrophen und Umweltkrisen. Als Ursachen für Flucht benennt Pro Asyl (2016a) zudem politische Verfolgung und Vertreibung in Diktaturen, willkürliche Haft ohne ordentliches Gerichtsverfahren, gewalttätige Übergriffe und Terror, Folter und Hinrichtung sowie politische, ethnische, religiöse und geschlechtsspezifische Verfolgung (Zwangsheirat, Witwenmord, Vergewaltigung und Genitalverstümmelung) bzw. Verfolgung aufgrund sexueller Orientierung und existenzbedrohende Diskriminierung.

Oft sind diese Faktoren und damit auch politische und wirtschaftliche Gründe eng miteinander verwoben. So können beispielsweise Umweltkrisen und gewalttätige Konflikte zu Missernten und damit zu Hunger führen. Zu den Pullfaktoren die Menschen nach Europa und insbesondere nach Deutschland zieht, gehören zuvorderst die Sicherheit, die verlässliche rechtliche und politische Lage und der Wohlstand des reichen Nordens. Bilder und Berichte, die auch den globalen Süden erreichen, Erzählungen von der gelungenen Flucht und dem Leben in Deutschland – sei es im Einzelfall zutreffend oder nur ein Mythos – verbreiten sich heutzutage auch durch das Internet und die Sozialen Medien. Die Hoffnung auf ein sicheres und besseres Leben, wozu auch die Gewährleistung von Rechten, Demokratie und die Möglichkeit Geld zu verdienen gehören, trägt zum Wunsch bei, den Weg nach Deutschland zu finden. Dies haben Befragungen von Geflüchteten bestätigt (u.a. Freytag 2016).

---

5 Als Push-Back werden Maßnahmen bezeichnet, die schutzsuchende Personen zurückdrängen, dazu gehören etwa Zäune an den Grenzen sowie das Erzwingen aus Fluchtbooten auszusteigen, gewalttätige Übergriffe und Prügel durch Sicherheitskräfte oder anonyme Kommandos.

Einer großangelegten Studie mit Geflüchteten des Bundesamts für Migration und Flüchtlinge (BAMF) zufolge benennen die befragten Personen als Gründe für ihre Flucht insbesondere Krieg und Gewalt (70 Prozent), Verfolgung (44 Prozent) oder eine drohende Zwangsrekrutierung (36 Prozent) (Brücker et al. 2016b: 17). Die große Mehrheit der Befragten (85 Prozent) würde gern in Deutschland bleiben. Einer der Gründe ist ihre Überzeugung, Deutschland fühle sich mehr als andere Länder für die Unterstützung schutzsuchender Menschen verantwortlich (Brücker et al. 2016a: 4). Als wichtigster Grund wird jedoch die Achtung der Menschenrechte genannt (73 Prozent), womit die Hoffnung auf ein Leben in Sicherheit und Frieden in Deutschland verbunden ist (Brücker et al. 2016b: 18). Für viele war die Flucht geprägt von erheblichen Risiken für Gesundheit und Leben, weil sie u.a. Opfer von Schiffbruch und Gewalt wurden (ebenda: 20). Viele Menschen erleben vor und während der Flucht Gewalt gegen sich selbst und/oder gegen andere (oft Familienmitglieder), erleiden Folter oder sind mit den Leichen anderer Schutzsuchender konfrontiert. Aus früheren Studien ist bekannt (Gäbel et al. 2005), dass dies nicht selten zu Traumatisierungen führt (vgl. dazu Kapitel 7).

1.3 Geflüchtete in Deutschland

Etwa zwei Drittel der Antragsteller_innen auf Asyl in Deutschland kommen aus Syrien, Afghanistan und Irak. Weitere bedeutsame Herkunftsländer sind Eritrea, Iran, Nigeria und Somalia, etliche Menschen kommen zudem aus Pakistan und Ländern der Russischen Föderation und inzwischen verstärkt auch aus der Türkei (Statistisches Bundesamt 2019; Bundeszentrale für politische Bildung 2019). Die Gesamtschutzquote[6] gemessen an der Zahl der als asylsuchend registrierten Personen sank in Folge der veränderten Gesetzgebung im „Asylpaket II" auf nur noch rund 36 Prozent in 2018. Jedoch unterscheidet sich die Bleibeperspektive nach Zeitpunkt der Antragstellung und dem Herkunftsland, so dass sich für diejenigen Menschen, die als Geflüchtete nach Deutschland gekommen sind, die Möglichkeiten, Chancen und Erwartungen sehr unterschiedlich darstellen.

Der deutlich größte Teil der Menschen, die seit 2015 als Flüchtlinge ins Land gekommen sind, ist jung; mehr als zwei Drittel der Antragsteller_innen auf Asyl sind unter 30 Jahre, knapp ein Drittel sogar Kinder und Jugendliche unter 15 Jahre alt; 2018 waren sogar fast die Hälfte der Antragsteller_innen

6 Die Gesamtschutzquote umfasst die Personen, die nach der Genfer Flüchtlingskonvention im Land bleiben dürfen einschließlich anerkannter Asylsuchender sowie Personen, für die subsidiärer Schutz gewährt wird oder ein Abschiebungsverbot gilt.

Kinder und Jugendliche (vgl. Bundeszentrale für politische Bildung 2019)[7]. Zwei Drittel der neuhinzugekommenen Menschen sind männlich, wobei vor allem bei der Gruppe der Jugendlichen und jungen Erwachsenen zwischen 16 und 24 Jahren der Anteil an Männern überwiegt. In den letzten beiden Jahren nahm der Anteil an Frauen, die in Deutschland einen Asylantrag stellten, in allen Altersgruppen allerdings kontinuierlich zu (vgl. Bundeszentrale für politische Bildung 2019).

Obwohl viele der Erwachsenen keine formale Qualifikation nach deutschen Standards vorweisen können (was nicht verwunderlich ist), haben sie dennoch häufig Berufserfahrung und ein Drittel der zugewanderten Menschen verfügt über eine höhere Schulbildung (Brücker et al. 2016b). Bei sehr vielen Geflüchteten haben Krieg und Flucht allerdings Bildungsabschlüsse und Berufstätigkeit unmöglich gemacht.

Geflüchtete befinden sich in einer in vielerlei Hinsicht schwierigen Lebenssituation. Sie müssen sich ihr Leben neu aufbauen, gleichzeitig wissen viele nicht, wie lange sie überhaupt in Deutschland bleiben dürfen, können oder müssen. Vielfach sind sie allein oder nur mit einigen wenigen Mitgliedern der Familie nach Deutschland gekommen, die Angehörigen sind noch im Herkunftsland, selbst auf der Flucht oder in Flüchtlingslagern. Es ist zunehmend unsicher, ob und wann sie nachkommen können. Zwei besonders relevante Bereiche sind ihre rechtliche Situation in Deutschland und ihr gesundheitlicher Zustand, da beides unmittelbar den Aufbau eines neuen Lebens und die Integration in Deutschland beeinflusst.

1.3.1 Aktuelle rechtliche Situation – Aufnahme-, Asyl- und Anerkennungsverfahren

Die rechtlichen Verordnungen in Bezug auf Schutzsuchende in Deutschland sind beständigen Veränderungen unterworfen und unterscheiden sich von Bundesland zu Bundesland. Im Folgenden wird daher zunächst nur grob das Asylantragsverfahren in Deutschland skizziert, um ein Verständnis für die rechtliche Basis der Antragsteller_innen zu schaffen. Für die Arbeit mit Geflüchteten ist es unbedingt notwendig, hierzu jeweils aktuelle Informationen einzuholen, die u.a. das Bundesamt für Integration und Migration zur Verfügung stellt.[8]

---

7 Trotz dieser hohen Zahl sehr junger Menschen beschränken wir uns in dieser Publikation entweder auf allgemeine Aspekte im Rahmen kommunaler Integrationsaufgaben oder auf die betriebliche Integration. Integration in Kita, Schule und im Ausbildungssektor ist ein komplexes Feld, sodass hierzu ein eigener Sammelband nötig wäre.

8 Tagesaktuelle Änderungen sind beispielsweise auf der Internetseite: http://www.buzer.de/gesetz/6406/l.htm [Zugriff: 10.02.2020] abrufbar, die als open access betrieben wird.

Jede Person, die sich in Deutschland asylsuchend meldet, wird registriert und unter Berücksichtigung des Quotensystems EASY (Erstverteilung von Asylbegehrenden) einer Aufnahmeeinrichtung in einem der Bundesländer zugeordnet. Nach der persönlichen Antragsstellung erfolgt eine Aufenthaltsgestattung, die ebenso wie eine mögliche spätere Aufenthaltserlaubnis räumlich auf einen bestimmten Bezirk begrenzt ist. Die Entscheidung über den gestellten Asylantrag erfolgt auf der Basis der persönlichen Anhörung und der Prüfung von Dokumenten. Falls eine Schutzberechtigung vorliegt, erhält die antragstellende Person einen positiven Bescheid (Aufenthaltserlaubnis). Ein nationales Abschiebeverbot kann erteilt werden, wenn keine der drei Schutzformen (Schutzsuchend, Asylberechtigung, subsidiärer Schutz) anwendbar ist. Stellt sich im Verfahren heraus, dass Anhaltspunkte für die Zuständigkeit eines anderen EU-Mitgliedsstaates vorliegen, so wird das Dublin-Verfahren eingeleitet, welches eine Begrenzung der Sekundärwanderung innerhalb Europas bezwecken soll (vgl. BAMF 2019b).

Auch wenn ein Asylverfahren mit einer Ablehnung endet, besteht die Möglichkeit, dass aus rechtlichen oder tatsächlichen Gründen durch „Aussetzung der Abschiebung“ nach §60a Aufenthaltsgesetz eine Duldung erteilt wird, wobei die Dauer der Duldung von wenigen Wochen bis zu vielen Jahren (mit ständiger Verlängerung) betragen kann.

Nachdem das deutsche Asylrecht bereits in den Jahren 2014-2017 umfassend reformiert wurde, entstehen aufgrund der politischen Lage in Deutschland weiterhin ständig neue Gesetzesvorhaben im Bereich von Migration und Aufenthaltsrecht. Insgesamt wurden zur Jahresmitte 2019 mit dem sogenannten Migrationspaket acht Gesetze verabschiedet. Die damit verbundenen Neuerungen sind z.T. bereits gültig bzw. treten zum 1. Januar 2020 in Kraft bzw. zum 01.03.2020 (betrifft das Fachkräfteeinwanderungsgesetz).[9]

Während das „Zweite Gesetz zur Durchsetzung der Ausreisepflicht“ („Geordnete-Rückkehr-Gesetz“) weitreichende Verschärfungen im Asyl- und Aufenthaltsrecht beinhaltet, erleichtern gleichzeitig – unter bestimmten Bedingungen – das neue Duldungsgesetz, das Ausländerbeschäftigungsförderungsgesetz und das Fachkräfteeinwanderungsgesetz den Zugang zu Sprachförderung und die Beschäftigung von Drittstaatsangehörigen in sogenannten Mangelberufen. Durch eine gezielte und gesteuerte Einwanderung von Fachkräften aus Drittstaaten soll dem Bedarf an Fachkräften begegnet werden. Dabei wird jedoch eine strikte Trennung zwischen Erwerbsmigration und Asylbegehren vorgenommen.

Während in 2017 noch fünf Herkunftsstaaten für die daraus Geflohenen eine sichere Bleibeperspektive mit geregeltem Zugang zu Sprach- und Integrationskursen in Deutschland bedeuteten (Syrien, Irak, Iran, Eritrea, Somalia), sollen im Zusammenhang mit dem Ausländerbeschäftigungsfördergesetz ab

9 Zur Entscheidung im Bundesrat siehe: https://www.bundesrat.de/DE/plenum/bundesrat-kompakt/19/979/12.html?nn=4352768#top-12 [Zugriff: 10.02.2020]

August 2019 nur noch zwei Herkunftsstaaten (Syrien, Eritrea) als unsicher und die Bleibeperspektive damit als sicher bewertet werden.

In Deutschland gibt es derzeit rund 60 unterschiedliche Aufenthaltstitel. Von diesen hängt ab, wie lange jemand in Deutschland bleiben darf und welche Rechte und Unterstützungen er oder sie in Anspruch nehmen kann. Dazu gehören u.a. der Zugang zu Erwerbstätigkeit, Sprachförderung, Unterstützung bei der Berufsorientierung, finanzielle Förderung bei Ausbildung, Recht auf Familiennachzug und auch das Recht der freien Wahl des Wohn- und Aufenthaltsortes. Einige Aufenthaltstitel beschränken letztgenanntes Recht auf eine Kommune, so dass die geflüchtete Person nicht reisen darf – und damit beispielsweise auch kein Praktikum in einer Nachbarkommune machen kann. Die komplizierten und sich häufig, oft unerwartet ändernden rechtlichen Bedingungen bedeuten einen großen und beängstigenden Unsicherheitsfaktor für die Zugewanderten – und nicht selten auch für diejenigen, die sie beim Fußfassen in Deutschland begleiten. Die plötzlich wieder fehlende Aussicht auf eine dauerhafte Bleibeperspektive, z.B. für irakische, somalische, iranische Schutzsuchende schürt Ängste und nimmt Motivation für Anstrengungen in Hinblick auf Spracherwerb oder Aufnahme einer Beschäftigung.

Die aktuell verschärften Bedingungen für Asylbewerber_innen mit bis zu 18-monatigem Aufenthalt in den häufig räumlich abgelegenen Landesaufnahmeeinrichtungen mit Residenzpflicht, Sammelunterbringung, passiver Versorgung und Sachleistungen (keine eigene Essenszubereitung möglich), ohne Zugang zu Integrationskursen, Beschulung oder Arbeitsmarkt, erschweren eine spätere Integration in den Kommunen.

Neben den ständigen Veränderungen im Asylrecht erschweren die teilweise erheblichen regionalen Unterschiede in den Verfahrenspraktiken bei Abschiebungen und Unterbringungen sowie bei den Anerkennungsquoten die Situation für Ankommende und deren Beratung. Die Chancen auf Anerkennung eines Asylantrags unterscheiden sich selbst bei asylsuchenden Personen aus ein und demselben Herkunftsland erheblich, je nachdem in welchem Bundesland die Zuständigkeit für ihr Asylverfahren liegt (Schneider/Riedel 2017: 30).

1.3.2 Gesundheit und Traumatisierung

Jede Form von Migration kann als eine krisenhafte Situation beschrieben werden, ist sie doch fast immer von Unerwartetem, von Unsicherheiten, Schwierigkeiten und dem Verlust der vertrauten Umgebung bzw. Trauer über das Zurückgelassene und Verlust insbesondere geliebter Menschen begleitet (Grinberg/Grinberg 2010). Dies gilt erst recht für die Flucht mit vielfältigen belastenden und potentiell traumatisierenden Ereignissen und Erfahrungen vor, während und nach der Flucht.

Eine kürzlich durchgeführte Studie der Allgemeinen Ortskrankenkasse (AOK) hat zwischen 2017 und 2018 mehr als 2.000 Geflüchtete aus Syrien, dem Irak und Afghanistan ab einem Alter von 18 Jahren, die alle zum damaligen Zeitpunkt in Sammelunterkünften lebten und noch keine zwei Jahre in Deutschland waren, zu ihrem Gesundheitszustand befragt (Schröder/Zock/Faulbaum 2018). Drei von vier Geflüchteten berichteten, vor oder während der Flucht persönlich Gewalt erlebt zu haben. Dies sind vor allem Kriegserlebnisse, aber auch unmittelbare Angriffe durch Militärs/Milizen, jeder Fünfte wurde gefoltert. Jede_r dritte Befragte berichtet davon, dass Personen der näheren Umgebung verschwunden sind, verschleppt oder ermordet wurden. Jede_r sechste Befragte war in einem Lager, in Geisel- oder sogar Isolationshaft. Ebenso viele wurden Zeuge von Tötung, Misshandlung oder sexueller Gewalt. Mehr als sechs Prozent wurden selbst vergewaltigt. Nur gut ein Fünftel hat nach eigener Auskunft kein Gewalterlebnis. Hinzu kommen Drangsalierungen, Diskriminierungs- und Gewalterfahrungen in Deutschland (durch andere Geflüchtete, Wachpersonal in Sammelunterkünften und deutsche Bürger_innen aufgrund von Streit oder fremdenfeindlichen Übergriffen; Feltes et al. 2018; siehe dazu auch Kapitel 3).

Die Gewalterfahrungen können einen gravierenden Einfluss auf die physische und psychische Gesundheit haben und zu posttraumatischen Belastungsstörungen führen. Diese zeigen sich in typischen Stresssymptomen, wie Schlafstörungen und erhöhte Reizbarkeit sowie psychosomatische Beschwerden, wie Kopfschmerz, Rückenleiden, Verdauungsstörungen bis hin zu Herz- und Kreislaufbeschwerden. Mehr als zwei Fünftel der befragten Geflüchteten haben Anzeichen einer depressiven Erkrankung, berichten von Traurigkeit, Erschöpfung, Mutlosigkeit, Unruhe und Schlafstörungen.

Was ist ein Trauma?

Ein Trauma ist eine emotionale Reaktion auf ein Ereignis von extrem bedrohlicher oder entsetzlicher Natur, das sich etwa in Bürgerkriegsgebieten auch summieren kann. Als besonders belastend gelten langandauernde oder wiederholte traumatische Situationen (etwa durch Lagerhaft mit für die Person unkontrollierbaren Bedrohungen, Übergriffen und Folter). Längerfristige mögliche Reaktionen sind u.a. unerwartete emotionale oder auch gewalttätige Ausbrüche, überzeugt zu sein selbst schwach, zerbrochen und wertlos zu sein, Gefühle von Scham und Schuld sowie Schwierigkeiten, Beziehungen aufrecht zu erhalten oder sich anderen nah zu fühlen, Feindseligkeit und Misstrauen. Auch körperliche Symptome wie Schlafstörungen, Kopfschmerzen oder Übelkeit können auftreten.

Wie Menschen solche schlimmen Erlebnisse verarbeiten und inwieweit diese traumatisierend wirken, ist sehr unterschiedlich und hängt von einer Reihe von Faktoren ab. Entscheidend sind u.a. die Dauer von erlebten Kontrollverlusten, ob andere Menschen dafür verantwortlich waren, die Unterstützung bei der Verarbeitung und nicht zuletzt auch die Lebenssituation nach der Flucht. Traumatisierend wirken insbesondere Erlebnisse mit hohem Kontrollverlust, die über einen längeren Zeitraum immer wieder erlebt oder befürchtet werden müssen, etwa Misshandlungen in Lagern oder Überfälle durch Bewaffnete. Rund ein Drittel von geflüchteten Menschen leiden unter einer posttraumatischen Belastungsstörung in behandlungsbedürftigem Ausmaß; dies sind deutlich mehr als in der Allgemeinbevölkerung (Übersicht bei Feltes et al. 2018).

Tedros Weg von Eritrea nach Deutschland

Die ehemalige italienische Kolonie Eritrea spaltete sich nach jahrzehntelangem Unabhängigkeits- und Bürgerkrieg in Äthiopien 1993 ab und erklärte seine Unabhängigkeit. Seitdem beherrscht ein brutales Regime über das abgeschottete Land, das lange als das „Nord-Korea" Afrikas galt. Einer UN-Untersuchungskommission zufolge schürt das Regime mittels Folter, Vergewaltigungen und Mord gezielt diese Angst in der Bevölkerung, um Widerstand zu unterdrücken. Ein Hauptfluchtgrund ist die Einberufung in den in Eritrea obligatorischen Militärdienst, zu dem alle 18-jährigen Männer und Frauen für unbestimmte Dauer eingezogen werden. Der nicht selten zehnjährige Militärdienst kann in lebenslange Zwangsarbeit unter unmenschlichen Bedingungen übergehen. Seit 2018 haben sich Eritrea und Äthiopien wieder angenähert und es wurden einige Reformen eingeleitet (inzwischen aber sind diese positiven Entwicklungen schon wieder eingetrübt), auch die Europäische Union und Deutschland unterstützten das Land. Allerdings wird dort nach wie vor gefoltert und Menschen im Militärdienst versklavt. Nach wie vor fliehen tausende Eritreer aus ihrem Land bzw. sitzen in den umliegenden Ländern fest, denn zunehmend sind die Fluchtrouten versperrt. Die Zahl der Eritreer, die es nach Deutschland schaffen, hat sich inzwischen halbiert. [Stand Juli 2019; siehe dazu u.a. auch Pro Asyl e.V. 2018).

Tedros *[Name redaktionell geändert]* ist heute 24 Jahre alt und stammt ursprünglich aus einem kleinen Dorf in Eritrea. Seine Eltern sind relativ früh verstorben, er hat keine Geschwister. Er hat die 10. Klasse der Schule abgeschlossen und einige Monate berufliche Erfahrungen mit Metallarbeiten und bei der KFZ Reparatur gemacht. Vor der Einberufung in den Militärdienst hat er Anfang 2014 sein Heimatland verlassen, weil er ein Leben mit Meinungsfreiheit, Selbstbestimmung und ohne Gewalt leben möchte.

Nach seinem Weg über den Sudan, Libyen, das Mittelmeer und Italien erreichte er im Herbst 2014 Deutschland. Er arbeitet seit einem Jahr als Werkstatthelfer in einem metallverarbeitenden Betrieb und begann im Herbst 2019 eine Ausbildung im Metallhandwerk. Nach beinahe fünfjährigem Aufenthalt hat er nun die Einbürgerung in Deutschland beantragt.

In einem Interview haben wir nach seinen Fluchterfahrungen, seinen Eindrücken von Deutschland und auch nach seinen persönlichen Empfehlungen für die Integration von Geflüchteten gefragt. Wir haben uns entschieden, seine Aussagen mehr oder weniger im Wortlaut, mit einigen kleineren sprachlichen Korrekturen, hier abzudrucken.

Warum bist du von Eritrea nach Deutschland gekommen? Und wie war Dein Weg von Eritrea nach Deutschland?

In Eritrea haben wir keine Freiheit. Alle Leute müssen nach der 10. Klasse zum Militär, 80 Prozent aller Leute sind beim Militär. Wenn man gegen die Regierung spricht, kommt man ins Gefängnis. Man weiß nicht wo die Leute ins Gefängnis kommen und was mit ihnen passiert oder sie sterben dort auch. Es gibt keine Partei und keine Mitbestimmung. Ich wollte vor dem Militärdienst mein Land verlassen. Ist egal, ich sterbe in meinem Land oder wenn ich flüchte, aber vielleicht bekomme ich ein besseres Leben *(auf Nachfrage: nein, ich hatte kein bestimmtes Ziel, ich wollte nur raus aus Eritrea.)*

Ältere Leute in meinem Dorf haben mir geholfen, um einen guten Zeitpunkt für die Flucht zu finden. Es ist gefährlich in der Regenzeit den Grenzfluss zu überqueren, und wenn Militär erwischt die Leute sie bringen sie ins Gefängnis oder erschießen sie. Aber ich habe es geschafft. Im Sudan waren viele gute Leute, sie helfen und geben Essen. In Libyen war es sehr schlimm. Die Leute wollen sehr viel Geld, um mit einem Bus oder LKW weiterzufahren. Wenn Leute fahren mit, aber sie können gar kein Geld geben, die libyschen Leute auch verkaufen den Körper von dem Mann – schneiden und nehmen Organe. Ich hatte Glück, ich weiß nicht warum bei mir alles ist so gut gelaufen. Ich kann nicht genug Danke sagen. Ich glaube es kann nur von Gott gekommen sein, dass alles so gut geworden ist.

Ich bin von Libyen mit einem Holzboot über das Mittelmeer gefahren. Weil sehr viele Leute mit mir zusammen in Italien angekommen sind, haben sie keine Fingerabdrücke von mir genommen und dann konnte ich nach Deutschland fahren. In Italien bekommt man für zehn Jahre Papiere, aber keine Hilfe, keine Wohnung, kein Essen, nichts. Eine Frau aus meinem Land, also Eritrea, die schon acht Jahre in Italien lebt, hat gesagt, sie hilft mir. Zuerst habe ich geglaubt und bin mit zu ihrem Haus gegangen. Aber sie hat mich in einen Keller eingesperrt und wollte 1.000 Euro haben, sonst geht sie zur Polizei. Nach einer Woche konnte ich weglaufen. Aber ich hatte nur eine kurze Hose, ein T-Shirt, keine Schuhe. Ein italienischer Mann hat mich auf der Straße gesehen und er hat mir Schuhe und Kleider gekauft und eine Fahrkarte.

Wie ist es Dir dann in Deutschland ergangen?

In Deutschland waren alle Leute sehr freundlich und nett. Zuerst bin ich zu einer Polizei gegangen, um mich zu registrieren. Sie haben mir etwas zu essen und trinken gegeben, aber sie haben mir gesagt ich muss nach drei Stunden in Gießen sein *[Anm. Interviewerin: große Landeserstaufnahmeeinrichtung]* und dort Asyl beantragen. Es war ein Dolmetscher dabei. Sie haben gesagt, wenn ich es nicht nach drei Stunden schaffe ich muss zurückgehen in mein Land. Ich bin rausgegangen, aber ich wusste nicht wie ich das machen kann, wo bin ich, wie kann ich nach Gießen fahren. Ich bin zurückgegangen und sie haben gelacht, also freundlich und dann haben sie mich mit dem Polizeiwagen nach Gießen gefahren.

Als ich hier in die Stadt gekommen bin, gab es sehr viele Leute, die uns Hilfe angeboten haben. Meistens waren sie von einer Kirchengemeinde. Wir haben jeden Tag etwas Deutsch gelernt. Sie helfen uns eine Wohnung zu finden und Arbeit. Christa *[Anm. Interviewerin: eine ehrenamtliche Begleiterin]* ist wie meine Mutter, sie besorgt für alle Leute auch Möbel und holt sie mit dem Auto ab. Sie hat organisiert, dass ich eine OP bekommen habe. Ich hatte einen Unfall in der Wüste. Das Sozialamt wollte nicht die OP bezahlen, aber sie hat gesagt es muss. *[Anm. der Interviewerin: nach Asylbewerberleistungsgesetz werden nur lebensnotwendige medizinische Leistungen bezahlt. Durch die beharrliche Intervention wurde dann die OP zur Korrektur einer starken Gehbehinderung nach unversorgtem Beinbruch doch finanziert.]*

Aber ich gebe auch anderen Leuten Hilfe oder Geld. Man hat mir viel Hilfe gegeben und ich helfe auch. Adiam *[Anm. Interviewerin: eine ebenfalls aus Eritrea geflüchtete Frau]* hat bei mir acht Monate gewohnt, aber ich nehme kein Geld von ihr. Jetzt hat sie eine eigene Wohnung gefunden. Ich bin sehr dankbar für alles, was ich bekommen habe. Ich kann nicht genug Danke sagen, auch, dass ich viele sehr gute deutsche Leute kenne. Sie sind wie meine Familie.

Was war besonders schwierig?

Wenn ein Brief gekommen ist *[Anm. Interviewerin: hier spricht Tedros die Briefe von diversen Ämtern, Behörden, Energieversorger, GEZ usw. an]*. Es gab viele Briefe, aber man konnte nicht lesen und verstehen, was man machen muss. Und einkaufen. Man kennt die Lebensmittel nicht. Wir hatten Hilfe von einem eritreischen Mann, der schon lange in Deutschland lebt. Er hat uns gezeigt, was man kaufen kann. Ich habe dann immer nur genau die eine Milch gekauft, die er gezeigt hat, die andere Milch kannte ich ja nicht. Ich konnte es noch nicht lesen. Und man kennt die Regeln nicht, wie muss man etwas machen.

Was war besonders positiv?

Alle Leute waren nett. Alle haben geholfen und erklären alles. Die Polizei hat mich nach Gießen gefahren. Wenn man nach dem Weg zum Sozialamt gesucht hat, die Leute haben gezeigt. Bei der Sparkasse haben sie alles erklärt mit dem Konto und haben geholfen, wenn man etwas bezahlen und überweisen muss. Und ganz am Anfang als ich von Gießen nach Dortmund *[Anm. Interviewerin: auch hier ist eine große Landeserstaufnahmestelle]* fahren musste mit dem Zug, weil es nicht genug Platz gab in Gießen. Wir waren fünf oder sechs Leute und hatten so einen Zettel mit der Fahrkarte und wir wussten nicht, wo müssen wir einsteigen oder umsteigen und wir haben den Zettel gezeigt und alle Leute haben uns gezeigt wo wir hingehen müssen. Das war sehr nett.

Wie fühlst Du dich jetzt in Deutschland?

Für MICH ist Deutschland ein sehr, sehr gutes Land. Die Menschen sind freundlich. Es gibt auch schlechte Menschen, aber 90 Prozent sind sehr freundlich und hilfsbereit. In manchen Bundesländern ist es schlechter, da ist es nicht so gut, aber in Nordrhein-Westfalen ist es sehr gut. Es gibt eine Regierung und man kann eine Partei wählen. Das ist gut. Ich möchte in Deutschland leben.

Was ist nicht verstehe ist, warum manche Leute von meinem Land trinken zu viel und machen Streit. Am Anfang waren wir zusammen bei dem Sprachkurs von der Kirche, sie waren auch nett. Jetzt haben sie Arbeit und können gut leben, aber sie machen Streit wegen politischen Sachen. Sie trinken zu viel und drei haben schon Strafe bekommen, weil sie Streit gemacht haben. Ich weiß nicht, was man machen kann, damit sie es nicht machen. *[Anm. Interviewerin: Um den Interviewpartner nicht zu sehr zu strapazieren, wurde hier nicht nachgefragt, auf welche Streitpunkte der Gesprächspartner anspielt. Aus anderen Gesprächen ist bekannt, dass es vielfach darum geht, ob man besser in Eritrea für bessere Lebensumstände kämpfen sollte, als zu fliehen. Dies ist ein Vorwurf, den die älteren Eritreer, die schon viele Jahre in Deutschland sind und selbst einmal geflüchtet sind, den Jüngeren machen. Einige der jüngeren Eritreer wollen deswegen auch nicht so viel mit den eritreischen Vereinen in Deutschland zu tun haben. Evtl. meinte der Gesprächspartner hier aber auch schlicht Streit um private Angelegenheiten].*

Was empfiehlst Du (anderen) geflüchteten Menschen, die nach Deutschland gekommen sind?

Man muss Kontakt mit Deutschen haben. Es ist wichtig mit deutschen Leuten zu reden, auch *wegen* dem Sprachenlernen. Man muss selber auch hingehen, wo deutsche Leute Angebote machen für die Flüchtlinge. Dann bekommt man Kontakt.

Es hilft auch, wenn man Termine beim Jobcenter hat oder bei einer Behörde oder einem Amt. Vor allem wenn es Probleme gibt. Oft waren die Sachbearbeiter nicht so freundlich, wenn man alleine dort war. Es war oft viel besser wenn ein Deutscher mitgegangen ist. Und die Flüchtlinge müssen Respekt haben. Manche gehen mit Kopfhörer zu dem Termin und lassen Musik an. Und sie machen das Telefon nicht leise und telefonieren, wenn der Sachbearbeiter etwas mit ihnen bespricht. Das ist sehr schlecht und unhöflich. Das geht nicht.

Das Interview führte eine Mitarbeiterin des Instituts SO.CON, die Tedros durch ihre ehrenamtliche Tätigkeit mit Geflüchteten kennengelernt hat.

Kapitel 2: Integration

Beate Küpper, Ann Marie Krewer, Maike Michalowski und Beatrix Bos-Firchow

Integration ist ein langwieriger Prozess, an dem viele Akteure beteiligt sind. Integrationsprozesse werden begleitet von Hoffnungen und Enttäuschungen, Erfolgen und Misserfolgen, interessanten und neuen Erfahrungen, die aber oft auch mühsam und anstrengend sein können für alle Beteiligten – ganz besonders für die Neuankommenden. Dies gilt umso mehr, wenn sie als Schutzsuchende kommen, für die das Leben in Deutschland nicht nur eine neue Chance ist, sondern vielleicht die einzig mögliche. Integration braucht daher eine gewisse Stabilität und Sicherheit, um erfolgreich sein zu können. Dies hängt vom Können und Wollen sowohl der Neuhinzukommenden wie der Aufnehmenden ab. Ganz praktisch hängt der Integrationserfolg nicht zuletzt auch davon ab, wie gut Geflüchtete (und Unterstützer_innen) das Asyl- und Aufnahmesystem durchschauen (Schiefer 2018 für den SVR) und wie gut lokale Akteure, aber auch regionale und bundesweite Programme für verschiedene Integrationsbereiche – v.a. Bildung, Arbeit, Wohnen, Gesundheit – aufeinander abgestimmt und miteinander vernetzt sind. Denn es sind die gleichen Menschen und die gleichen lokalen Räume, in denen die Integration in den verschiedenen Bereichen stattfindet. Vor allem aber gilt es zu bedenken: So wenig wie es „den Flüchtling" gibt, gibt es „die Integration" – so unterschiedlich diejenigen sind, die als Geflüchtete nach Deutschland kommen, so unterschiedlich auch ihre Integration. Entsprechend empfiehlt der Sachverständigenrat für die praktischen Integrationsschritte dann auch, sowohl die individuellen Bedarfe der Geflüchteten als auch die lokalen Integrationsbedingungen stärker zu berücksichtigen (Schiefer 2017 für den SVR).

Dabei agieren die Geflüchteten und die aufnehmende Gesellschaft nicht selten in sehr unterschiedlichen zeitlichen Perspektiven: Viele Geflüchtete haben zunächst eine kurzfristigere Perspektive, da unklar ist, wie lange sie überhaupt in Deutschland bleiben dürfen oder müssen. Dies gilt im besonderen Maße für die vielen jungen Menschen unter ihnen, die sich trotz ihres unsicheren rechtlichen Aufenthaltsstatus und der nicht selten gehegten Hoffnung, bald in ihre Heimat zurückkehren zu können, so gut wie möglich für die Zukunft fit machen wollen, sei es durch Bildung oder Geldverdienen.

Deutsche Integrationskonzepte sind demgegenüber auf Langfristigkeit angelegt. Der so ordentlich skizzierte Weg eines Sprach- und Integrationskurses, gefolgt von Praktika und Ausbildung bis in einen sozialversicherungspflichtigen Job, der irgendwann die Rente sichert, dürfte den meist in einer unsicheren

Perspektive lebenden Geflüchteten als zu lang, vielleicht geradezu absurd erscheinen.

So überschneiden sich die Erwartungen und Bedarfe an Integration aus Sicht der aufnehmenden Gesellschaft bzw. auch der professionell und ehrenamtlichen Unterstützer_innen und der schutzsuchenden Personen in Teilen, in anderen divergieren sie. Zudem sind Geflüchtete nach Herkunft, Alter, Geschlecht, Familien- und derzeitiger Lebenssituation, Bildung und Berufserfahrung sowie fluchtbezogenen Erlebnissen eine so heterogene Gruppe, dass sich entsprechend auch ihre Erwartungen und Bedarfe unterscheiden. Den Bedarfen von geflüchteten Frauen wurde zunächst weniger, inzwischen aber in zugeschnittenen Konzepten zunehmend mehr Aufmerksamkeit geschenkt (wobei hier häufig Genderrollenklischees wirksam sind, was auch Einfluss auf die jeweiligen Angebote hat; dazu auch Ullmann/Lingen-Ali 2018). Hinzu kommt als Paradox der Integration: Je besser sie gelungen ist, desto höher sind auch die Erwartungen und Ansprüche an gleichberechtigte Teilhabe, so dass gelungene Integration eben auch neue Konflikte mit sich bringt (u.a. El-Mafaalani 2018).

Dabei lässt sich, so unsere Bewertung der öffentlichen Debatten um Integration, ein aus der sozialpsychologischen Forschung bestens bekannter klassischer Attributionsfehler[1] beobachten (auf der Ebene gesellschaftlicher Gruppen als ultimativer Attributionsfehler bezeichnet; Pettigrew 1979): Wenn etwas bei der eigenen sozialen Gruppe, mit der man sich selbst identifiziert, nicht so gut läuft, werden externale Umstände verantwortlich gemacht, wenn etwas bei anderen nicht gut läuft, die Person. Gelungene Integration wird, so unsere Wahrnehmung, eher den Anstrengungen und Leistungen der deutschen Aufnahmegesellschaft zugeschrieben, nicht gut gelungene Integration den Neuhinzukommenden (ihren „Familien“, ihrer „Kultur“ oder „Religion“), während die situativen Bedingungen und Belastungen unterschätzt werden. So fällt bei nicht gelungener Integration der Blick nur ungern auf die Barrieren in der Aufnahmegesellschaft (Ignoranz, Unwille und Trägheit zur Veränderung, Bürokratie, Rassismus). Umgekehrt werden bei gelungener Integration die Anstrengungen und Leistungen der Neuhinzukommenden selten gewürdigt.

Über Integration wird also viel gesprochen, umstritten ist, was damit eigentlich gemeint ist. Daher führt das folgende Kapitel zunächst in die Begrifflichkeit bzw. das Konzept von Integration und den damit verwandten Konzepten Inklusion und Diversity ein. In aller Kürze werden einige bekannte Integrationstheorien angerissen, die z.T. in verschiedenen Fachdisziplinen entwickelt wurden. Anschließend wird ein kurzer Blick auf den Stand der Integration in Deutschland anhand von Fakten, Beobachtungen und Selbstauskünften von Geflüchteten geworfen. Am Ende werden einige allgemeine Empfehlun-

1 siehe ausführliche Erklärung zum Begriff „Klassischer Attributionsfehler“ im Glossar

gen für die Integrationspraxis abgeleitet. Ausgeklammert werden die wichtigen Bereiche Kindergarten und Schule, da der Fokus dieses Bandes auf Erwachsenen liegt (dazu liegen jedoch bereits andere Publikationen mit Empfehlungen vor, u.a. Söhn/Marquardsen 2017).[2]

Da Schwierigkeiten bei der Integration häufig auf *kulturelle Unterschiede* zurückgeführt werden, folgt zunächst ein kleiner Exkurs unseres Verständnisses von Kultur, der den Kapiteln dieses Bandes zugrunde liegt.

Was ist Kultur?

Als Kultur wird ein System von (sich verändernden, aber auch eine gewisse Stabilität aufweisenden) Konzepten, Überzeugungen, Einstellungen, Werteorientierungen und Symbolen verstanden, mit denen Gruppen auf strukturelle Anforderungen reagieren, ihren Alltag bewältigen und sich verständigen (Handschuck/Schröer 2011). Als Orientierungssystem bestimmt Kultur das Fühlen, Denken, Handeln und Bewerten (Thomas 2006). Dieses Orientierungssystem wird von vielen Mitgliedern einer Gesellschaft geteilt, abweichendes wird als „unnormal" empfunden. In diesem Sinne kann Kultur als Bilderrahmen verstanden werden, durch den jedes Individuum in die Welt blickt, den eigenen jeweiligen Ausschnitt ganz selbstverständlich als das gesamte und einzig mögliche Bild versteht. Lücken oder Irritationen im Bild werden dabei aus den eigenen Erinnerungen und Erfahrungen ergänzt, so dass sich immer ein für das jeweilige Individuum stimmiges Bild ergibt. Dabei ist sich der/die Einzelne kaum gewahr, dass der Bilderrahmen von anderen immer einen etwas anderen Ausschnitt zeigt, der immer etwas anders aussieht, und dessen Ergänzungen sich aus anderen individuellen Erfahrungsquellen speisen. Je unterschiedlicher die Sozialisation und das Gewohnte, desto unterschiedlicher dürften die Ausschnitte sein. Kultur ist fließend und verändert sich ständig, etwas kommt hinzu, anderes wird übernommen und eingearbeitet. So ist jeder Mensch von einer Mischung unterschiedlicher kultureller Einflüsse geprägt und außer von Kultur auch durch diverse andere Einflussfaktoren bzw. -bedingungen. Kultur lässt sich alternativ als ein Eisberg verstehen, von dem nur ein kleiner Teil aus dem Was-

---

2 Eine kurze Einführung in das Thema Integration von Kindern mit Fluchterfahrung in Kindertageseinrichtungen mit einigen wertvollen Handlungshinweisen u.a. auf der Seite „Das Kita-Handbuch" von Martin Textor und Antje Bostelmann: https://www.kindergartenpaedagogik.de/fachartikel/kinder-mit-migrationshintergrund/2386. Praktische Tipps und Materialen rund um das Thema einschließlich der Elternarbeit finden sich u.a. auf dem Portal: www.kita.nrw.de/node/406. Zum Thema Integration von Kindern und Jugendlichen mit Fluchthintergrund in Schule hat der Raabe-Verlag ein Themenspecial „Flüchtlinge integrieren" herausgegeben: https://www.schulleitung-online.de/fluechtlingskinder-und-jugendliche-fluechtlinge-an-der-schule/158/160/ [Zugriff: 10.02.2020].

ser herausragt (Abb. 2.1). Sichtbar sind Sprache, Kleidung, Essen und einige Eigenschaften und Gewohnheiten. Im unsichtbaren Teil liegen Einstellungen, Werthaltungen, Glaubensvorstellungen, Wahrnehmungen und Annahmen zu anderen Menschen und der Welt allgemein sowie Kommunikationsstile.

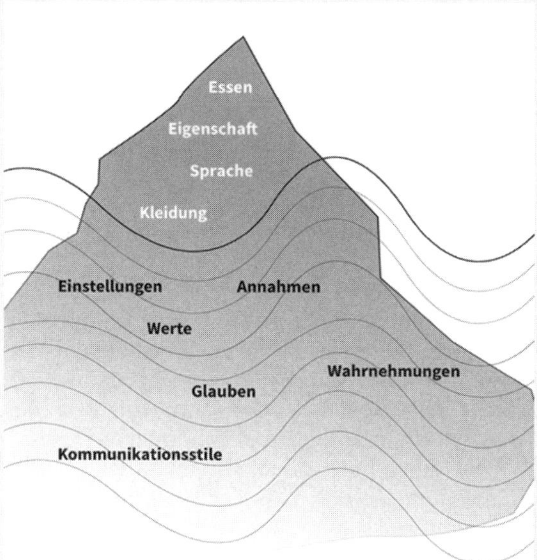

Abb. 2.1: Kultur als Eisbergmodell (eigene Darstellung)

Insbesondere im öffentlichen Diskurs wird der Kulturbegriff nicht selten auf eine problematische Weise verwendet, indem er pauschalisiert und dadurch mehr verdeckt als durch ihn erklärt werden könnte. In Bezug auf Integration wird „Kultur" als einer Person oder Personengruppe zugehörig verstanden. So werden Gruppen entlang vermeintlicher ethnischer, nationaler, religiöser oder gar kontinentaler Zugehörigkeiten zusammengefasst und diesen eine quasi einheitliche „Kultur" zugeschrieben – man könnte auch sagen: unterstellt. Man spricht von der „arabischen Kultur" (ethnisch), der „deutschen Leitkultur" (national), der „islamischen Kultur" (religiös) oder der „afrikanischen Kultur" (Kontinent), die dann jeweils mehr oder weniger miteinander vereinbar seien oder als Integrationshemmnis problematisiert werden. „Kultur" wird in diesen Zusammenhängen als ein Catch-All-Begriff verwendet, mit dem, ohne weiteres Hinterfragen, sämtliche Phänomene erklärt sind, ohne tatsächlich erklärt zu werden: „Das ist eben eine andere Kultur!"

Aus dieser Beobachtung speist sich auch die generelle Kritik am Kulturkonzept. Das gängige Konzept von „Kultur“ speise eine Sichtweise, nach der Menschen durch ihre kulturelle Zugehörigkeit determiniert seien (Leiprecht 2004: 9) und befördere die Interpretation von Besonderheiten (der Lebenssituation) des Gegenübers als Besonderheit seines „kulturellen Wesens“ (Mecheril 2004: 377).

Kulturen sind jedoch keine in sich konsistenten, homogenen Entitäten. Kritische Kulturtheorien fokussieren daher darauf, wie die oben skizzierten vermeintlichen Gruppenzuschreibungen überhaupt zustande kommen, decken deren Verquickung mit Machtverhältnissen auf und betonen insbesondere die Dynamik und Hybridität von „Kultur“. Für Bhabha (2000) ist auch kulturelle Differenz daher realiter nichts Feststehendes. Unterschiede, Abgrenzungen, Übergänge, Geteiltes werden tagtäglich durch gesellschaftliche Praxis, Kommunikation und Interaktion (re-)produziert, neu ausgehandelt und verschoben.

2.1 Begriffe und Konzepte: Integration, Diversity, Inklusion

Integration, *Inklusion* und *Diversity* sind drei zentrale Begriffe und damit verbunden auch Konzepte im Zusammenhang mit dem Zusammenleben von Menschen mit und ohne Migrationshintergrund. Diese werden durchaus kontrovers diskutiert. In Politik, Öffentlichkeit und Praxis ist der Begriff der Integration nach wie vor der bei weitem gebräuchlichste, so dass wir ihn hier trotz der Kritik (s.u.) auch in diesem Band verwenden.

Gemeinsam ist allen Begriffen, dass sie mit der Verschiedenheit auf der Ebene sozialer Identitäten bzw. Differenzenzlinien wie Geschlecht, Herkunft, sozialer Status etc., verbunden sind. Der Umgang mit der Verschiedenheit und damit einhergehender Attribution ist jeweils ein anderer. Allerdings unterscheidet sich das Begriffsverständnis zwischen verschiedenen Fachdisziplinen, was einen Teil der Kontroversen um die Begrifflichkeiten erklärt. Der Begriff der Integration ist im Diskurs um Migration dominant. Georgi bezeichnet ihn etwa als „zentrale[s] Schlagwort der Migrationsdebatte“ (Georgi 2015: 26), nach Mecheril würden beide Vokabeln „Migration“ und „Integration“ im deutschsprachigen Raum „nahezu in einem Atemzug“ genannt (Mecheril 2011: 1).

Der Begriff der *Integration* geht von zwei oder mehreren Entitäten aus, die in irgendeiner Form zusammengeführt werden bzw. sich zusammenfinden. Im Kontext von Migration besteht die Grundidee darin, eine neu hinzukommende Gruppe von Menschen, hier Personen mit Flucht- bzw. Migrationsgeschichte, in die alteingesessene, in diesem Fall in die deutsche Gesellschaft aufzunehmen (vgl. Georgi 2015: 26). Dies unterstellt zunächst einmal die Unterscheidbarkeit von Angehörigen dieser beiden sozialen Gruppen – der Neuankommenden und der Alteingesessenen – und eine gewisse innere Homogenität beider Gruppen. In Abb. 2.2. sind Integration und alternative Konzeptionen vom Zusammenleben graphisch dargestellt.

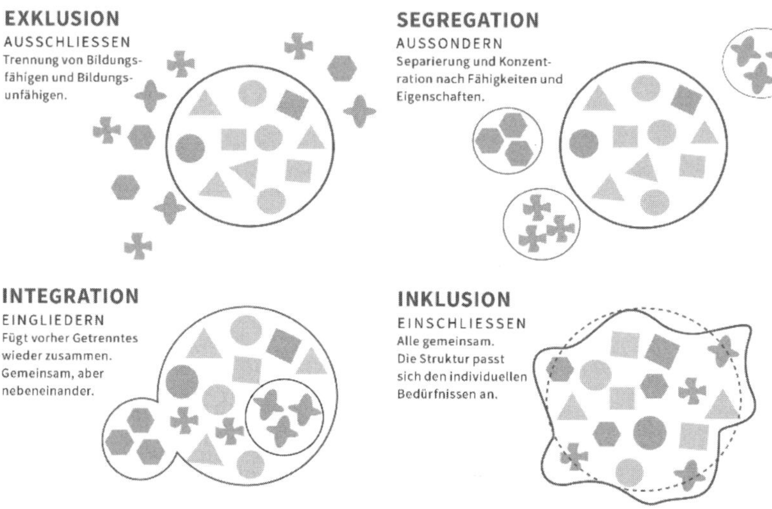

Abb. 2.2: Alternative Konzeptionen von Integration (eigene Illustration stark angelehnt an Robert Aehnelt 2013, Bildquelle [https://www.bildungsserver.de/Inklusion-10987-de.html]; Lizenz: CC BY-SA 3.0)

Diversität (Diversity) bedeutet zunächst „Unterschiedlichkeit". Jede Person trägt eine individuelle Mischung diverser Merkmale bzw. Vielfalts-Dimensionen.

Die verschiedenen Diversity-Merkmale bzw. Dimensionen werden üblicherweise als Kreis mit vier Lagen dargestellt (Gardenswartz/Rowe 2003).[3] Im Zentrum steht die Persönlichkeit. Dieses wird durch eine zweite Lage von Diversity-Dimensionen umschlossen, die eng mit der Person verknüpft sind; dazu gehören Alter, Gender, sexuelle Identität bzw. Orientierung, ethnische sowie kulturelle Identität/Herkunft, Religion, seltener werden hier auch die körperliche bzw. geistige und psychische Verfasstheit summiert. *Diversity*

---

3 Abbildung der vier Dimensionsebenen: https://www.gardenswartzrowe.com/why-g-r [Zugriff: 10.02.2020].

nimmt also nicht nur Bezug auf Differenzlinien hinsichtlich kultureller Zugehörigkeit und Identität, sondern auch auf ethnische, religiöse, genderbezogene und weitere Merkmale. Auf der dritten Ebene werden Aspekte wie Einkommen, Ausbildung, Familienstand und Elternschaft genannt, auf der vierten schließlich Unterschiedlichkeiten etwa in Bezug auf den jeweiligen Arbeitsbereich. Die Diversity-Dimensionen im zweiten, eng um die Person gelegten Ring sind besonders „hart" in dem Sinne, dass sie nur schwer bis gar nicht veränderbar sind und an ihnen zugleich – in nahezu allen Gesellschaften tief verankert – Ungleichwertigkeit festgemacht wird: sie werden von Vielfalts- zu Ungleichwertigkeitsdimensionen (Sidanius/Pratto 1999); diese werden daher auch in Antidiskriminierungsrichtlinien hervorgehoben.

Intersektionalität bezeichnet in diesem Zusammenhang die Verschränktheit verschiedener Diversity-Kategorien, z.B. von ethnischer Identität, Gender, sexueller Orientierung, einer Behinderung (u.a. Winker/Degele 2009). Je nach intersektionaler Verschränkung können verschiedene Diversitätsmerkmale eine besondere Privilegierung bzw. Diskriminierung zur Folge haben. So sind beispielsweise geflüchtete Frauen bzw. geflüchtete homosexuelle und trans*-Personen nicht nur Mehrfachdiskriminierungen, sondern auch besonderen Formen von Diskriminierung ausgesetzt.

In der Praxis ist es oft wesentlich leichter, über „harmlosere" Verschiedenheiten zu sprechen – etwa in Bezug auf unterschiedliche Interessen oder Freizeitgestaltungen – als über die „harten" Dimensionen, an denen eben auch Ungleichwertigkeit verankert ist und festgemacht wird, allen voran sind dies die klassischen Ungleichwertigkeitsdimensionen von race, class[4] und gender (vgl. Abb. 2.3).

Mit der Diversity-Perspektive ist eine positive Konnotation der Anerkennung von Vielfalt und Ressourcenorientierung verknüpft. Diese kann sich im Diversity-Management als Ressourcenorientierung in wirtschaftlich nutzenorientierter Perspektive zeigen (weshalb das Konzept von Diversity von einigen Autor_innen auch kritisch gesehen wird). Genauso ist sie aber auch eine allgemeine „Menschenrechts- und Antidiskriminierungsperspektive" (Georgi 2015: 26). Hier ist die Anerkennung der Vielfalt individueller Ressourcen zentral, das Ziel besteht darin, Gleichstellung zu erzielen und Ungleichbehandlungen abzuschaffen (ebd.).

Ähnlich legt der Begriff der *Inklusion* die Perspektive auf Vielfalt. Der Begriff wurde in den Debatten um die UN-Behindertenrechtskonvention 2009

---

4 Ungleichwertigkeit entlang der Dimension „class" – soziale Klasse – wird im Kontext von Diversity auffallend wenig Aufmerksamkeit geschenkt. Studien belegen allerdings, dass gerade in Deutschland die Zugehörigkeit zu einer sozialen Klasse recht zementiert ist, z.B. Kindern aus der sogenannten Unterschicht deutlich seltener ein höherer Schulabschluss gelingt. Dabei überlappen sich die Kategorien: überproportional viele Personen mit Migrationshintergrund aus südlicheren Ländern gehören zugleich zu einer prekären Schicht.

sehr populär und wird daher nach wie vor vielfach mit Personen mit Behinderung assoziiert und in diesem Kontext verwendet. Inklusion gilt jedoch allgemein als Menschenrecht. Ziel von Inklusion ist es, auf struktureller und rechtlicher Ebene Rahmenbedingungen zu schaffen, die Chancengerechtigkeit und Partizipation eines jeden Menschen realisieren können (Georgi 2015: 26).

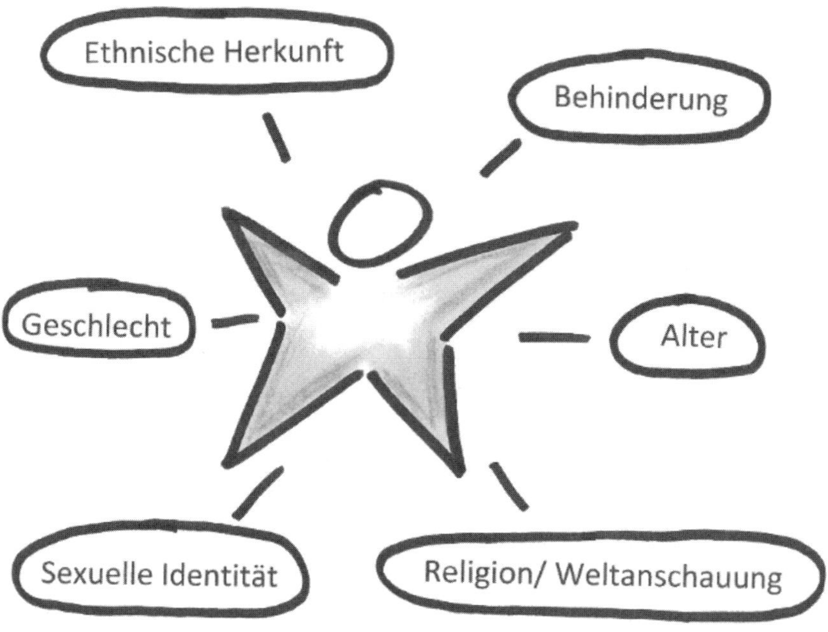

Abb. 2.3: Die personenbezogenen Merkmale von Vielfalt des Allgemeinen Gleichbehandlungsgesetzes (AGG) (eigene Darstellung von N. van Wickeren).

Die Deutsche UNESCO-Kommission versteht Inklusion „als ein[en] *Prozess* […], bei dem *auf die verschiedenen Bedürfnisse von allen Kindern*, Jugendlichen und Erwachsenen *eingegangen* wird“ (DUK 2010:es9. zit. n. Sulzer 2013: 13; Hervorhebungen wie im Original). Hier wird Pluralität hochgradig individualisiert und Differenzlinien nur dann betont, wenn sie individuell von Bedeutung und mit Bedürfnissen, etwa zur Herstellung von Chancengleichheit, verbunden sind.

Die Vorstellung von Integration, die eine Unterscheidbarkeit und Verschiedenheit zwischen Alteingesessenen und Neuhinzukommenden annimmt und diese beiden Gruppen zudem als in sich homogen impliziert, hat Kritik hervorgerufen: Alteingesessene und Migrant_innen bzw. Geflüchtete ließen sich so gar nicht unterscheiden, zudem werde Individualität ausgeblendet. Als Einwanderungsland hat Deutschland immer schon kontinuierlich Neuankommende integriert und ist zu einer Einwanderungsgesellschaft geworden bzw. war es in Teilen auch schon in der Vergangenheit (erinnert sei hier bspw. an die Einwanderungstradition des Ruhrgebiets oder an die Zeiten der Völkerwanderung).

In der gegenwärtigen Migrationsforschung wird zudem bemängelt, dass der „dominante Integrationsdiskurs immer noch und immer wieder suggeriert, Migration sei eine Abweichung von der Norm, die durch Migrations- und Integrationspolitik geregelt werden müsse." (Georgi 2015: 25). Vielmehr sei es notwendig, migrationsbedingte Heterogenität zu normalisieren. Migrationspolitik müsse als Gesellschaftspolitik für alle verstanden werden und gesellschaftliche und institutionelle Strukturen sollten sich so anpassen, dass sie sensibel für Vielfalt sind und somit Selbstbestimmung bzw. Partizipation von allen Mitgliedern der Gesellschaft verwirklicht werden können (ebd.: 27).

Nach Auffassung einiger Autor_innen wird ein solch gesellschaftspolitisches Ziel eher mit den Begriffen bzw. Konzeptionen von Inklusion und Diversity beschrieben. Denn während Integration einen starken Fokus auf die Integrationsleistung des Einzelnen lege, sei der Blickwinkel von Diversity stärker auf gesellschaftliche Strukturen und damit verbundene Möglichkeitsspielräume ausgerichtet. Anders als der Begriff der Integration hinterfrage Diversity die Bedeutung sozio-kultureller Zugehörigkeiten und Unterschiede und betrachte neben gruppenbezogener immer auch individuelle Heterogenität. Allerdings kann die Betonung individueller Unterschiedlichkeit auch den Blick für gruppenbezogene Diskriminierung bzw. Privilegierung verschleiern sowie die Artikulation von Diskriminierungserfahrungen entlang harter Differenzlinien und politische Forderungen nach Gleichstellung bzw. Fördermaßnahmen erschweren (eine kritische Diskussion der Begrifflichkeiten und damit verbundene Konzepte u.a. bei Gaitanides 2012; Schmitt 2016).

Aus rassismuskritischer Perspektive kann bereits der Ansatz, Menschen nach verschiedenen Merkmalen zu differenzieren und dann von „verschiedenen kulturellen bzw. sozialen Gruppen" zu sprechen als problematisch erachtet werden, zementiert er doch das Wahrnehmen, Denken und Handeln entlang von außen zugewiesenen Merkmalen von ethnischer, kultureller, religiöser usw. Identität. Dies trägt, so die Kritik, zu Kategorisierung und Differenzierung bei, und übersieht zudem das intersektionale Zusammenspiel verschiedener Kategorien bzw. Vielfalts-Dimensionen. Die sozialpsychologische Forschung bestätigt, dass allein die willkürliche Einteilung von Objekten oder Personen in Gruppen dazu führt, diejenigen innerhalb einer Gruppe als zueinander ähnlicher und diejenigen in der jeweils anderen Gruppe als dazu verschiedener wahrzunehmen. Damit verwandt ist der sogenannte Outgroup-Homogenitätseffekt, nachdem die Eigengruppe als heterogen, eine jeweilige Fremdgruppe hingegen als homogen wahrgenommen wird („wir sind alle Unterschiedliche, aber die sind alle gleich“) (zur Übersicht über diese grundlegenden Verzerrungen in der Gruppenwahrnehmung u.a. Hewstone/Rubin/Willis 2002). Andererseits identifizieren sich viele Menschen – nicht nur, aber auch – als Mitglied einer sozialen Gruppe, teilen ganz explizit als Gruppenmitglied mit dieser Gruppe Dinge, die ihnen wichtig sind (dazu gehören dann auch z.B. kulturelle Traditionen, Gebräuche, Feste oder Religion) und im Fall von Migration und Flucht auch die Erfahrungen des Verlassens der Heimat, der Wanderung, des Neuankommens und Sich-ersteinmal-zurechtfinden-Müssens. Das Dilemma ist: Das Benennen von Vielfalts-Dimensionen bzw. von Ungleichwertigkeitsdimensionen lenkt erst den Blick darauf und trägt damit zu ihrer Zementierung bei. Zugleich ermöglicht aber erst das Benennen, Vielfalt im Positiven wertzuschätzen, für die Gestaltung von Gesellschaft – aber auch in Arbeitskontexten – bewusst zu nutzen und Diskriminierungen bzw. Privilegierungen entlang dieser Dimensionen sichtbar zu machen. Dieses Dilemma ist nicht auflösbar, muss aber mitbedacht werden. Für den Alltag der Integrationsarbeit bedeutet das: Kulturelle Zugehörigkeiten und Identitäten können, müssen aber keine Rolle spielen, ihre Bedeutung ist im Einzelfall oder im gegebenen Kontext mal wichtiger, mal unwichtiger oder zugleich wichtig und unwichtig.

2.2 Integrationstheorien

Nicht nur der Migrations- und Integrationsdiskurs, sondern auch die damit verbundenen Politiken sind eng miteinander verwoben. An der Geschichte der Integrations-/Migrationspolitik der Bundesrepublik seit der ersten gezielten Anwerbung von Gastarbeiter_innen aus rein wirtschaftlichen bzw. arbeitsmarktpolitischen Gründen Mitte der 1950er Jahre lässt sich dies eindrücklich belegen (vgl. Többe-Schukalla 2014: 217ff.). Es wurde damals davon ausgegangen – und war politisch gewünscht, dass die angeworbenen Arbeitskräfte nachdem sie nicht mehr gebraucht oder in Rente gegangen wären, wieder in ihre Heimatländer zurückkehren würden. Insofern wurden keinerlei Maßnahmen oder Vorkehrungen zur staatsbürgerlichen oder sozialen Integration getroffen. Dieser historische Irrtum und die Verwaltung seiner Folgewirkungen aus nicht erfolgter Integration, die durch die ökonomische Krise der 1970er Jahre sowie die zunehmenden Migrations- und Fluchtbewegungen seit den 1980er Jahren verschärft wurden, belasten bis heute die Migrations- und damit auch die Integrationspolitik. Migrationspolitik ist vorwiegend auf ordnungspolitische Restriktionen beschränkt, welche Personen wie kommen (sollen) und welche bleiben dürfen (siehe Kapitel 1). Die aktive Gestaltung von Integration wurde erst im Zuwanderungsgesetz ab 2005 als staatliche Aufgabe definiert und durch entsprechende Maßnahmen der Integrationsförderung – mit den „sogenannten Integrationskursen“ als „Herzstück“ dieser Maßnahmen – exekutiv verankert (Hanewinkel/Oltmer 2017).

Der Integrationsbegriff, der hinter dieser Integrationspolitik steht, adressiert – wie oben beschrieben – allein die zu integrierenden Individuen. Da die Grenzen dieser individualistischen Betrachtungsweise offensichtlich sind, wird Integration zunehmend als gesamtgesellschaftlicher Prozess betrachtet, der von allen Mitgliedern der Gesellschaft Integrationsleistungen fordert. Damit geht auch eine Defizit-Perspektive (den Migrant_innen fehlen Fähigkeiten wie z.B. Sprache, anerkannte Bildungsabschlüsse usw., die sie erwerben müssen) über zu einer Sichtweise, die darauf hinwirkt, Strukturen zu schaffen, in denen diese Verschiedenheit positiv wirksam werden kann.

Diesen Veränderungen in der politischen Gestaltung von Integration liegen verschiedene Integrationstheorien zugrunde, die von der Assimilation bis zu einem Modell des ethnischen Pluralismus reichen. Assimilationstheorien sehen Integration als mehr oder weniger linearen Prozess an, an dessen Ende eine „durch kulturelle und soziale Verschmelzung von Minderheit und Mehrheit bewerkstelligte Homogenisierung von Gesellschaften“ steht (Aumüller 2009: 47).

Wichtigster deutschsprachiger Vertreter aus dem Kontext der Assimilationstheorien ist der Mannheimer Soziologe Hartmut Esser (1980). Bis zu welchem Grad zugewanderte Menschen „assimiliert“ werden können, hängt nach Esser sowohl von den „Motivationen und Kognitionen der Person“ als auch von den „Opportunitäten und Barrieren der Umgebung“ ab (Esser 1980: 102). Er unterscheidet in Anlehnung an den britischen Soziologen David Lockwood zwischen einer Sozialintegration auf der Mikro-Ebene der handelnden Individuen und einer Systemintegration auf der Makro-Ebene des Systems einer Gesellschaft als Ganzes (Esser 2001: 3). Dabei sei eine Systemintegration die „Integration des sozialen Systems über die „Köpfe der Akteure“ hinweg“ (ebenda: 4, Hervorhebung im Original). Hier agieren der Weltmarkt, nationale oder supranationale Einheiten, wie bspw. die EU bzw. nationale Regierungen, Konzerne, große Verbände etc. Die Trennung von System- und Sozialintegration führt dazu, dass eine Gesellschaft wie z.B. die der Bundesrepublik hoch integriert sein kann, es in ihr aber – über das Marktgeschehen oder das politische System – doch Gruppen oder einzelne Personen gibt, die mehr oder eben auch weniger in dieses System integriert sind. „Es kann grundsätzlich eine Systemintegration auch *ohne* Sozialintegration geben“ (ebenda, Hervorhebung im Original). Das Konzept der Assimilation bezieht sich zunächst auf die soziale Integration, die Beziehungen der Menschen untereinander. Dies können die Bindungen zu den Menschen im Herkunftsland, innerhalb der eigenen ethnischen Community im Aufnahmeland oder die Bindungen zur Aufnahmegesellschaft sein. Je nach dem Grad dieser Bindungen unterscheidet Esser vier Typen der Sozialintegration (Abb. 2.4):

- die *Mehrfachintegration*: es bestehen Bindungen sowohl in das Herkunftsland/zur eigenen ethnischen Community als auch ins Aufnahmeland,
- die *Segmentation:* Bindungen lediglich zum Herkunftsland/zur eigenen Community,
- die *Assimilation:* Bindungen nur noch in das Aufnahmeland sowie
- die *Marginalität:* weder Bindungen zur eigenen Community noch zum Aufnahmeland. Ganz ähnlich findet sich dies auch im Modell der Akkulturationsorientierungen wieder (s.u.).

		Sozialintegration in die Aufnahmegesellschaft / Partizipation	
		Ja	Nein
Sozialintegration in die Herkunftsgesellschaft bzw. ethnische Gruppe / Kulturerhalt	Ja	(Mehrfach-)Integration	Segmentation / Separation
	Nein	Assimilation	Marginalität / Marginalisierung

Abb. 2.4: Typen der (Sozial-)Integration von Migrant_innen bzw. der Akkulturationsorientierung (eigene Darstellung, angelehnt an Esser 2001: 19 und Berry 2003)

Im Prozess zur Sozialintegration/Assimilation unterscheidet Esser wiederum vier Dimensionen (vgl. Esser 2001: 16f.; Koch 2018: 2f.).

- Kulturelle Assimilation/Kulturation (Übernahme von Wissen, Fertigkeiten, Sprache)
- Strukturelle Assimilation/Platzierung (Übernahme von Rechten oder Statuspositionen über Bildung und Arbeitsmarkt)
- Soziale Assimilation/Interaktion (Aufnahme sozialer Beziehungen und Netzwerke) sowie
- Emotionale Assimilation/Identifikation (Übernahme von Werthaltungen und Loyalitäten).

Bis heute greift die deutsche Integrationspolitik auf diese Vorstellung von Integration zurück, der Begriff der Assimilation wurde durch den der Integration ersetzt, die Zielvorstellung der Angleichung bleibt die gleiche. Und so werden weiterhin „Probleme der Integration als mangelnde Anpassung der Migrant_innen“ verhandelt (Koch 2018). Strukturelle Ungleichheiten, Diskriminierungen und subtile Mechanismen der Exklusion bleiben außen vor. Daher ist es in erster Linie dringend erforderlich, die Inklusions- und Exklusionsprozesse in gesellschaftliche Teilsysteme wie Bildung, Arbeitsmarkt, Gesundheitsversorgung, Wohnen etc. in den Blick zu nehmen und zu gestalten. So können zumindest auch über multiperspektivische kategoriale Zuschreibungen die Inklusions- bzw. Exklusionsbedingungen für unterschiedliche Gruppen beschrieben werden (vgl. Bommes 2011). Dies verdeutlicht, dass der Integrationsbegriff weiterhin erforderlich ist, um eine Orientierung dafür zu erhalten, wie wir das Miteinander-Leben der vielen Verschiedenen in unserer Gesellschaft gestalten wollen – und zwar in individueller und struktureller Perspektive und unter (macht-)kritischer Betrachtung systematischer Ein- und Ausschlussmechanismen. Wichtig ist ein differenziertes Verständnis von Integration, das nicht einfach auf „soziale Teilhabe“ reduziert werden kann.

Für die Integration spielt nicht nur das konkrete Handeln, sondern auch die Einstellungen zur Integration eine Rolle (siehe dazu Kapitel 3).

Im Rahmen der Akkulturationsforschung wird die Einstellung zur Integration seit vielen Jahren unter dem Stichwort der „Akkulturationsorientierung“ untersucht (zur Übersicht Zick 2010). Akkulturation bezeichnet schlicht das Ausmaß in dem Menschen sich ändern, wenn sie damit konfrontiert sind, in einem anderen kulturellen Kontext zu leben als ihrem eigenen (Chiriboga 2004: 274), also den, den sie gewöhnt sind. Der Akkulturationsprozess beschreibt diese Veränderung, der mitbestimmt ist von Faktoren sowohl der Herkunfts- wie der Aufnahmegesellschaft. Die Akkulturationsorientierung gibt an, wie man sich den Zustand in der neuen Kultur wünscht bzw. vorstellt. Sowohl die Neuhinzukommenden als auch die aufnehmende Gesellschaft haben eine jeweilige Akkulturationsorientierung. Diese setzt sich nach Berry (2003) aus zwei zentralen Dimensionen zusammen (vergleichbar mit Essers Dimensionen der Sozialintegration) (Abb. 2.4): Dem Wunsch bzw. der Forderung nach Kontakt/Teilhabe und dem Wunsch nach bzw. das Gewähren von Kulturerhalt. Wird sowohl Kontakt/Teilhabe als auch Kulturerhalt bejaht, spricht man von einer Orientierung hin zur Integration, wird Kontakt/Teilhabe bejaht, aber Kulturerhalt abgelehnt, von Assimilation. Wird Kontakt/Teilhabe abgelehnt, hingegen der Erhalt der mitgebrachten Kultur gewünscht, gilt dies als Separation, wird beides abgelehnt, als Marginalisierung. Das Modell geht von einer eher statischen Betrachtung von „Kultur“ aus (unabhängig davon, dass Kultur beständigen Veränderungen unterworfen ist). Personen können, was nicht selten ist, auch je nach Lebensbereich unterschiedliche Akkulturationsorientierungen haben, etwa auf der Arbeit Integration befürworten, im Privaten aber Separation leben. Konflikte können entstehen, wenn Neuangekommene und Alteingesessene verschiedene Akkulturationsorientierungen haben (Piontkowski et al. 2000), z.B. Neuankommende sich integrieren möchten, Alteingesessene aber eine Assimilation fordern oder sich separieren, weil sie keinen Kontakt mit Neuankommenden wollen. Auch Neuankommende können sich separieren wollen, weil sie vielleicht zunächst einmal gar nicht vorhaben, länger im Land zu bleiben, Alteingesessene sie hingegen lieber marginalisieren möchten – möglicherweise am liebsten hätten, wenn sie gar nicht da wären.

In Deutschland vertritt die Mehrheitsbevölkerung ohne Migrationshintergrund eine Akkulturationsorientierung hin zu Integration oder Assimilation. Dabei hat die Orientierung hin zu Integration in den vergangenen Jahren tendenziell abgenommen, die in Richtung Assimilation zugenommen (Zick/Preuss 2019).

2.3 Wie steht es um die Integration?

Bei der Aufgabenstellung der Integration stellt sich immer die Frage: Wie gut gelingt sie in den zentralen Lebensbereichen Gesundheit, Wohnen, Bildung, Arbeit, Freizeit sowie bei der politischen, sozialen und kulturellen Teilhabe, welche Herausforderungen stellen sich in den jeweiligen Bereichen, und was lässt sich ggf. wie weiter verbessern? Hierüber geben sowohl Beobachtungen aus der Praxis der Integrationsarbeit und Statistiken Aufschluss als auch Selbstberichte von Geflüchteten. Dabei liegt – dies sei vorausgeschickt – auch hier wieder der Fokus vor allem auf den Ankommenden, z.T. auch auf den Strukturen, aber kaum auf den Alteingesessenen und deren Integrationsleistung und Veränderung, die, nimmt man die Konzeption von Integration ernst, ebenfalls zu erwarten und zu fordern wäre.

Eine groß angelegte, repräsentative Längsschnittstudie der Forschungsstelle Migration, Integration und Asyl des Bundesamts für Migration und Integration (BAMF) befragt in mehreren Wellen Geflüchtete, was die Möglichkeit eröffnet, Veränderungen nachzuvollziehen (befragt werden sowohl mehrfach die gleichen Personen als auch jeweils neu hinzugewonnene Befragte; bislang liegen Befragungen aus 2016 und 2017 vor). Die Studie stellt in Übereinstimmung mit Beobachtungen aus der Praxis und Statistiken mit objektiven Daten deutliche Fortschritte in der Integration fest, und dies trotz der schwierigen Vorrausetzungen, die viele Geflüchtete zunächst einmal mitbringen. Gleichzeitig wird weiterer Handlungsbedarf erkennbar. Während die Wohnsituation von Geflüchteten sich mittlerweile zunehmend entspannt hat und Sammelunterkünfte wieder aufgelöst wurden, gibt es in den zentralen Bereichen Gesundheit, Bildung und Erwerbstätigkeit noch einiges zu tun, von politischer, sozialer und kultureller Teilhabe ganz zu schweigen.

2.3.1 Gesundheit

Geflüchtete bringen vielfältige, insbesondere psychische Belastungen mit, die ihre Gesundheit beeinträchtigen (siehe Kapitel 1). Während chronische Erkrankungen unter Geflüchteten seltener sind als in der deutschen Durchschnittsbevölkerung, leiden geflüchtete Menschen insbesondere eher unter psychischen Belastungsstörungen wie depressiven Erkrankungen und/oder posttraumatischem Stresssyndrom (Schröder/Zok/Faulbaum 2018; Brücker et al. 2019). Besonders (ältere) Frauen leiden unter mangelndem psychischem Wohlbefinden und psychosomatischen Symptomen. Die Gründe hierfür liegen vielfach in den gemachten Erfahrungen vor, während und nach der Flucht.

Auch sind die oft nicht einfachen Lebensumstände in Deutschland, Heimweh und Sorge um Angehörige und auch die unsichere Lebensperspektive belastend. Einige bringen auch physische Erkrankungen und schlecht versorgte Verletzungen mit, die vor oder während der Flucht entstanden sind.

In Deutschland haben Schutzsuchende (in Abhängigkeit von ihrem Aufenthaltsstatus) jedoch häufig nur einen Anspruch auf eine gesundheitliche Minimalversorgung. Hinzukommen bürokratische Hemmnisse und Sprachbarrieren, die das Aufsuchen medizinischer Versorgung erschweren. Bislang sind die Behandlung und das Therapieangebot für Geflüchtete völlig unzureichend (dazu u.a. Razum/Wenner/Bozorgmehr 2016), so dass eine Gefahr der Chronifizierung von Traumata und Erkrankungen besteht. Wenn jedoch der Zugang zu ärztlicher Versorgung erreicht werden konnte, bessert sich der Gesundheitszustand bei etlichen der Befragten.

Die ärztlichen Befunde dokumentieren den dringenden Handlungsbedarf in der Integrationsarbeit, die gesundheitliche Versorgung von Geflüchteten zu verbessern und insbesondere die psychischen und psychosomatischen Erkrankungen ernst zu nehmen. Hier können nicht nur Einzel-, sondern verstärkt auch Gruppenangebote gemacht werden, Sprach- und Kulturmittler hinzugezogen sowie selbst geflüchtete Ärzte und Psychotherapeuten schneller in das System integriert werden. Insbesondere für die Integration im Bildungs- und Arbeitsbereich ist es wichtig, mögliche Belastungen zu berücksichtigen. Das gilt etwa für die Gestaltung von Lern- und Bildungsangeboten (siehe Kapitel 5), formal (z.B. Länge und Aufbau einer Unterrichtseinheit) wie inhaltlich (z.B. welche Beispiele werden gewählt, was kann ggf. retraumatisierend wirken, auch wenn dies im Einzelfall schwer einzuschätzen ist).

Auch bei der Integration in Ausbildung und Arbeit sowie für Freizeitangebote gilt es, mögliche Belastungen im Hinterkopf zu behalten, die ggf. auch Konzentrationsschwächen, Misstrauen oder in-sich-gekehrtes-Verhalten erklären können. Auch wenn viele Geflüchtete traumatische Erfahrungen gemacht haben, kann und sollte umgekehrt nicht jedem ein schwerwiegend beeinträchtigendes bzw. dauerhaftes Trauma unterstellt werden. Angebote können hier gezielt auch Selbstheilungsprozesse befördern (siehe Kapitel 1). Zugleich ist dringend geboten, den besonderen Gesundheitsbedarfen von geflüchteten Frauen (Verhütung, Schwangerschaft, Geburt) und möglicher geschlechtsspezifischer Gewalterfahrung (Vergewaltigung, häusliche Gewalt) vor, während und nach der Flucht mehr Aufmerksamkeit zu schenken. Auf Basis einer größer angelegten Studie geben Schouler-Ocak/Kurmeyer (2017) konkrete Empfehlungen für die gesundheitliche Versorgung der besonders vulnerablen Gruppe der geflüchteten Frauen. Hierzu gehört u.a. ein sensibler Umgang mit ihren Gefühlen von Scham und Misstrauen gegenüber dem deutschen Gesundheitssystem. Für Frauen spielt auch ein sicheres Wohnumfeld (die eigenen vier Wände) eine besonders wichtige Rolle, aber auch die Möglichkeit, sich mit anderen austauschen und am gesellschaftlichen Leben innerhalb und außerhalb der Community teilhaben zu können (Ullmann/Lingen-Ali 2018).

2.3.2 Bildung

Bei der Frage, wie es um die Integration von Geflüchteten mit Blick auf Bildung steht, geht der Blick wie generell bei der Integration zumeist primär auf die Geflüchteten selbst. Dabei kann das „Thema Flucht selbst als Bildungsanlass und Bildungsaufforderung (für Alle) verstanden“ werden, wie Eppstein (2017: 147) hervorhebt, insbesondere dann, wenn Bildungshorizonte jenseits einer reinen Verwertbarkeit thematisiert werden.

Schulbildung und Berufsqualifikation der nach Deutschland geflüchteten Menschen sind äußerst heterogen. Während nicht wenige über gute bis mittlere Bildung verfügen, gibt es auch etliche Personen, die nur die Grundschule besucht haben, ggf. sogar Analphabeten sind. Etliche beherrschen schlechterdings nicht die lateinische Schrift, was das Lernen der deutschen Sprache erschwert. Ebenso ist die Art und Weise des Lehrens und Lernens länderspezifisch, was für viele, auch besser gebildete Flüchtlinge, ein neues Erlernen von Lernen in Deutschland erfordert (u.a. selbstverantwortlicheres Lernen, offenere Lernsituation, stärkere Einbindung von Eltern, ungeschriebene Regeln im Klassenraum, Auftreten von und Beziehung zwischen Lehrkräften und Schüler_innen/Eltern) (Brücker et al. 2019). Die oben zitierte Studie unterstreicht Beobachtungen aus der Praxis und die Statistiken der Arbeitsagentur. Demnach haben die Deutschkenntnisse zugenommen und immer mehr Geflüchtete besuchen eine Bildungsstätte, absolvieren eine Ausbildung oder sind in Arbeit, drei Viertel haben an einer sprachfördernden Maßnahme teilgenommen, die Hälfte hat bereits einen Integrationskurs besucht. Während auf der einen Seite die Deutschkenntnisse mit zunehmender Aufenthaltsdauer steigen, was nachvollziehbar ist, gilt dies nur bedingt für die vor 2014 eingereisten, die seltener von dem damals noch weniger gut ausgebauten Sprachförderprogrammen profitieren konnten. Die Programme zeigen durchaus ihre Wirkung – wer daran teilgenommen hat, spricht inzwischen besser Deutsch (dies gilt noch mehr für teilnehmende Frauen). So besuchte jeder zehnte der 2015 ins Lande gekommenen Geflüchteten bei der zweiten Erhebung eine Bildungseinrichtung (Schule, berufliche Bildungseinrichtung, Hochschule/Universität), wobei dies seltener auf Frauen zutrifft, von denen gut zwei Drittel mit Kindern im Haushalt leben und die Familienarbeit übernehmen. Deutlich wird: der Integrationserfolg im Bereich Sprache und Bildung nimmt kontinuierlich zu, wie dies mit längerer Aufenthaltsdauer und den vielen, auch genutzten Angeboten zu erwarten ist. Gleichzeitig konnten etliche ihre hohe Hoffnung und Erwartung an Bildung und Arbeit noch nicht umsetzen, was vielfach auch an mangelnden

Sprachkenntnissen (und diversen bürokratischen Hindernissen) liegt. Zudem gilt dies nicht gleichermaßen für alle Subgruppen von geflüchteten Personen. Insbesondere (ältere bzw. Kinder betreuende) Frauen und die vor 2014 Eingereisten drohen durch die Maschen der Integrationsangebote zu fallen. Insbesondere Frauen mit kleinen Kindern besuchen seltener Sprachkurse und Bildungseinrichtungen bzw. sind erwerbstätig. Dies ist keine große Überraschung (und trifft ähnlich auch auf die deutsche Bevölkerung zu), zeigt aber ganz klaren Handlungsbedarf für auf diese Zielgruppe von Aufbau und Inhalt zugeschnittene Angebote zu erarbeiten, wenn der Anspruch besteht, Frauen ähnlich gut zu integrieren wie Männer. Darüber hinaus wird das Thema „Flucht" aber auch als solches inzwischen vielfach in Bildung und Kultur aufgegriffen, etwa in Schulprojekten oder im Theater, häufig auch unter Einbindung (selten unter der Regie) von geflüchteten Personen. Hinzu kommen geflüchtete Kulturschaffende (u.a. Musiker_innen, Autor_innen, Journalist_innen) bzw. geflüchtete Personen, die durch ihre Flucht zu Kulturschaffenden werden (z.B. Comedians auf Youtube), oft die mit ihrer Flucht und dem Ankommen in Deutschland zusammenhängenden Erfahrungen thematisieren und damit den Blick für ihre Perspektive öffnen. Hier fehlt es zwar noch an Forschung, welchen Einfluss dies letztlich auf die Alteingesessenen hat, doch lassen Berichte aus der Praxis darauf schließen, dass sich hier tatsächlich Perspektiven ändern, auch Erinnerungen an Fluchterfahrungen in der eigenen Familie wachgerufen werden, Empathie befördert wird. Zudem ermöglichen solche Projekte auch ein Drehen der Wahrnehmung von Geflüchteten als Opfer (oder Bedrohung) hin zu Handelnden mit Ressourcen und Potentialen (oder schlicht Menschen wie Du und ich), die selbst einen Beitrag für das gesellschaftliche Leben leisten können.

2.3.3 Erwerbstätigkeit

Die Integration in den Arbeitsmarkt gilt als ein Schüsselfeld der Integration. Der Wunsch zu arbeiten steht bei Geflüchteten neben der Sicherheit mit an erster Stelle (siehe Kapitel 8); dies gilt für geflüchtete Männer und auch für die Mehrheit der geflüchteten Frauen (u.a. Ullmann/Lingen-Ali 2018). Nach Einschätzung der OECD ist in Deutschland die Integration in den Arbeitsmarkt bislang insgesamt und im europäischen Vergleich recht schnell und gut; die Herausforderung sei nun, die kurzfristigen Jobs in längerfristige Beschäftigung zu überführen (Degler/Liebig 2017). Zugleich bleiben Hürden erkennbar. In 2018 ging ein gutes Drittel der Geflüchteten einer Erwerbstätigkeit nach (Details zur derzeitigen Erwerbstätigkeit von Flüchtlingen finden sich im Bericht der Bundesagentur für Arbeit 2018). Gemessen daran, dass überwiegend junge

Menschen nach Deutschland gekommen sind, von denen viele noch schulpflichtig und weniger in Ausbildung sind und auch viele Frauen (traditionell), die Familienarbeit leisten und rund ein Viertel davon noch Kinder/Jugendliche sind, ist dies ein beachtlicher Anteil. Auch hier zeigt sich, wie zu erwarten, eine kontinuierliche Zunahme mit der Aufenthaltsdauer und auch dies gilt deutlich häufiger für Männer als für Frauen. Sie finden vor allem in der Produktion, dem Reinigungsgewerbe, aber auch der Gastronomie und Landwirtschaft eine Arbeit, nicht selten vermittelt von Zeitarbeitsfirmen. Bei der Suche nach einer Stelle spielen persönliche Netzwerke (hier sind deutsche Freunde und Bekannte besonders relevant) eine wichtigere Rolle als Jobcenter und Arbeitsagenturen. Geflüchtete verdienen im Schnitt nur rund 1.000 Euro und damit deutlich weniger als der Durchschnitt der deutschen Bevölkerung, was auch daran liegt, dass viele in Teilzeit arbeiten, Praktika machen oder in Ausbildung sind. Dabei hat sich auch ihre berufliche Stellung vielfach geändert. So arbeiteten vor ihrer Flucht deutlich mehr Personen als Selbstständige, in Deutschland trifft dies nur noch auf wenige zu. Auch arbeiten nur wenige in Deutschland in Führungspositionen, dafür mehr als im Herkunftsland als Arbeiter. Deutlich mehr Personen sind nun als Helfer beschäftigt, deutlich weniger als Fachkräfte, obwohl sie in den Herkunftsländern als Spezialisten (hoch-)komplexe Tätigkeiten ausgeübt haben. Für viele Geflüchtete ist ihre bisherige Integration in den deutschen Arbeitsmarkt also mit einem Statusverlust verbunden. Vor allem Akademiker_innen arbeiten häufig unter ihrem Qualifikationsniveau, während es geflüchteten Personen ohne formale Qualifikation, die aber durchaus über berufliche Kenntnisse und Erfahrungen verfügen (in vielen anderen Ländern gibt es kein, dem deutschen ähnliches berufliches Ausbildungssystem) häufiger gelingt, über ihrem formalen Qualifikationsniveau zu arbeiten und die Hälfte der Personen mit Fachkraftqualifikation arbeitet auch in Deutschland auf vergleichbarem Niveau. Insgesamt gesehen arbeiten viele Geflüchtete jedoch unterhalb ihrer beruflichen Qualifikation, was allerdings vor allem für Akademiker_innen, weniger für Fachkräfte zutrifft, und häufiger für Frauen als für Männer (Farrokhzad 2018b). Insbesondere Geflüchtete, deren Asylantrag abgelehnt wurde, scheinen sich möglichst rasch in den deutschen Arbeitsmarkt zu integrieren und nehmen dafür auch niedrig bezahlte Tätigkeiten an. Geflüchtete mit Schutzstatus scheinen länger, aber dann nach einer qualifikationsadäquaten und besser bezahlten Tätigkeit zu suchen. Insbesondere abgelehnte Asylbewerber_innen, die ohne gültige Papiere im Land bleiben bzw. vermutlich auch jene, bei denen eine Ablehnung droht, sind unter den gegebenen Umständen besonders vulnerable für ein ausbeuterisches Arbeitsverhältnis. Bekannt ist, dass gerade Personen, die sich ohne gültige Papiere in einem Land aufhalten (sogenannte „illegale Migrant_innen") vielfach keinen anderen Ausweg sehen, als eine anstrengende, dreckige, gefährliche oder unangenehme Arbeit anzunehmen, die sonst keiner machen will (v.a. auf dem Bau, in der Landwirtschaft und auf Schlachthöfen, im Reinigungs- und

Gastronomiegewerbe, in der Prostitution unter z.T. sklavenartigen Arbeitsverhältnissen/Menschenhandel) und in denen ihr weitgehend schutzloser Status ausgenutzt wird (geleistete Arbeit einfach nicht bezahlt, das Abhängigkeitsverhältnis ausgenutzt oder sogar Gewalt angedroht wird).[5] Daraus lässt sich für Unterstützer_innen und auch Jobcenter/Arbeitsagenturen die Warnung ableiten, besonders genau auf die Beschäftigungsverhältnisse zu schauen und Geflüchtete ggf. vor für sie sehr ungünstigen Arbeitskontrakten und -gegebenheiten zu schützen.

Basierend auf Studienergebnissen gibt das durchführende, anerkannte Berlin Institut für Bevölkerung und Entwicklung eine Reihe von Empfehlungen für die Integration in Arbeit vor Ort, die sich an lokale Initiativen richten (Woellert/Sievert/Neubecker/Klingholz 2016). Viele Geflüchtete sind bei ihrer Ankunft hoch motiviert, eine Arbeit aufzunehmen, dann aber zunächst zu einer längeren Phase des Wartens verdammt, müssen Sprach- und Integrationskurse belegen und Praktika absolvieren, um für Arbeitgeber attraktiv zu sein. Um diesem Problem zu begegnen, empfiehlt es sich, Integrationsangebote soweit möglich parallel ablaufen zu lassen, also etwa Sprachkurse und Praktika. Dies gibt Geflüchteten nicht nur eine Perspektive für die Aufnahme von Arbeit, sondern ermöglicht auch ein Üben der Sprache, soziale Kontakte mit Deutschen und ein erstes Kennenlernen des Arbeitens in Deutschland. Erleichternd wirken zudem der direkte und persönliche Kontakte von lokalen Initiativen zu Unternehmen (siehe Kapitel 9) und Behörden sowie ein enger Austausch untereinander (siehe Kapitel 6).

2.4 Empfehlungen für die Umsetzung von Integrationsmaßnahmen

Aus den Ausführungen zur Integration lassen sich zunächst einige allgemeine Empfehlungen für die Umsetzung von Integration ableiten. Im Folgenden sind diese als (sicher nicht erschöpfende) Fragen an geplante Maßnahmen formuliert, die genutzt werden können, um die eigenen Angebote und Maßnahmen kritisch zu hinterfragen und ggf. weiterzuentwickeln:

- Integration ist ein langfristiger Prozess → Ist die geplante Maßnahme für eine angemessene Dauer auslegt, sind ggf. weiterführende Maßnahmen mitgedacht?

5 Siehe dazu die Einschätzung auf der Seite des International Center for Migration Policy Development ICMPD mit UN Beobachterstatus auf Basis diverser Studien: https://www.icmpd.org/news-centre/news-detail/expert-voice-are-migrants-and-refugees-a-vulnerable-group-in-the-context-of-human-trafficking/ [Zugriff: 10.02.2020].

- Integration bedeutet Erneuerung durch Entwicklungen und Veränderungen sowohl bei den Neuankommenden wie auch bei der aufnehmenden Gesellschaft → Wie bindet eine Maßnahme Neuankommende, wie Alteingesessene ein, wie werden Neuankommende und Alteingesessene bei der Veränderung begleitet und unterstützt?
- Integration kann sich zur Inklusion entwickeln → Wie können Regelangebote auch für geflüchtete Personen geöffnet werden bzw. wie können umgekehrt, auch für nicht-geflüchtete Personen mit ähnlichen Bedarfen neue, spezifische Angebote gestaltet werden?
- Geflüchtete sind eine sehr heterogene soziale Gruppe → Wie können Angebote und Maßnahmen so gestaltet werden, dass sie der Heterogenität gerecht werden, für alle Geflüchteten gleichermaßen ansprechend und nutzbar sind? Sind spezielle Angebote so zugeschnitten, dass sie den tatsächlichen Bedarfen der unterschiedlichen Geflüchteten entsprechen? Für wen machen besonders zugeschnittene Angebote Sinn (und warum), wann folgen sie ggf. auch (z.B. genderrollenstereotypen) klischeehaften Vorstellen, können diese ggf. in andere Angebote integriert werden?
- Integration betrifft alle Lebensbereiche einer Person → Werden Verknüpfungen/Abstimmungen/Schnittstellen zwischen Angeboten und Maßnahmen für einen Lebensbereich (z.B. Arbeit) und anderen Lebensbereichen (z.B. Bildung, Wohnen, Freizeit) mitgedacht? Wie kann der Fokus einer Maßnahme ggf. „umgedreht" werden, d.h. die geflüchtete Person und ihre Bedarfe in den Mittelpunkt stellen und von da aus dann Unterstützungsangebote für verschiedene Lebensbereiche gestaltet werden?
- Erwartungen und Bedarfe von Geflüchteten und Nicht-Geflüchteten (Unterstützer_innen, Kommune, Alteingesessene) sind nicht immer deckungsgleich → Wie werden Erwartungen und Bedarfe von geflüchteten Personen in Erfahrung gebracht und berücksichtigt? Wie werden Geflüchtete auch als Expert_innen ihrer selbst angesprochen und ernst genommen?
- Integration bedeutet für alle und vor allem für die Geflüchteten eine große Kraftanstrengung in einer persönlich sehr schwierigen Situation → Wie werden vorhandene Ressourcen unterstützt, wie auch Erholung und Spaß mitbedacht? Wie können Wege, Abläufe usw. für alle Beteiligten vereinfacht werden? Wie wird der Stress, den die schwierige Lebenslage für Geflüchtete, die Situation aber auch für Nicht-Geflüchtete mit sich bringt, bei Maßnahmen berücksichtigt?
- Geflüchtete kommen in der Regel aus Krisenregionen, bringen auch eigene Konfliktlagen mit → Wie wird mitbedacht und berücksichtigt, dass ggf. geflüchtete Personen aus verfeindeten Lagern bei Maßnahmen aufeinandertreffen, wie wird mit Hierarchien, Diskriminierungen und ggf. auch Gewalt zwischen Geflüchteten umgegangen? Gibt es ausreichend Schutz, Rückzugsmöglichkeiten und Ansprechpartner_innen für besonders vulnerable Gruppen unter den Geflüchteten?
- Bei der Integration spielen auch Machtverhältnisse eine Rolle; geflüchtete Personen befinden sich in vielerlei Hinsicht in einer schwachen bis ohnmächtigen Position → Wie werden Geflüchtete empowert, wie vor (auch gut gemeinten) Bevormundung, Gängelei oder gar Gewalt durch Alteingesessene in

der zumeist stärkeren Position geschützt? Wie auch umgekehrt Unterstützer_innen vor Selbstausbeutung aufgrund des hohen Bedarfs, aber auch vor Anspruchshaltungen und neuen Machtspielen?

- Integration ist Aufgabe der gesamten Kommune → Wie ist die Vernetzung zwischen verschiedenen Integrationsakteuren aufgebaut, sind alle wichtigen Integrationsakteure dabei (z.B. die Integrationsagenturen, Migrant_innen-selbstorganisationen), wie werden ggf. weitere Akteure zur Beratung hinzugezogen (z.B. Antidiskriminierungs- und Frauenberatungsstellen)?

Kapitel 3: Zwischen Willkommen und Hass

Beate Küpper

Als im Sommer 2015 Geflüchtete in großer Anzahl über die Grenzen nach Deutschland kamen, wurden sie zunächst von vielen Menschen herzlich begrüßt. In Windeseile wurde Versorgung und Erstunterkunft organisiert, viele professionelle und ehrenamtliche Helfer_innen schlugen sich die Nächte um die Ohren, um sich um die erschöpften Menschen zu kümmern, andere verteilten an den Bahnhöfen Süßigkeiten und Teddybären für die mitreisenden Kinder. Deutschland feierte sich für seine „Willkommenskultur“, bot dies doch (nach dem Fußball-Sommermärchen 2006) endlich (wieder) Gelegenheit, ein freundliches Gesicht des Landes zu zeigen, nachdem es in der Finanz- und Wirtschaftskrise 2009/10 von vielen südeuropäischen Ländern als kalt und abweisend wahrgenommen worden war.

Doch die Bilder, die durch die Medien gingen, zeigten die geflüchteten Menschen bald weniger in ihrem individuellen Schicksal, sondern vor allem als *Masse*, die über die Grenze strömte und in die Züge drängte (über die Darstellung von Flucht und Asyl in den Medien u.a. vom Orde 2016). Die Berichte häuften sich, dass mit der Aufnahme der Flüchtlinge vor Ort doch nicht alles so glatt lief, Turnhallen wurden in Schlafstätten umfunktioniert und mussten für längere Zeit schließen. In das euphorische Willkommen mischten sich erste kritische Töne, es wurde zunehmend zwischen „guten Flüchtlingen und schlechten Flüchtlingen“ unterschieden. Mit Begrifflichkeiten, wie „Flüchtlingskrise“, „Flüchtlingsflut“ oder „Flüchtlingswelle“, (Innenminister Horst Seehofer sprach gar von einem „Flüchtlingstsunami“) wurden Geflüchtete mit Naturgewalten assoziierenden Bildern belegt. Sie waren sprachlich nicht mehr als Menschen in Not erkennbar, sondern wurden zu einer einheitlichen Masse, die riesengroß, unkontrollierbar und mit Wucht das Land überrollt. Aus (sozial-)psychologischer Sicht sind solche Begrifflichkeiten geeignet, sowohl Angst als auch Abwertung und Gewalt zu erzeugen. Angst entsteht, wenn etwas nicht bewältigbar erscheint, Abwertung und Gewalt, wenn Menschen dehumanisiert werden (zur Rolle der Medien bei der Dehumanisierung von Flüchtlingen und dem Schüren von Bedrohungsgefühlen durch die Darstellung u.a. Esses/Medianu/Lawson 2013). Mit der berüchtigten Silvesternacht von Köln zum Jahreswechsel 2015/16 kippte die Berichterstattung und das Bild von Flüchtlingen in der Öffentlichkeit vollends (ungeachtet dessen, dass die Mehrzahl der mutmaßlichen Täter_innen keine Geflüchteten waren). Das Motiv vom gewalttätigen, sexuell übergriffigen schwarzen Mann und Orientalen wurde hier anscheinend aufs trefflichste bestätigt (Dietze 2016). So lässt sich an der Berichterstattung über einzelne Taten einiges davon ablesen, was unter das Stichwort Vorurteile fällt, wie z.B. die Zuweisung typischer negativer Eigenschaften an eine ganze Gruppe (s.u.).

Mittlerweile ist das Thema Flüchtlinge in den Medien fast nur noch präsent, wenn es um Straftaten und (gemutmaßte) Erregung öffentlichen Ärgernisses oder Übergriffe durch geflüchtete junge Männer geht (z.B. in Schwimmbädern, wobei sich auch einige der Meldungen später als aufgebauschte Nichtigkeiten entpuppten). Die mühselige Arbeit für alle Beteiligten im Feld der Integration ist nicht sehr spektakulär. Doch nach wie vor werden selbst bei positiven Berichten über Geflüchtete die Kommentarspalten mit Hassrede (Hate Speech) überflutet und müssen in der Folge geschlossen werden.[1]

Hass und Hetze im Flüchtlingskontext zeigen in den vergangenen Jahren ansteigende Tendenz. Die Polizeistatistik verzeichnete in den Jahren 2015/2016 einen dramatischen Anstieg der Gewalt gegen geflüchtete Personen und ihre Unterstützer_innen, die, nach einem Rückgang in 2017, in 2018 jedoch erneut leicht zunahm. Traurige Höhepunkte sind versuchte und verübte Tötungsdelikte mit fremdenfeindlichem Hintergrund und der Mord an dem CDU-Politiker Walter Lübke im Mai 2019, der sich zuvor klar für die Aufnahme von Geflüchteten und gegen Rechtsextremismus positioniert hatte. In diesem Fall war ein bekannter Rechtsextremist der mutmaßliche Täter. Ein erheblicher Teil dieser Anschläge wurde und wird jedoch auch von Täter_innen verübt, die zuvor als „unbescholtene" Bürger_innen galten.

Dabei ist die Stimmungslage insgesamt in Bezug auf das Thema Integration, Asyl und Geflüchtete nach wie vor weitaus positiver (und in jedem Fall ambivalenter), als vielfach behauptet. Die tatsächlichen und auch nur behaupteten Stimmungslagen haben jedoch großen Einfluss auf politisches Handeln, die Asylgesetzgebung, die tagtägliche Integrationsarbeit und letztlich auch den Integrationserfolg. So ist es mit dem Thema Flüchtlinge und Migration der „Alternative für Deutschland" (AfD) erstmals wieder einer rechtspopulistischen bis rechtsextremen Partei gelungen, in den deutschen Bundestag und nahezu alle Landesparlamente einzuziehen.

Im Folgenden geht es um die Stimmungslage in Deutschland in Bezug auf Flüchtlinge, bei der auch Vorurteile und gezielte Angstmacherei eine Rolle spielen. Am Ende des Kapitels finden sich einige Tipps und Handlungsempfehlungen zum Umgang mit Vorurteilen und Rechtspopulismus.

---

1 Beispielsweise geschehen bei einem Bericht auf Spiegel-Online über die mittlerweile hohe Anzahl erwerbstätiger Asylbewerber_innen: https://www.spiegel.de/wirtschaft/soziales/fluechtlinge-mehr-als-400-000-asylbewerber-haben-einen-job-a-1279586.html [Zugriff: 10.02.2020]; siehe Vermerk über Gründe zur Schließung der Kommentarspalte am Ende des Beitrags.

Was ist Hassrede (Hate Speech)?

Hassrede, im Englischen Hate Speech, ist die menschenverachtende verbale Abwertung von Einzelpersonen bzw. von ganzen sozialen Gruppen, die sich auf die Herkunft, Religion, Hautfarbe, Geschlecht, Alter, Sexualität oder Behinderung bezieht, manchmal gekoppelt mit Bedrohung und dem Aufruf zu Hass und Gewalt. Sie drückt sich in rassistischen, fremdenfeindlichen, antisemitischen, muslimfeindlichen, homophoben, sexistischen oder auf das Aussehen einer Person bezogenen Äußerungen aus, oft auch einer Mischung daraus. Hassrede nutzt und bedient Stereotype und Vorurteile, verbreitet Falschaussagen und Verschwörungsmythen und tarnt sich manchmal auch als Humor. Geäußert wird Hassrede vorzugsweise im Internet und Social-Media-Räumen, aber auch direkt in persönlich adressierten Briefen und E-mails an Einzelpersonen und Organisationen, die sich für Geflüchtete und Minderheiten einsetzen bzw. selbst dazu gehören. Hassrede wird auch in Reden bei Demonstrationen und Veranstaltungen (u.a. bei PEGIDA und ihren Ablegern) verwendet. Sie wird dazu genutzt, Menschen zu entwürdigen, einzuschüchtern oder gar indirekt oder direkt zu bedrohen. Die anonyme und lockere Kommunikationssituation über das Internet/Soziale Medien verleitet zu besonders drastischen Äußerungen bzw. erleichtert diese. Ein erheblicher Teil von gezielter Hassrede kommt allerdings nicht von „durchschnittlichen Bürger_innen“, sondern von bezahlten Hatern/Trollen bzw. rechtsextremen Aktivist_innen, die den Eindruck erwecken wollen, es seien sehr viele Menschen, die ihre Ansicht teilten. Hassrede bleibt nicht im Netz, sondern bildet den Nährboden für Stimmungslagen, Hass und Gewalt auch außerhalb des virtuellen Raums. (Basierend auf der Definition der Bundeszentrale für politische Bildung.[2])

3.1 Die Stimmungslage in der Gesellschaft

Regelmäßig werden in großen, repräsentativen Umfragen die Ansichten der Bevölkerung zu Flüchtlingen bzw. Asylsuchenden erfasst. Ergänzend zu qualitativen Befragungen, Analysen von Medien, Statistiken zu fremdenfeindlichen Übergriffen sowie Beobachtungen und Erfahrung aus der Praxis einschließlich der persönlichen Erfahrung von Schutzsuchenden, lassen sich daran Entwicklungen in der gesellschaftlichen Stimmungslage ablesen.

2 Was ist Hate Speech? Vom 12.07.2017 auf: https://www.bpb.de/252396/was-ist-hate-speech) [Zugriff 10.02.2020].

Eine ganze Reihe dieser Erhebungen belegen eine zunächst einmal grundlegende Offenheit gegenüber Zuwanderung in Deutschland (u.a. Faus/Simons 2019; SVR 2018b; eine kurze Diskussion der Befunde u.a. bei Küpper 2019; eine Übersicht über Befunde und Erklärungsansätze aus sozialpsychologischer Perspektive bei Wagner 2017).[3] Danach sah 2019 mehr als die Hälfte der Deutschen Zuwanderung als Chance. Im Alltag funktioniert das Zusammenleben zwischen migrantischen und nicht-migrantischen Personen nach Einschätzung der Befragten recht gut und deutlich besser als der öffentliche Diskurs vermuten lässt. Der Sachverständigenrat Integration sieht insgesamt ein überraschend stabiles „Integrationsklima in Deutschland" (SVR 2018b).

So ist auch die Stimmung gegenüber Geflüchteten überwiegend positiv. 75 Prozent der Befragten der repräsentativen „Mitte-Studie" gaben noch im Winter 2018/19 zumindest teilweise ihre Zustimmung zu der Aussage „Ich finde es gut, dass Deutschland viele Flüchtlinge aufgenommen hat" (Zick/Küpper/Berghan 2019). Viele Bürger_innen vermissen allerdings ein klares und planvolles politisches Handeln (Faus/Storks 2018). Beim näheren Hinsehen trübt sich die positive Botschaft etwas ein. Denn zugleich sind auch ablehnende und abwertende Einstellungen gegenüber Asylsuchenden gestiegen (Zick/Küpper/Berghan 2019; siehe unten Abb. 3.1). Diese sind bei einem Teil der Bevölkerung auch eng mit fremdenfeindlichen und muslimfeindlichen Einstellungen verknüpft, darüber hinaus auch mit der Abwertung von Langzeitarbeitslosen und der Forderung von etablierten Vorrechten (ebd., dort Tabelle 3.2). Eine in Bezug auf Migration und Flüchtlinge positiv eingestellte Mehrheit steht einer nicht unbedeutenden Minderheit gegenüber, die ganz generell Einwanderung und die Aufnahme von Geflüchteten klar ablehnt. Zwischen diesen Polen sind viele Befragte ambivalent eingestellt. Sie befürworten Einwanderung und auch die Aufnahme von Flüchtlingen, wollen sie jedoch an Bedingungen geknüpft sehen, insbesondere den wirtschaftlichen Nutzen für Deutschland. Insgesamt teilt sich die aufnehmende deutsche Gesellschaft also in drei Schattierungen: die „Weltoffenen" sehen Migration eher positiv, wäh-

---

3 Im Zusammenhang mit Migration, Flucht und Integration relevante repräsentative Bevölkerungsumfragen sind neben der zitierten Studie zu Bevölkerungseinstellungen zu Migration und Integration von Faus/Simons 2019 für die Friedrich-Ebert-Stiftung und der Integrationsbarometer des Sachverständigenrats SVR 2018 u.a. folgende: der Studienbericht Zusammenhalt und Gleichwertigkeit zum Projekt ZuGleich von Zick/Preuss 2019 für die Stiftung Mercator, der Zusammenhaltmonitor der Bertelsmann Stiftung von Arant et al. 2017., die Studie zum Gesellschaftlichen Zusammenhalt der Robert Bosch Stiftung, ebenfalls von Arant et al. 2019 sowie die Mitte-Studie zu rechtsextremen und menschenfeindlichen Einstellung in Deutschland von Zick/Küpper/Berghan 2019 bzw. Zick/Küpper/Krause 2016 mit einem eigenen Kapitel zur Stimmungslage gegenüber Geflüchteten, die ebenfalls von der Friedrich-Ebert-Stiftung gefördert wird sowie die Leipziger Autoritarismusstudie von Decker/Brähler 2018.

rend die „national Orientierten" strikt dagegen sind und sich selbst benachteiligt fühlen, die „bewegliche Mitte" dagegen ist pragmatisch und will Migration an den Nutzen für Deutschland gekoppelt sehen (ebd.).

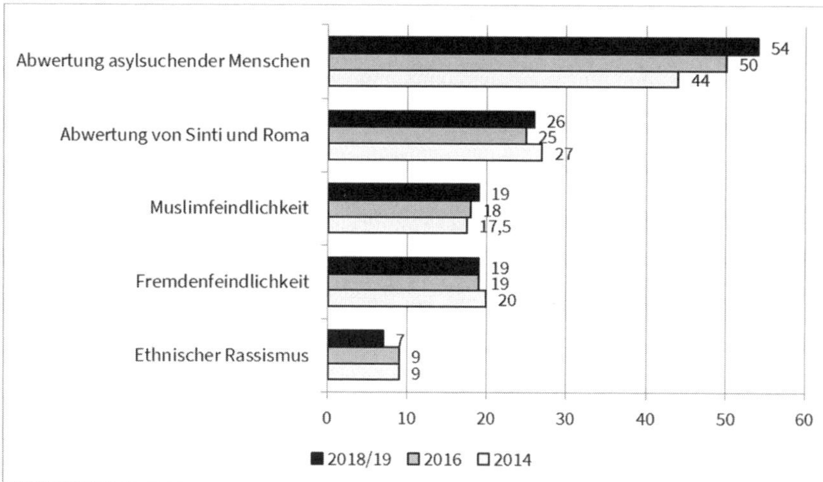

Abb. 3.1: Die Entwicklung von ablehnenden Einstellungen gegenüber Asylsuchenden, Fremden- und Muslimfeindlichkeit 2014, 2016, 2018/19 (Quelle: FES-Mitte-Studie; Zick/Küpper/Berghan 2019; in Prozent, gerundet).[4]

Die Stimmungslage gegenüber Zuwanderung, Integration und auch Geflüchteten ist im Westen insgesamt positiver als im Osten Deutschlands, was viele Studien immer wieder belegen (u.a. SVR 2018b; FES-Mitte-Studie Zick/Küpper/Berghan 2019). Im Osten kommen eine Reihe von Bedingungen zusammen, die gemeinhin als Einflussfaktoren auf das Ausmaß der Abneigung und Feindlichkeit gegenüber *Fremden* diskutiert werden (s.u.). Auch in ländlichen Gebieten ist die Einstellung gegenüber *Fremden* in der Regel etwas weniger positiv als in größeren Städten, in denen schlicht mehr Erfahrung mit *Fremden* besteht. Zugleich verweisen Erfahrungsberichte darauf, dass die Integration von Geflüchteten in kleinere Kommunen oft erfolgreicher zu verlaufen scheint,

---

4 Anm. zu Abb. 3.1: Die Abbildung zeigt die Entwicklung der Zustimmungswerte über die Zeit der zusammengefassten Indikatoren (erfasst über jeweils 2 Aussagen). Nicht verglichen werden kann die Zustimmung zu den verschiedenen Abwertungsphänomenen, weil diese jeweils mit inhaltlich anderen Aussagen erfasst wurden. Man kann also ablesen, dass die Zustimmung zu ablehnenden und abwertenden Einstellungen gegenüber Asylsuchenden zugenommen hat, aber nicht, dass diese weiterverbreitet sind als ethnischer Rassismus.

nicht zuletzt, weil dort vieles übersichtlicher ist und auch, weil die Ortsansässigen sich mehr kümmern.

Ein besonderes Thema sind *Ängste und Sorgen* angesichts der Fluchtbewegung nach Deutschland, die medial und politisch hervorgehoben werden und von vielen Befragten geteilt werden (wobei ungeklärt ist, was zuerst da war, vermutlich gibt es hier eine Wechselwirkung in beide Richtungen). Danach gefragt, welche Sorgen sie angesichts des Zuzugs von Migrant_innen und Geflüchteten umtreiben (Befunde von Faus/Storks 2018: Abb. 19), steht die Sorge vor Rechtsextremismus und rassistischer Gewalt an erster Stelle (86 Prozent der repräsentativ Befragten teilen diese Sorge) gefolgt von Sorgen über eine zunehmende Spaltung der Gesellschaft (81 Prozent). Es folgt in absteigender Verbreitung die Sorge vor Kriminalität und Terroranschlägen (73 Prozent), vor dem Einfluss des Islam auf die Gesellschaft (64 Prozent), vor den Kosten der Integration (61 Prozent) und der Konkurrenz auf dem Wohnungsmarkt (58 Prozent). Lediglich ein Drittel der Befragten sorgt sich wegen der Konkurrenz auf dem Arbeitsmarkt (30 Prozent).

Geflüchtete als Opfer und Täter von Kriminalität

Geflüchtete sind besonders dem Risiko ausgesetzt, Opfer von Kriminalität und Gewalt zu werden (z.B. auf der Flucht überfallen, ausgeraubt und mit Gewalt bedroht zu werden, nach Ankunft im Aufnahmeland in Sammelunterkünften der Gewalt durch andere Geflüchtete ausgesetzt zu sein oder auf dem deutschen Arbeitsmarkt in krimineller Weise ausgebeutet zu werden; zur Übersicht Feltes et al. 2018). Medial erfährt allerdings weniger die Kriminalität gegen Geflüchtete als die Kriminalität von Geflüchteten besondere Aufmerksamkeit.

Die Zusammenhänge zwischen Migration/Flucht und Kriminalität sind komplex und nicht auf eine einfache Formel zu bringen (zur Übersicht Walburg 2018); hierbei spielen neben den jeweiligen Lebensumständen auch die üblichen Verzerrungen des Hellfeldes von Kriminalität eine Rolle (z.B. welche Delikte und welche potentiellen Täter werden überhaupt angezeigt). Geflüchtete begehen nicht per se mehr Straftaten als eine vergleichbare demographische Gruppe (d.h. junge deutsche Männer). Überproportional häufig verüben Geflüchtete vor allem solche Straftaten, die eng mit der Ausländer- und Asylgesetzgebung und schlicht Unkenntnis zusammen hängen, ebenso mit ihren prekären Lebensverhältnissen und dem Druck, Geld für die Familie im Heimatland oder Flüchtlingslagern bzw. für Schlepper zu verdienen (Aufenthalt außerhalb zugewiesenen Wohnortes, Schwarzfahren, kleine Diebstähle). Aber auch Gewalt und Körperverletzung (v.a. in Sammelunterkünften) sind häufiger, was nicht zuletzt auf die begrenzten und stressigen Lebensumstände zurückgeführt werden kann. Viele junge Männer leben dicht gedrängt mit geringer Privatsphäre in einer Unterkunft zusammen. Sie sind weit weg von der Familie und deren Kontrolle, stehen gleichzeitig unter enormen Druck Erfolg zu haben und haben auf der Flucht meist Frustrations-/Gewalterfahrungen gemacht. Gleichzeitig sind sie zum Warten und zur Untätigkeit verdammt. Das alles ist eine Mischung, die Kriminalität eher begünstigt und aus der sich umgekehrt Hinweise für die Prävention ableiten lassen.

Empirisch hängen negative Einstellungen gegenüber Geflüchteten und Asylsuchenden eng mit anderen Abwertungsphänomenen, insbesondere der Fremden- und Muslimfeindlichkeit, aber auch mit der Abwertung langzeitarbeitsloser Menschen zusammen (u.a. Zick/Küpper/Berghan 2019: Tabelle 3.2). Die Ablehnung bzw. Abwertung von Geflüchteten kann in diesem Sinne als Element eines Syndroms „Gruppenbezogener Menschenfeindlichkeit“ betrachtet werden.

Was ist Gruppenbezogene Menschenfeindlichkeit (GMF)?

Gruppenbezogene Menschenfeindlichkeit GMF (Heitmeyer 2002) umfasst ablehnende und ausgrenzende Einstellungen und Verhaltensweisen gegenüber Menschen aufgrund der ihnen zugewiesenen Zugehörigkeit zu einer sozialen Gruppe. Sie geht von denen aus, die GMF teilen und ist unabhängig davon, inwieweit die Adressierten tatsächlich der mit Menschenfeindlichkeit konfrontierten Gruppe angehören oder sich selbst damit identifizieren. GMF richtet sich gegen diverse soziale Gruppen, markiert über ethnische, kulturelle oder religiöse Zugehörigkeit, Geschlecht, sexuelle Orientierung/Identität, Behinderung oder Arbeitslosigkeit. Verschiedene Abwertungsphänomene bilden dabei ein Syndrom Gruppenbezogener Menschenfeindlichkeit, zusammengehalten durch einen gemeinsamen Kern einer Ideologie der Ungleichwertigkeit (u.a. Zick et al. 2008; Groß/Krause/Zick 2012; Zick/Küpper/Berghan 2019). Wer eine soziale Gruppe abwertet, wertet mit einiger Wahrscheinlichkeit auch weitere ab.

Negative Einstellungen führen nicht zwangsläufig zu handfester Diskriminierung, Ausschluss oder gar Gewalt. Aber sie bilden die Basis dafür, dass dieses Verhalten wahrscheinlicher wird. Gruppenbezogene Menschenfeindlichkeit in der breiten Bevölkerung bildet also gewissermaßen das Fundament eines Eisbergs, an dessen Spitze sichtbarer und gewaltbereiter Rechtsextremismus steht. Rechtsextremismus äußert sich erkennbar in der Wahl rechtsextremer Parteien, in rechtsextremen Gruppierungen und Kameradschaften und in Hasskriminalität. In der Mitte des Eisbergs steht der Rechtspopulismus, der in der Regel auf eine etwas geschicktere, weniger offensichtliche Art und Weise und ohne das klare Bekenntnis zu Gewalt auskommt, aber ebenfalls Ideologien der Ungleichwertigkeit zwischen „uns“ (das gemeine Volk als homogene, geschlossene Gruppe) und „den anderen“ propagiert. Beim Rechtspopulismus besteht neben der horizontalen Dimension von „wir“ und „den anderen“ (in der Regel mit Abwertung verbunden) die vertikale Dimension, die sich zwischen „denen da oben", denen nicht zu trauen ist (wahlweise „die Eliten", „die Politiker" oder „die Lügenpresse") und „dem ehrlichen, moralisch reinen Volk", das als geschlossen in seinem „Volkswillen" wahrgenommen wird, bewegt.

3.2 Stereotype, Vorurteile und Diskriminierung gegenüber geflüchteten Personen

Schutzsuchende Personen vereinen häufig eine ganze Reihe von Merkmalen auf sich, die als typische Diskriminierungsmerkmale gelten. Sie werden als „fremd" wahrgenommen, sehen „südländisch" oder „(nord-)afrikanisch" aus, sind häufig muslimischen Glaubens oder es wird ihnen unterstellt, muslimisch zu sein. Damit ist die Wahrscheinlichkeit für sie groß, auch unabhängig von ihrem Status als Asylsuchende aufgrund anderer zugeschriebener Merkmale abgewertet und diskriminiert zu werden (siehe dazu Kapitel 4). Hinzukommen weitere intersektionale Verschränkungen mit Gender und sexueller Orientierung/Identität, die besondere Ausformungen von Stereotypen, Rassismus und Diskriminierung (dazu zählt subtil auch das Übergehen von Bedarfen bei Integrationsangeboten, siehe auch Kapitel 2) sowie eine besondere Vulnerabilität für spezifische Subgruppen mit sich bringen (zu Intersektionalität u.a. Winker/Degele 2009). Geflüchtete Frauen, insbesondere jene, die ein Kopftuch tragen (Weichselbaumer 2016) sind mit anderen Stereotypen und Rassismen konfrontiert als geflüchtete (insbesondere junge) Männer.

Rassismus und Diskriminierung[5] können sich direkt und indirekt äußern, bewusst und unbewusst, mit mehr oder weniger klarer Absicht erfolgen. Sie offenbaren sich auf einer individuellen, institutionellen oder strukturellen Ebene. Diese stehen in enger Wechselwirkung miteinander, denn es sind immer Individuen, die Institutionen gestalten und Strukturen schaffen, umgekehrt wirken diese wiederum zurück auf die Individuen, prägen Sichtweisen und unmittelbares Verhalten.

5 Nach fachdisziplinär geprägter Perspektive wird Rassismus enger (nur in Bezug auf ethnisch markierte Gruppen) oder weiter gefasst, als Ideologie oder auch als Handlung. Die Sozialpsychologie unterscheidet üblicherweise Vorurteile, die als generalisierte Einstellungen verstanden werden (worunter auch Rassismus gerechnet wird) und Diskriminierung, die als Verhalten betrachtet wird, also Haltung und Handlung.

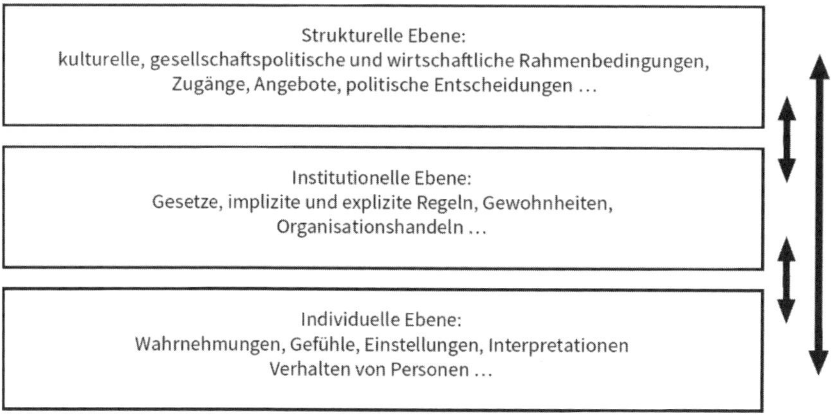

Abb. 3.2: Ebenen von Rassismus und Diskriminierung (eigene Darstellung)

Vorurteile

Die Sozialpsychologie definiert Vorurteile als generalisierte Einstellungen gegenüber sozialen Gruppe oder gegenüber Personen, die als Mitglied einer sozialen Gruppe wahrgenommen werden. Als Einstellung haben Vorurteile eine kognitive, affektive und verhaltensbezogene Komponente. Vorurteile erweisen sich als weitgehend resistent gegenüber widersprechenden Fakten; diese werden ignoriert oder als Ausnahme von der Regel betrachtet. Sie sind daher nicht einfach vorschnelle Urteile gegenüber einer Personengruppe, sondern pauschalisierende Urteile über Menschen allein deshalb, weil diese anhand eines Merkmals wie nationaler Herkunft, Ethnie, Religion oder Geschlecht einer sozialen Gruppe zugewiesen werden, die man irgendwie nicht mag. Gordon Allport, der als Vater der modernen Vorurteilsforschung gilt, brachte Vorurteile auf den Punkt: „Von anderen ohne ausreichenden Grund schlecht denken" (1954). Natürlich gibt es immer Einzelfälle, die das Vorurteil scheinbar bestätigen; ein Vorurteil wird dies dann, wenn alle Personen, die der gleichen Gruppen zugewiesen werden, in Haftung genommen werden. Darüber hinaus gibt es auch positive Vorurteile (bevorzugt gegenüber der Gruppe, mit der man sich selbst identifiziert; z.B. „Deutsche" sind pünktlich, sauber, ordentlich, benehmen sich gut).

Der Weg zu Vorurteilen erfolgt in drei Schritten:

1. Die Kategorisierung: Eine Person wird aufgrund eines Merkmals (z.B. Nationalität, Hautfarbe, Religion) als „anders" bewertet und in eine Schublade gesteckt.

2. Die Stereotypisierung: Der Schublade (und den darin befindlichen Personen) werden Eigenschaften und Verhaltensweisen zugewiesen, die möglichst weit von der eigenen „Wir-Gruppe" entfernt sind.
3. Die Bewertung: Die zugewiesenen Eigenschaften und Verhaltensweisen der Schublade werden bewertet. Meist tendieren wir dazu, die eigene Gruppe immer positiver als „die Anderen" darzustellen.

Vorurteile können sich nicht nur offen, sondern auch subtil ausdrücken, z.B. in der Unterstellung einer „völlig anderen Kultur" oder „Werthaltung" der „Anderen", die dann unüberbrückbar, zementiert und unveränderlich erscheint. Geflüchteten und Migrant_innen wird gern ein „anderes Frauenbild" unterstellt – das die Gleichberechtigung von Männern und Frauen verneint. Dabei wird übersehen, dass es auch die Gleichberechtigung in Deutschland nicht leicht hat(te). Auch geflüchtete Personen haben Vorurteile, was aber die Vorurteile der Mehrheitsgesellschaft nicht relativiert. Es verweist eher darauf, gemeinsam an den jeweils eigenen Vorurteilen zu arbeiten.

Vorurteile haben eine Funktion für diejenigen, die sie teilen (basierend auf den grundlegenden sozialen Motiven; u.a. Fiske 2004; s. dazu auch Zick/Küpper/Hövermann 2011): Sie offerieren scheinbares Wissen und Erklärungen gerade da, wo echtes Wissen fehlt (z.B. über Flüchtlinge); sie schweißen zusammen, bieten Bindung an. Sie liefern Anerkennung und führen über die Abwertung der jeweils anderen zu einer Aufwertung der eigenen Gruppe. Vor allem aber liefern sie kleine Erzählungen, die Hierarchien und Ungleichwertigkeit zwischen sozialen Gruppen rechtfertigen. In diesem Sinne lassen sich Vorurteile auch als legitimierende Mythen verstehen, die die Diskriminierung der einen und die Privilegierung der anderen rechtfertigen (beschrieben in der Theorie der Sozialen Dominanz von Sidanius/Pratto 1999).

Vorurteile haben Folgen: Für die Betroffenen sind sie verletzend. Sie können Ausgrenzung befördern, das psychische und physische Wohlbefinden mindern und zu selbsterfüllenden Prophezeiungen werden (sich selbst als *schlechter* wahrnehmen) und zum Rückzug führen. Vorurteile trüben die Urteilskraft derjenigen, die sie teilen. Für Teams, Institutionen und Einrichtungen könnten Vorurteile Kolleg_innen, Mitarbeiter_innen und Klient_innen belasten und ausgrenzen, neue und innovative Ideen behindern und progressive Leitbilder unglaubwürdig machen bzw. das Vertrauen in die Organisation beschädigen (siehe dazu Kapitel 10).

3.3 Theoretische Ansätze zur Erklärung der Stimmungslagen gegenüber Geflüchteten

Um Stimmungslagen gegenüber Migrant_innen zu erklären, werden einige klassische Ansätze diskutiert, die auch im Hinblick auf die Stimmung gegenüber Geflüchteten erklärungskräftig sind, sich empirisch bestätigen lassen und die ähnlich auch in Bezug auf Rechtspopulismus angeführt werden (zur Übersicht z.B. Zick/Küpper/Berghan 2019; zu Erklärungsansätzen von Rechtspopulismus u.a. Jörke/Selk 2017; Manow 2018).

Ökonomische Bedingungen: Soziale Ungleichheit, ein insgesamt bzw. persönlich niedrigerer Wohlstand, die Angst vor sozialem Abstieg und eine geringere Absicherung befördern, so die These, die Angst vor Konkurrenz durch Neuhinzukommende. Daher werden auch Migrant_innen und Geflüchtete eher abgelehnt. Empirisch zeigt sich, dass weniger die faktischen Bedingungen, als vielmehr die gefühlte kollektive Benachteiligung (auch als kollektive oder fraternale relative Deprivation bezeichnet; u.a. Rippl/Baier 2005), für die Ablehnung und Abwertung dieser sozialen Gruppen wirkmächtig sind. Dies spiegelt sich etwa in dem in der Praxis durchaus bekannten Vorwurf: „Die Flüchtlinge kriegen alle Handys und Kühlschränke und wir nicht“.

Kollektive kulturelle Identitäten: Angenommen wird, dass die tatsächliche oder gefühlte Bedrohung kollektiver kultureller und/oder nationaler Identitäten die Ablehnung von Personengruppen befördert, die als *fremd* wahrgenommen werden. Hier schließt sich die Behauptung an, die starke Zuwanderung sei verantwortlich für die Ablehnung von Migrant_innen und Geflüchteten. Die in der Sozialpsychologie sehr verbreitete und sehr gut beforschte Theorie der „Sozialen Identität“ (Tajfel/Turner 1979; Einführungen dazu finden sich in jedem Lehrbuch der Sozialpsychologie z.B. bei Werth/Meyer; Jonas/Stroebe/Hewstone 2014) verweist allerdings darauf, dass soziale Identitäten keine stabilen Konstruktionen sind und auch eine Eigendynamik entfalten können. Die Theorie geht davon aus, dass Personen nicht nur eine personale, sondern auch eine soziale Identität haben, die sie über ihre (tatsächliche oder gefühlte) Mitgliedschaft in einer sozialen Gruppe erwerben. Wird die Aufmerksamkeit auf die Gruppenmitgliedschaft gelenkt oder diese für besonders wichtig erachtet, steigt die soziale Identität. Um letztlich ihren persönlichen Selbstwert zu heben, streben Individuen eine positive soziale Identität an. Dies gelingt besonders leicht und bequem über die Abwertung einer Gruppe, die als Fremdgruppe (outgroup) wahrgenommen wird – je schlechter die *Anderen*, desto besser die eigene Gruppe und damit auch man selbst. Eine ausgeprägte nationale Identität befördert die Abwertung von *Fremden*. Empirisch bestätigt sich, dass das Gefühl „ich bin stolz Deutsche_r zu sein“ mit ablehnenden und feindlichen Einstellungen gegenüber Eingewanderten und Geflüchteten zusammenhängt.

Grundlegende Werthaltungen: Generelle Werthaltungen werden als ein weiterer Erklärungsfaktor herangezogen. Dazu gehören sowohl in oder mit Religion begründete Werthaltungen (z.B. Nächstenliebe im Christentum, Barmherzigkeit im Islam), Humanismus bzw. eine Menschenrechtsorientierung. Unter Personen, die sich selbst religiös verorten, ist Fremdenfeindlichkeit ähnlich weit verbreitet wie unter nicht-religiösen. Wie empirische Studien belegen (Küpper/Zick 2015), haben die großen Religionen doch ein durchaus gespaltenes Verhältnis zu *Fremden* bzw. Andersgläubigen. Die Ablehnung von Geflüchteten ist allerdings unter Christen (hier fehlen aus Deutschland Daten für Personen aus anderen Religionen) etwas geringer als unter Konfessionslosen. Hier spiegelt sich die klare, offizielle Positionierung der beiden großen christlichen Kirchen. Viele Gemeinden engagieren sich in der Flüchtlingsarbeit, das gilt übrigens auch für muslimische und jüdische Gemeinden.

Empirisch zeigt sich: Eine allgemein positive Haltung zu Diversity korreliert auch mit einer positiveren Einstellung gegenüber diversen Gruppen einschließlich Asylsuchenden. Hingegen sind Autoritarismus[6] (eine Haltung, die Gehorsam, Disziplin und Unterordnung von *Anderen* fordert und zugleich die eigene Bereitschaft dazu anzeigt) und eine ausprägte soziale Dominanzorientierung (d.h. die generelle Befürwortung von Hierarchien zwischen sozialen Gruppen; Sidanius/Pratto 1999) mit negativeren Einstellungen gegenüber einer Reihe von markierten sozialen Gruppen einschließlich Geflüchteter verknüpft.

Erklärungskräftig für das Ausmaß negativer Einstellungen gegenüber Migrant_innen, ähnlich auch gegenüber Geflüchteten (zu letzteren liegen bislang jedoch weniger Studien vor) sind zudem Gefühle der kollektiven Bedrohung, – egal ob in Bezug auf eine ökonomische Konkurrenzlage („die wollen uns etwas wegnehmen“) oder auf kulturelle Identität („die bedrohen unsere Kultur“; meta-Analyse von Riek/Mania/Gärtner 2006). Entsprechend wirksam ist das Anheizen von Bedrohungsgefühlen gegenüber Geflüchteten, wie es in einigen Medien und rechtspopulistischer Politik betrieben wird.

Umgekehrt hilft *Kontakt* beim Abbau von Vorurteilen und Ängsten vor *Fremden*, wie die Forschung zum intergruppalen Kontakt gut belegt (Pettigrew/Tropp 2006; Wagner 2017). Dort, wo viele Eingewanderte leben (z.B. in Ballungszentren) und entsprechend viel Kontakt zwischen Personen mit und ohne Migrationshintergrund besteht, ist in der Regel auch die Fremdenfeindlichkeit geringer. In der unmittelbaren Nähe von Sammelunterkünften für Geflüchtete kann das anders sein, weil sich hier ggf. Problemlagen häufen. Das gilt etwa für die sogenannten „Roma-Häuser“, die oft zum Ärgernis im lokalen

6 Das Konzept des Autoritarismus geht zurück auf Adorno et al. (1954). In der Sozialpsychologie wird Autoritarismus weniger als eine Persönlichkeitseigenschaft („autoritäre Persönlichkeit“), sondern eher als generealisierte Einstellung verstanden (u.a. Altemeyer 1998).

Raum werden, nicht zuletzt deshalb, weil dort häufig aus (z.T. mafiösem) Profitstreben viel zu viele sehr arme und abhängige Menschen auf viel zu wenig Raum untergebracht sind, sich entsprechend der Müll häuft, die Kinder unregelmäßig in die Schule gehen, die Menschen dauernd umziehen müssen usw.

Im Osten Deutschlands kommen etliche dieser Bedingungsfaktoren zusammen (kurze Zusammenfassung u.a. bei Küpper/Schröter 2019): Geringerer bzw. mühseliges Erringen von Wohlstand, das Gefühl im Vergleich zum Westen Bürger zweiter Klasse zu sein, eine in der DDR weiter gepflegte Bedeutsamkeit „deutscher Traditionen" und nationaler Identität und mangelnde Erfahrung mit Einwanderung. Hinzu kommen die besonderen gesellschaftlichen Transformationserfahrungen der Nachwendezeit, die von den Menschen viele Veränderungen gefordert haben, so dass der Wille, weitere Veränderungen anzugehen, geringer ist. Mit zunehmendem Kontakt zu geflüchteten Personen werden die Einstellungen ihnen gegenüber auch im Osten Deutschlands positiver, umgekehrt im Westen etwas weniger positiv (Ahrends 2016). Mit der persönlichen Erfahrung weichen also offenbar die jeweiligen positiven oder negativen Mythen über Geflüchtete einer realistischeren und sicher auch heterogeneren Einschätzung.

3.4 Was tun gegen Vorurteile?

Aus den Erkenntnissen zu Vorurteilen lassen sich eine Reihe von Hinweisen für die Prävention und Intervention ableiten (zur Übersicht Paluk/Green 2009). Davon unbenommen sind Verbesserungen der tatsächlichen Lage von Geflüchteten und der praktischen Integrationsarbeit. Doch auch für die Implementation administrativer, institutioneller und struktureller Barrieren sind die Haltungen der beteiligten Akteure nicht unwichtig. Solche grundlegenden Änderungen können durch spezielle Projekte oder Fachtage angestoßen werden, sind aber eine kontinuierliche Aufgabenstellung. Es gibt kein *Zaubermittel* gegen Vorurteile, sondern ihr Abbau bedeutet tägliche und dauerhafte Arbeit.

Konkrete Projektansätze oder Maßnahmen finden sich in vielfältiger Form u.a. im Internet.[7] Im Folgenden sind in aller Kürze einige Basics aufgelistet:

1. „Gleichwertigkeit aller Personen" als Grundhaltung klar und eindeutig kommunizieren, z.B. durch „Wir"-Botschaften, Vielfalt und Positives betonen, Empathie fördern. Darüber hinaus bei Aktivitäten beachten: Gemeinsame

---

7 Eine umfangreiche Sammlung von Literatur rund um das Thema Rassismus/Vorurteile und Prävention/Intervention dagegen findet sich z.B. in der Mediathek von IDA NRW: https://www.ida-nrw.de/. Information zu und Handlungstipps gegen Hass, Rechtspopulismus und Rechtsextremismus lassen sich u.a. auf den Internetseiten der Amadeu-Antonio-Stiftung abrufen: https://www.amadeu-antonio-stiftung.de/

Ziele setzen, die nur zusammen unter der Beteiligung aller erreicht werden können sowie Menschen zum Mitmachen motivieren und keinen Zwang ausüben.
2. Vorsicht bei Gruppenzuweisungen, z.B. durch Begrifflichkeiten und in Dialogprozessen; auch auf subtile Vorurteile, Zuschreibungen und Ausgrenzungen im Alltag achten.
3. (Selbst-)kritische (eigene) Privilegien überdenken (ohne Schuldgefühle zu erzeugen). Gewohnheiten, implizite und explizite Regelungen danach durchforsten, wen sie bevorzugen, wen benachteiligen, auch kritisch fragen, wessen Bedarfe ggf. übersehen werden.
4. Weltsicht von Neugier statt Bedrohung befördern, aber „Ängste" auch ernstnehmen und sie als Ängste zu verstehen und nicht mit Fakten zu verwechseln! (Angstmacher und Bedrohungsrhetorik entlarven)
5. Soziale Netzwerke und verschiedene Gruppen von Akteuren einbeziehen, auch auf „top-down" Signale setzen; Vorgesetzte haben hier eine wichtige Vorbildfunktion. Wichtige „Bezugspersonen" ins Boot holen (z.B. bei der Arbeit mit Jugendlichen). Sich mit anderen Akteuren z.B. in der Kommune vernetzen (spart auch Ressourcen).
6. Empowerment, Schutzräume, Ansprechpersonen, Beratung und ggf. auch Beschwerdemöglichkeiten für unmittelbar Betroffene einplanen. Rückendeckung geben für diejenigen, die von Vorurteilen, Beschimpfung und Bedrohung betroffen sind. Vorurteile sind kein Problem der Betroffenen, sondern der ganzen Organisation!
7. Den Rahmen von Demokratie abstecken und das Demokratieverständnis aller Beteiligten klären (auch, dass Demokratie kompliziert und anstrengend ist und sich daraus die gleichwertige Teilhabe aller ableiten lässt). Dialog geht nur, wenn beide Seiten Dialog wollen und dieser die Würde und Gleichwertigkeit aller nicht in Frage stellt (d.h. Rassismus ist keine „Meinung", die darunterfällt). Mit Personen im Alltag reden und sie „abholen" (z.B. helfen der Verweis auf die eigenen Gefühle, wie man sich selbst fühlen würde, wenn man von Vorurteilen betroffen wäre und der Hinweis auf Ähnlichkeiten). Vorsicht vor strategischen Akteuren des Rechtspopulismus, diesen kein öffentliches Forum geben! Also immer Fragen: Dialog mit wem, wann, wie, worüber, warum und mit welcher Wirkung.

Ein häufiges, konkretes Beispiel ist die Herstellung von Kontaktsituationen zwischen geflüchteten und nicht-geflüchteten Personen. Hier gilt es, die bestehenden Kategorisierungen und Stereotype nicht noch zu befeuern und eine Begegnung möglichst auf gleicher Augenhöhe stattfinden lassen (dazu Lemmer/ Wagner 2015). Es empfiehlt sich die Personen zu mischen, die Planung und Gruppenleitung einem Team aus beiden Gruppen zu übertragen und sich bei den gewählten Aktivitäten und Methoden zu fragen, inwieweit diese für alle Beteiligten gleichermaßen ansprechend sind. Ratsam ist zudem, entweder einen neutralen Begegnungsort zu wählen oder ggf. auch einen, der für die Geflüchteten vertrauter ist. Längerfristige Programme sind wirksamer als einzelne Aktionen und die gezielt beförderte Nachhaltigkeit sollte von vorneherein mit geplant werden (siehe Kapitel 12).

Kapitel 4: Diskriminierungssensibilität in der Sozialen Arbeit mit Geflüchteten

Projekt Kompass F – Lisa-Marie Rüther

In Zeiten sich verschärfender rassistischer Diskurse tragen geflüchtete Menschen aufgrund ihrer ungesicherten aufenthaltsrechtlichen Situation und ihrer prekären Lebenslagen ein besonderes Risiko, mit Diskriminierung konfrontiert zu werden. Diese stellen für Fachkräfte der Sozialen Arbeit große Herausforderungen dar: Erstens braucht es fachliche Kompetenzen zur angemessenen Bearbeitung von Diskriminierungen. Zweitens bewegt sich die Soziale Arbeit mit Geflüchteten in erschwerten Rahmenbedingungen, weil ausgrenzende Diskurse und schrittweise restriktiver werdende gesetzliche Vorgaben für die Zielgruppe Hand in Hand gehen. Das Projekt „Kompass F[1] – Kompetenzentwicklung im Diskriminierungsschutz für Geflüchtete“, entwickelt systematisiertes Anwendungswissen sowie Interventionsstrategien zum Abbau von Diskriminierungen geflüchteter Menschen. Der folgende Beitrag gibt einen Einblick in die zentralen Erkenntnisse aus dem Projekt und stellt praxisnahe Handlungsmöglichkeiten zum Umgang mit Diskriminierungsfällen vor.

4.1 Das Diskriminierungsverständnis aus Sicht der Antidiskriminierungsarbeit

Diskriminierung ist eine Ungleichbehandlung, die in allen Lebensbereichen eines Menschen oder Menschengruppen negativ eingreift. Sie betrifft das soziale, kulturelle, politische, wirtschaftliche und öffentliche Leben und findet auf individueller, diskursiver, institutioneller und struktureller Ebene statt. Diskriminierung trifft Menschen häufig aufgrund mehrerer (zugeschriebener) Merkmale. Dazu gehören Merkmale wie ethnische Herkunft, Nationalität, Sprache, Aufenthaltsstatus, Hautfarbe oder äußere Erscheinung, Gender, Alter, Religionszugehörigkeit oder Weltanschauung, sexuelle Orientierung und Identität,

1 Das Projekt befindet sich in Trägerschaft des Anti-Rassismus Information-Centrum ARIC-NRW e.V. und wird durch das Bundesprogramm „Demokratie Leben!“ des Ministeriums für Kinder, Familie, Flüchtlinge und Integration des Landes Nordrhein-Westfalen und der Glücksspirale gefördert (Laufzeit 2017-2020).

Behinderung, Familienstand oder sozialer Status und weitere (unveränderliche) Aspekte von Zuschreibungen und/oder Identität von Menschen, auch Armut bzw. die Zuweisung zu einer „unteren Klasse" oder zum sogenannten Prekariat (im Sinne von Classism) kann darunter gefasst werden.

Diskriminierung ist eine gesellschaftliche Realität. Sie beruht auf historisch gewachsenen Machtverhältnissen[2] innerhalb unserer Gesellschaft, die Strukturen von Ungleichheit produzieren. Damit ist Diskriminierung für betroffene Menschen eine alltägliche Erfahrung und eine psychisch-soziale Realität (advd 2015: 4ff.). Aus dieser Perspektive erweitert sich der Diskriminierungsbegriff auch auf staatlich legitimierte Ungleichbehandlung von Nicht-Staatsangehörigen, die zum einen auf einer gesellschaftlich legitimierten rassistischen Unterscheidungspraxis beruht und zum anderen menschenrechtlich angreifbar ist. Das ist insbesondere in der Betrachtung von Diskriminierung gegenüber geflüchteten Menschen relevant. Die Folge von Diskriminierung ist, dass Menschen die gleichberechtigte Teilhabe im politischen, wirtschaftlichen, sozialen, kulturellen oder jedem sonstigen Bereich des öffentlichen Lebens verweigert wird. Damit werden Grundfreiheiten beschnitten und Menschenrechte beeinträchtigt.

Diskriminierung und Diskriminierungserfahrungen sind ein fachliches Querschnittsthema der Sozialen Arbeit. Die qualifizierte Antidiskriminierungsberatung, als ein Teil der Antidiskriminierungsarbeit, trägt die fachliche Expertise in die unterschiedlichen Beratungsangebote. Auf der Grundlage fachlicher Standards bietet sie einen geschützten Raum zur Bearbeitung von Diskriminierungserfahrungen und begleitet Ratsuchende bei konkreten Schritten zur Einforderung ihres Rechts auf Gleichbehandlung und Respekt (advd 2017: 2). Das Projekt Kompass F verortet sich in der Antidiskriminierungsarbeit. Damit vertritt das Projekt, in Anlehnung an den Antidiskriminierungsverband Deutschland (advd), einen Ansatz, der Diskriminierung vor dem Hintergrund historisch gewachsener gesellschaftlicher Machtverhältnisse versteht. Deshalb tritt die Antidiskriminierungsarbeit, fachlich begründet, entschieden für die Interessen und Perspektiven von Diskriminierung Betroffener ein. Handlungsleitend sind diesem Grundsatz folgend sowohl die rechtlich unzulässige Ungleichbehandlung als auch subjektive Diskriminierungserfahrungen.

4.1.1 Diskriminierungsrisiken für Geflüchtete

Geflüchtete unterliegen einem erheblichen Diskriminierungsrisiko: Als Geflüchtete sind sie in vielerlei Hinsicht in einem besonders vulnerablen Status

2 Wie z.B. Rassismus, Sexismus, Heterosexismus etc. und deren intersektionale Verschränkungen. Zum Begriff Intersektionalität", siehe unter 4.1.1

und als Nicht-Staatsangehörige gelten für sie per se andere Rechte. Zusätzlich tragen sie häufig Merkmale oder bekommen diese zugewiesen, entlang derer sich Diskriminierung besonders häufig manifestiert, wie „ethnische Herkunft", und/oder „muslimische Religionszugehörigkeit". Eine Untersuchung zu den derzeitigen Diskriminierungsrisiken für Geflüchtete in Deutschland führte die Antidiskriminierungsstelle des Bundes (ADS) 2016 durch. Befragt wurden Geflüchtete selbst sowie Beschäftigte und Ehrenamtliche der Geflüchtetenhilfe. Zentrale Erkenntnisse aus dieser Studie sind, dass Geflüchtete in Deutschland einem hohen Diskriminierungsrisiko ausgesetzt sind. Insbesondere sind sie von Diskriminierungen aufgrund der ethnischen Herkunft oder aus rassistischen Gründen betroffen. Besonders häufig erleben geflüchtete Menschen Diskriminierungen im Arbeitsleben, auf dem Wohnungsmarkt, beim Zugang zu Waren und Dienstleistungen und bei Ämtern oder Behörden (ADS 2016: 24ff.).

Anknüpfend führte das Projekt Kompass F 2017 die Praxisstudie „Diskriminierungsrisiken und Diskriminierungsschutz für geflüchtete Menschen in NRW"[3] durch. Erweitert wurde die Studie mit dem intersektionalen Blick. Das heißt, dass Diskriminierungen aufgrund verschiedener Merkmale (Herkunft, Religion, Gender, Behinderung) mehrdimensional betrachtet werden. Relevant wird diese Perspektive, wenn es zum Beispiel um geflüchtete Kinder oder Frauen, aber auch muslimische, jesidische und/oder LSBTTIQ*[4]-Geflüchtete geht. Mit Hilfe halbstandardisierter qualitativer Interviews wurden 19 geflüchtete Menschen unterschiedlicher Herkunftsregionen, die von verschiedenen Diskriminierungsdimensionen betroffen sind, und 24 Fachkräfte verschiedener Dienste und Zielgruppenausrichtung befragt. An einer ergänzenden Online-Umfrage nahmen 83 Fachkräfte der Sozialen Arbeit mit Geflüchteten teil (siehe dazu auch Abb. 4.1).

Deutlich wird auch in unserer Studie: Geflüchtete erleben Diskriminierung in allen Lebensbereichen. Abwertende gesellschaftliche Diskurse über Geflüchtete befördern die Anfälligkeit für Diskriminierung noch einmal zusätzlich (siehe dazu mehr in Kapitel 3).

---

3 Die vollständige Praxisstudie finden Sie auf der *Kompass F*-Webseite unter https://www.kompass-f.de/fileadmin/public/Redaktion/Dokumente/PDF/Kompass_F-Praxisstudie_fin-web.pdf [Aufruf 08.02.2020]

4 Abkürzung für „lesbische, schwule, bisexuelle, Trans, transsexuelle, intersexuelle und queere" Menschen, weitere Informationen dazu im Glossar.

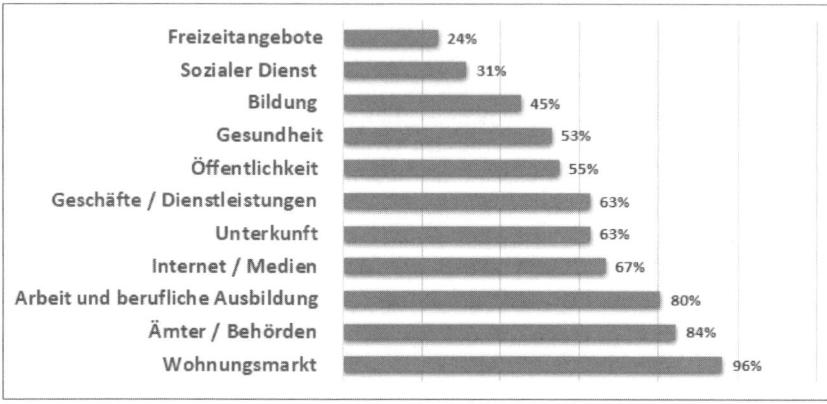

Abb. 4.1: Ergebnis zur Online-Umfrage: „In welchen Lebensbereichen und in welcher Häufigkeit sind geflüchtete Menschen nach Ihrer Einschätzung von Diskriminierung betroffen?“ (Verteilung der Antwortmöglichkeit „oft“; Mehrfachnennungen möglich) (Quelle: ARIC-NRW e.V.: *Praxisstudie.* August 2018)

(1) Diskriminierung im Bereich Wohnen

Die Bandbreite der Diskriminierung reicht von menschenunwürdigen Unterbringungssituationen in den Aufnahmeeinrichtungen, bis hin zu offenen Diskriminierungen auf dem privaten Wohnungsmarkt.

> *„Ich habe zwei Anzeigen gesehen. Dann habe ich dort angerufen. Ich meine so: ‚Ja, ich rufe wegen der Wohnung an.‘ Und dann, ganz ehrlich, die meinte: ‚Ja, aus welchem Land?‘ – ‚Ja, die sind Flüchtlinge aus Afghanistan.‘ – ‚Nein, auf keinen Fall. Tschüss.‘* (Befragter Geflüchteter über Erfahrungen mit telefonischen Anfragen für Wohnungsanzeigen.)“

Auch die Nichtbeachtung der Schutzbedürftigkeit vulnerabler Gruppen in Sammelunterkünften wie Kinder, schwangere Frauen, LSBTTIQ*, Menschen mit Behinderungen stellt eine Diskriminierung dar.[5]

> *„(...) Es hieß ja (...) Schwangere dürfen nicht in bestimmten Unterkünften sein. Aber in der Praxis doch. (...) Wir hatten eine, die waren hier in der XX [Notaufnahmeeinrichtung]. Die hat das Kind bekommen zu früh. Es waren zwei Familien sogar. Bei beiden ist das Kind zu früh gekommen. Und die sind jetzt eineinhalb Jahre da. Das Kind ist mittlerweile ein Jahr alt. Frühchen. Immer wieder krank.*

5 Siehe auch Art.21 der EU-Aufnahmerichtlinie oder das Gewaltschutzkonzept für Flüchtlingseinrichtungen des Landes Nordrhein-Westfalen (LGSK NRW).

Kommen da nicht raus.“ (Befragte Fachkraft über die Unterbringungssituation in Notunterkünften.)

(2) Das Konstrukt Bleibeperspektive[6]

Das Konstrukt Bleibeperspektive schafft ein diskriminierendes Raster zur Einteilung von geflüchteten Menschen in Deutschland, denn sie wirkt sich auf die Zugangsmöglichkeiten zu zentralen Ressourcen, wie Gesundheitsversorgung sowie Sprach- und Arbeitsmarktförderung, aus.

> *„(...) dass durch die Einstufung in Länder mit guten Bleibeperspektiven und Länder mit schlechten Bleibeperspektiven auf einmal eine Legitimation geschaffen wurde, Menschen auch von vornherein einfach zu diskriminieren. Zu sagen, okay, ihr kommt aus Albanien, das ist ein sicheres Herkunftsland, schlechte Bleibeperspektive. Also da braucht ihr schon mal von Anfang an gar nichts erwarten“.* (Befragte Fachkraft zum Konstrukt Bleibeperspektive.)

(3) Auswirkungen von Diskriminierung für Geflüchtete

Diskriminierungserfahrungen bei der Arbeits- und Wohnungssuche werden als sehr einschneidend erlebt, da sie existentielle Fragestellungen für die weitere Lebenssituation berühren. Die psychischen und emotionalen Auswirkungen von erlebter Diskriminierung beschreiben Geflüchtete mit Enttäuschung, Trauer und Wut, bis hin zur Verzweiflung und Resignation.

> *„Ja, damals habe ich mir gedacht: Das ist ein tolles Land. Deutschland, Europa, Menschenrechte und alles. Und nach das halt, sehe ich alles im Gegenteil [...] Erstmal fängt das mit Papier, habe ich ja erzählt, bei Ausländeramt. Dann kommt einfach [mit Securities] beim Einkaufen dann [und dann auch immer hier in der Schule wieder]. Es wird immer größer. Und ich bin so ein Typ. Ich kann die nicht vergessen. Es lagert und lagert und lagert. Und einmal wird groß.“* (befragter unbegleiteter, minderjähriger Geflüchteter)

> *„Ich habe jetzt keine Hoffnung, keine Kraft mehr. Kaputt.“* (weint) (Befragte Geflüchtete in Bezug auf kontinuierliche Diskriminierungserfahrungen).

---

6 Menschen, die aus Herkunftsländern mit einer Schutzquote von über 50 Prozent kommen, haben eine gute Bleibeperspektive. 2019 trifft dies auf die Herkunftsländer Eritrea, Irak, Iran, Syrien und Somalia zu. Welche Herkunftsländer das Kriterium Schutzquote (>/= 50 %) erfüllen, wird halbjährlich festgelegt. BAMF 2019: https://www.bamf.de/SharedDocs/FAQ/DE/IntegrationskurseAsylbewerber/001-bleibeperspektive.html [Zugriff: 08.02.2020]

4.1.2 Was sind Schwierigkeiten zur Bearbeitung von Diskriminierung für Fachkräfte und Geflüchtete?

Soziale Arbeit mit Geflüchteten bewegt sich innerhalb eines rigiden Regelsystems, das zunehmend – anhand von Kategorisierungen – Ausgrenzung produziert (Pichl 2017: 454f.). Gleichzeitig befindet sich das Tätigkeitsfeld in einem Widerspruch: Auf der einen Seite orientiert sich das Professionsverständnis der Sozialen Arbeit an den Menschenrechten und den Prinzipien von sozialer Gerechtigkeit. Auf der anderen Seite muss Soziale Arbeit innerhalb der Asylgesetzgebung und Verordnungen agieren, die diese Menschenrechte stark einschränken oder konterkarieren (Farrokzhad 2018c: 17f.). Zudem sehen sich Fachkräfte in der Arbeit mit Geflüchteten in einem überlasteten Arbeitskontext, was u.a. die Betreuungszahlen der Klient_innen angeht. Damit beschreiben Fachkräfte ihre Tätigkeit im Arbeitsalltag als „Brände löschen", in dem es häufig darum geht, existentielle Fragestellungen der Klient_innen zu bearbeiten (siehe dazu Kapitel 7).

Die Grenzen der Interventionsmöglichkeiten bei Diskriminierungen werden unter diesen Rahmenbedingungen deutlich.

> *„Oder was ich so sehe, es geht ganz viel um Feuerwehr. Also wenn es irgendwie einen Bescheid oder dies oder jenes gibt in der Richtung. Aber eben dieses Begleitende, sei es in punkto Diskriminierung, sei es – also so in Richtung Integration oder so, – dafür ist (im Moment) wenig Raum gewesen oder wenig Zeit hier gewesen."* (Befragte Fachkraft über die Grenzen von Interventionsmöglichkeiten in Diskriminierungsfällen.)

Darüber hinaus muss Soziale Arbeit mit Geflüchteten in einem hoch politisierten Feld agieren, das mit einer zunehmenden geflüchtetenfeindlichen öffentlichen Meinung einhergeht (siehe ausführlich dazu Kapitel 3).

> *„Wenn man sich (...) ein gewisses Bild von einer Bevölkerungsgruppe aneignet, dann kann man sich im Berufskontext schwer davon trennen. Also einzelne Personen sind in der Lage, trotzdem sachlich zu bleiben auf der Arbeit, aber trotzdem findet man diese Einstellungen wieder. Es (...) [gibt] einen ganz anderen Umgang vom Jugendamt mit UMF [Unbegleitete minderjährige Geflüchtete; Anm.] als vorher. Vorher, das waren sympathische junge Männer aus dem fernen Osten und jetzt sind das womöglich potentielle Gefährder."* (Befragte Fachkraft über geflüchtetenfeindliche Diskurse.)

Viele Fachkräfte empfinden es als eine Zwangslage, dass sie und ihr Dienst sich in einer Doppelrolle befinden und sie auf die Zusammenarbeit mit den Behörden angewiesen sind. Hierin sehen sie das entscheidende Hindernis gegen Diskriminierung von Geflüchteten vorgehen zu können. Fachkräfte und

Geflüchtete befürchten Nachteile, wenn sie gegen Diskriminierung, z.B. durch Behördenmitarbeiter_innen, vorgehen.[7]

4.2 Diskriminierungsschutz in der Sozialen Arbeit mit Geflüchteten – Prävention und Intervention

Um auf die multiplen Diskriminierungen gegenüber Geflüchteten zu reagieren, braucht es in der Sozialen Arbeit eine Stärkung des Reaktiven und Proaktiven Diskriminierungsschutzes. Der Reaktive Diskriminierungsschutz umfasst die Bandbreite der Analyse und Interventionen, sowohl im Diskriminierungsfall als auch von diskriminierenden Konstellationen, die institutionell angelegt sind. Dazu zählen zum Beispiel die Anwendung des rechtlichen Diskriminierungsschutzes wie dem AGG (Allgemeines Gleichbehandlungsgesetz) oder Kenntnisse des menschenrechtlichen Schutzes.[8] Proaktiver Diskriminierungsschutz bedeutet die Arbeit in einer Einrichtung der Sozialen Arbeit mit Geflüchteten so auszurichten, dass sie diskriminierungssensibel und rassismuskritisch arbeiten kann. Dies betrifft zum Beispiel Fragestellungen zur fachlichen (Neu)Aufstellung, zu Rahmenbedingungen in der Arbeitspraxis oder zu Angeboten für geflüchtete Menschen. In der Arbeitshilfe „Diskriminierungsschutz in der Sozialen Arbeit mit geflüchteten Menschen – Prävention und Interventionen" (2018) hat das Projekt Kompass F in Kooperation mit bundesweiten Organisationen und Fachleuten praxisnahe Handlungsmöglichkeiten aus dem Proaktiven und Reaktiven Diskriminierungsschutz für Geflüchtete zusammengetragen. Im Folgenden werden einzelne Aspekte daraus vorgestellt:

4.2.1 Haltung in der Sozialen Arbeit mit Geflüchteten – ein rassismuskritischer Ansatz

Haltung macht einen wichtigen Teil der eigenen Professionalität aus, da sie als innerer Kompass dient, der im Arbeitsalltag die nötige Orientierung gibt, um

---

7 Im Rahmen dieses Beitrages kann diese Thematik nicht behandelt werden. Ideen zu möglichen Handlungsstrategien finden Sie in der Kompass F Arbeitshilfe (2018) „Diskriminierungsschutz in der Sozialen Arbeit mit geflüchteten Menschen" S.52-55.

8 Siehe auch hier die Kompass F Handreichung: „Praxisnahe juristische Interventionen zum menschenrechtlichen Diskriminierungsschutz für Geflüchtete" von Frings (2018): https://www.kompass-f.de/fileadmin/public/Redaktion/Dokumente/PDF/Kompass_F-Expertise_web.pdf [Zugriff: 08.02.2020]

Entscheidungen treffen zu können (Rieger: 2014: 57). Gerade weil Soziale Arbeit mit Geflüchteten in einem hoch politisierten Feld agiert, das von verschiedenen (politischen) Interessen beeinflusst wird, ist das Thema Haltung für das professionelle Selbstverständnis und die Psychohygiene der Fachkräfte enorm wichtig. Proaktiver Diskriminierungsschutz beginnt bei der professionellen Haltung. Dieser innere Kompass weist die Handlungsrichtung in Diskriminierungsfällen und hinterfragt auch das eigene Tun, um nicht selbst auch diskriminierend zu handeln. Die Begleitung und Beratung geflüchteter Menschen erfordert daher eine rassismuskritische und machtkritische Auseinandersetzung mit der eigenen Berater_innen-Haltung sowie mit den strukturellen und institutionellen Rahmenbedingungen. Folgend werden einige Denkanstöße aus dem Beitrag zur rassismuskritischen Haltung in der Beratung von Roth (2018) aufgeführt[9]:

1. Vorurteile, Rassismen und Diskriminierung in der Beratung

Häufig besteht die Annahme, durch die eigenen humanistischen Werte und den dazugehörig empfundenen „guten Absichten" entstehe automatisch eine hilfreiche Beratung, die frei von Rassismen sei (Ridley 2005: 11). Diese Annahme kann dazu führen, dass sich Berater_innen mit eigenen rassistischen Verhaltensweisen, die unter anderem in der eigenen Sozialisierung entstanden, nicht auseinandersetzen. Das Wissen darüber, dass nicht nur „schlechte Absichten" zu diskriminierendem Verhalten führen können und rassistisches Verhalten nicht an einen Vorsatz gebunden ist, stellt eine wichtige Grundlage für eine diversitätssensible und rassismuskritische Haltung in der Arbeit mit Geflüchteten dar.

2. Zwischen (Un)-Gleichbehandlung und Othering[10]

Der Wunsch alle Klient_innen *gleich* zu behandeln birgt in der Beratung die Gefahr Diskriminierungsmerkmale einer Person auszublenden, mit dem Ziel keinen Unterschied machen zu wollen. *Exakt die gleiche* Behandlung kann aber für Menschen, die von Diskriminierung betroffen sind, eine Ungleichbehandlung bedeuten. Wenn beispielsweise Beratungsangebote und Infomaterialien für alle ausschließlich in deutscher Sprache zur Verfügung stehen, erfah-

---

9 Der vollständige Artikel findet sich in der Kompass F Arbeitshilfe „Diskriminierungsschutz in der Sozialen Arbeit mit geflüchteten Menschen", S. 26 – 29.

10 Der Begriff wurde von Spivak (1985) und Said (1978) geprägt und meint nach Castro Varela und Dhawan (2005: 60) die Konstruktion der_des Anderen als Prozess des „Different-Machens".

ren Menschen ohne ausreichende Deutschkenntnisse einen Nachteil. Die Lebensrealität Geflüchteter bilden alltägliche Diskriminierungserfahrungen, welche emotionale Belastungen, psychische Folgen und einen systematischen Ausschluss an Teilhabe bedeuten (können). Ohne die Beachtung und das Wissen über gesellschaftliche Machtverhältnisse, wie Rassismus, kann es zu einer Ungleichbehandlung kommen, indem diese Perspektiven nicht *gedacht* werden.[11] So ist es beispielsweise erforderlich, über den Zugang zu (spezifischen) Beratungs- und Therapieangeboten ausreichend zu informieren und gegebenenfalls bei der Inanspruchnahme zu unterstützen (z.B. Begleitung, Dolmetscher_in). Nach wie vor sind aber viele Angebote als „Komm-Struktur“ angelegt. Wer aus den unterschiedlichsten Gründen den Weg zum Angebot nicht schafft, bekommt keine Unterstützung.

Die Notwendigkeit der Gleichbehandlung und Anerkennung von unterschiedlichen Erfahrungen bringt gleichzeitig die Gefahr des *Othering* mit sich, des „zu Anderen-gemacht-werden“. Geflüchtete werden aufgrund ihres vermeintlichen *Andersseins* als eine gemeinsame Gruppe von *Anderen* gesehen und vom „Wir“ ausgeschlossen. Das Individuum wird durch die Zuschreibung von Eigenschaften, Einstellungen, Werten und Verhaltensmustern, welche der vermeintlichen Gruppe (Herkunft, Religion, Kultur, Flucht) zugeschrieben werden, der Individualität beraubt. Es findet eine Festschreibung auf eine gemeinsame Religion und Kultur mit gemeinsamen Normen, Werten und Erfahrungen aller geflüchteten Menschen statt.

Othering zu vermeiden bedeutet Gleichbehandlung. Gleichbehandlung innerhalb gesellschaftlicher Ungleichheit bedeutet ggf. eine Ungleichbehandlung. *Othering* zu vermeiden, Gleichbehandlung zu gewährleisten und gleichzeitig Unterschiede anzuerkennen, scheint sich gegenüberzustehen und bildet so in der Praxis häufig ein Dilemma. Folglich ist es unumgänglich, dies in einer ständigen Bewusstheit mitzudenken und situativ immer wieder neu auszuloten.

Reflexions- und Handlungsansätze

- Dilemma zwischen Othering und Gleichbehandlung anerkennen, überprüfen und hinterfragen.
- Orientierung an der individuellen Wahrnehmung von Othering, Gleichbehandlung und Empowerment für den/die Klient_in und dabei ein stetiger Abgleich: „Was bedeutet das für den/die Klient_in?“ „Wobei fühlt er/sie sich diskriminiert/ empowert?“[12]
- Eigene Zuschreibungen und Festschreibungen bewusst reflektieren, überprüfen und auflösen.

---

11 Intersektionale Wechselwirkungen anderer Diskriminierungsdimensionen (sexuelle Orientierung, Geschlecht, Alter, Behinderung) sind hier ebenfalls mit zu betrachten.

12 Kern des Begriffs „Empowerment" ist „power" (Kraft, Stärke und Macht) und wird am ehesten mit „Selbstbemächtigung" oder „Stärkung der Eigenmacht" übersetzt.

- Eigenes Verhalten (Sprache, Unterschiede machen, verallgemeinern) kritisch hinterfragen und aktiv verändern, den eigenen Kulturbegriff hinterfragen.
- Im fachlichen Kontext genau hinhören, Annahmen und Hypothesen und Ideen über die Person hinterfragen. Offenheit für individuelle Lebensthemen, Rollen und Kompetenzen.

3. Umgang mit Rassismuserfahrungen

Neben dem Umgang mit eigenen Rassismen ist bedeutsam, wie Berater_innen mit den Diskriminierungserlebnissen von Geflüchteten umgehen (siehe dazu Abb. 4.2: Was kann Antidiskriminierungsberatung leisten?). Wenn in Beratungssettings erlebte Diskriminierung von Geflüchteten thematisiert wird, bedarf es einer parteilichen und auch hier wieder einer rassismuskritischen Haltung. Nicht von Rassismus betroffene Menschen reagieren auf die Rassismuserfahrungen anderer teilweise mit Unverständnis. So lehnten in einer empirischen Studie von Melter (2009) Sozialarbeiter_innen in der Jugendhilfe häufig die Bedeutsamkeit der Rassismuserfahrungen von Jugendlichen ab. Rassismuserfahrungen werden zudem häufig von anderen als einmalige Situation dargestellt (Mecheril 2005). Wenn Betroffene von ihrem Erleben erzählen, werden sie als übersensibel dargestellt. Auch das Unterstellen unangemessener Bewältigungsstrategien bzw. das Herunterspielen der Erfahrung wurde beobachtet. Dies führt dazu, dass die Betroffenen sich nicht ernst genommen fühlen, was wiederum zur erschwerten Bewältigung der Erlebnisse führt.

Reflexions- und Handlungsansätze

- Diskriminierungserfahrungen und damit verbundene Gefühle ernst nehmen, Verständnis und Empathie zeigen.
- Diskriminierungserfahrungen mit einer parteilichen Haltung begegnen (Verbündete_r sein).
- Wahrnehmung der Betroffenen ernst nehmen und anerkennen.
- Vorwürfe zu eigenem rassistischem Verhalten annehmen und ernst nehmen.

Abb. 4.2: Was kann Antidiskriminierungsberatung leisten? (Quelle: Projekt Kompass F/ARIC-NRW e.V. *Diskriminierungsschutz in der Sozialen Arbeit mit geflüchteten Menschen*. 2018)

4.2.2 Diskriminierung ansprechbar machen – ein Handlungsansatz von basis & woge e.V., Hamburg[13]

Auch wenn Geflüchtete Diskriminierungserfahrungen machen, werden sie häufig nicht thematisiert. In Beratungssituationen stehen oftmals drängende Fragen im Vordergrund. Diskriminierung wird dabei manchmal ausgeklammert oder nur indirekt erwähnt. So ist es von Anfang an wichtig, einen Raum zu eröffnen, in dem Diskriminierungserfahrungen eine Rolle spielen können. Dazu braucht es auch eine Reflexion der Berater_innen zu eigenen Zugehörigkeiten zu Gruppen und Positionen, die gesellschaftlich zugewiesen werden (zum Beispiel über Merkmale von Herkunft, Geschlecht, körperliche Fähigkeiten, sexuelle Orientierung, sozialer Status, Religionszugehörigkeit). Diese Reflexion ist wichtig, um eigene Hemmungen oder Grenzen und die des Gegenübers im Sprechen über Diskriminierung zu benennen sowie einordnen zu können.[14] Empfehlenswert ist es in Kontexten, die eine längere Beratungsphase vorsehen, das Thema Diskriminierung bei Bedarf in einen klaren beraterischen Rahmen einzubauen. Dies ermöglicht es, die Selbstverständlichkeit im Sprechen über Diskriminierung zu erhöhen.

Wie kann Diskriminierung von den Ratsuchenden thematisiert werden?

Die Auswirkungen der Diskriminierungserfahrungen sind nicht immer offensichtlich und auch der Umgang mit der Diskriminierung ist unterschiedlich. So wird auch die Thematisierung von Diskriminierung durch Betroffene unterschiedlich gestaltet. Sie können direkt die diskriminierungsrelevante Situation schildern oder sie sprechen nur distanziert/indirekt darüber. Das unterschiedliche Benennen von Diskriminierung kann noch keinen Rückschluss auf die Folgen für die Betroffenen zulassen. Menschen reagieren sehr unterschiedlich auf Diskriminierungen und haben verschiedene Wege und Möglichkeiten damit umzugehen.

Die Thematisierung von Diskriminierung hängt auch von dem Kontext der Beratung und der Positionierung der jeweiligen Berater_innen ab. Berater_innen, die zum Beispiel selber Rassismuserfahrungen haben, machen eventuell

---

13 Basis und Woge e.V. ist ein anerkannter Verein in Hamburg, der sich u.a. in der Antidiskriminierungsarbeit und für Geflüchtete engagiert: http://www.basisundwoge.de/ [Aufruf 08.02.2020]. Den vollständigen Text „Diskriminierung ansprechbar machen“ findet sich in der Kompass F Arbeitshilfe „Diskriminierungsschutz in der Sozialen Arbeit mit geflüchteten Menschen“, S. 38-41.

14 Siehe dazu auch Bartel (2015: 13ff.).

öfter die Erfahrung auf Diskriminierung angesprochen zu werden, da eine höhere Offenheit/Empathie erwartet wird. Das bedeutet im Umkehrschluss nicht, dass diese Berater_innen allein dafür zuständig sein sollten, schon gar nicht unfreiwillig oder ungefragt.

Im Folgenden wird anhand konkreter Aussagen gezeigt, wie Diskriminierung von Betroffenen möglicherweise in der Beratung indirekt thematisiert werden kann. Im Anschluss gibt es Vorschläge, wie konkret auf die Aussagen reagiert werden kann. Die Empfehlungen richten sich an Menschen, die weniger erfahren in der Beratung sind. Darüber hinaus gilt beim Thema Diskriminierung, dass Beratungskompetenzen gefragt sind, die auch in anderen Kontexten relevant sind.

Indirekte Thematisierungen und konkrete Fragen in den genannten Situationen können sein:

„Menschen wie ich haben es schwerer bei der Wohnungssuche."

- Welche Schwierigkeit haben Sie genau?
- Haben Sie Freund_innen und Bekannte, die ähnliche Erfahrungen wie Sie machen?
- Was wird Ihnen als Grund genannt, wenn Sie eine Wohnung nicht bekommen?

„Ich bin mir nicht sicher, aber ich habe das Gefühl, dass meine Kolleg_innen über mich sprechen."

- Was denken Sie, was die Kolleg_innen über Sie reden?
- Haben Sie mit Ihrem/Ihrer Chef_in oder anderen Kolleg_innen schon darüber gesprochen?
- Seit wann haben Sie das Gefühl?

„Abends gehe ich nicht raus. Da fühle ich mich unwohl."

- Wo fühlen Sie sich unwohl? Haben Sie an dem Ort schon negative Erfahrungen gemacht?
- Fühlen Sie sich sicherer, wenn Sie dort mit anderen Personen entlang gehen?

4.2.3 Aufnahme eines Diskriminierungsfalles und die Möglichkeit der Verweisberatung[15]

Häufig sind Unterstützungsstrukturen der Sozialen Arbeit für Geflüchtete ein alltagsnahes und niederschwelliges Angebot. Diskriminierungserfahrungen können hier thematisiert werden, da das notwendige Vertrauen und/oder die persönliche Beziehung zu Beratenden besteht.

Wenn Diskriminierungserfahrungen von Geflüchteten angesprochen werden, gilt es zu entscheiden, was im Rahmen der eigenen Tätigkeit zur Bearbeitung geleistet werden kann. Dazu ist es wichtig alle relevanten Aspekte des Diskriminierungsvorfalls zu erfragen, um eine erste Orientierung zu erlangen. Gleichzeitig kann dies auch als Grundlage für eine Weiterverweisung (Verweisberatung) an eine spezialisierte Antidiskriminierungsberatung dienen. Folgende Auszüge aus der Checkliste „Clearing“[16] können dabei helfen:

- Was genau ist passiert?
- Wo und wann hat sich der Vorfall ereignet? Ort, Datum, Uhrzeit?
- Wer war beteiligt? Namen und Kontaktdaten?
- Gibt es Zeug_innen? Namen und Kontaktdaten?
- Anliegen klären: Was möchte der/die Ratsuchende erreichen?

Nach der ersten Klärung der Situation muss geschaut werden, ob es sinnvoll ist, die betroffene Person an eine Antidiskriminierungsberatungsstelle zu vermitteln. Dazu muss klar sein, in welchem Handlungsrahmen die eigene Institution handelt und welche Ressourcen und Kompetenzen zur Bearbeitung von Diskriminierung zur Verfügung stehen. Wenn Ressourcen knapp sind, ist ein schneller Verweis in die qualifizierte Antidiskriminierungsberatung sinnvoll, da diese Beratung mit den nötigen zeitlichen und fachlichen Ressourcen für die professionelle Bearbeitung von Diskriminierungsthemen besser ausgestattet ist.[17] In allen Fällen von Diskriminierung ist es hilfreich Ruhe zu bewahren. Im Mittelpunkt sollte dabei immer stehen, herauszufinden, was der/die Betroffene möchte. Wenn eine Verweisberatung in die qualifizierte Antidiskriminierungsberatung sinnvoll ist und auch von den Ratsuchenden gewünscht ist, muss geklärt werden, an wen verwiesen werden kann. Dafür ist es wichtig sich (bereits vorab) zu informieren, wo es Antidiskriminierungsberatungsstellen in

---

15 Dieses Unterkapitel basiert auf: Teller, Isabel [GBB Aachen] (2017): Rechtsschutz gegen Diskriminierung. Handreichung für AD-Beratungsstellen, Aachen, S.3-7; basis & woge (2017): Unterstützung kennt viele Wege…! Handlungsmöglichkeiten bei Diskriminierung von Geflüchteten, Hamburg, S.18ff.

16 Die vollständige Checkliste finden Sie in der Kompass F Arbeitshilfe „Diskriminierungsschutz in der Sozialen Arbeit mit geflüchteten Menschen“, S. 47-49.

17 Kontaktdaten finden Sie bundesweit über den Antidiskriminierungsverband Deutschland oder die Antidiskriminierungsstelle des Bundes. In Nordrhein-Westfalen auf www.nrwgegendiskriminierung.de [Zugriff: 08.02.2020]

der Nähe gibt und wie ihre Arbeitsweise ist. So kann es hilfreich sein, schon frühzeitig Kontakt aufzunehmen, um sich und die jeweiligen Arbeitsfelder gegenseitig vorzustellen, Flyer und Informationsmaterialien auszutauschen und eine zukünftige Zusammenarbeit zu planen.

Abschließend gilt es für die Soziale Arbeit mit Geflüchteten das Thema Handlungsmöglichkeiten gegen Diskriminierung verstärkt in den Blick zu nehmen. An Hürden stößt die Soziale Arbeit allerdings dort, wo staatliche Regelungen Menschenrechte verletzen. Hier sind Sozialarbeiter_innen und die Wohlfahrtverbände gefragt, ihr professionelles Selbstverständnis und Handeln entlang der Menschenrechte zu orientierten und dort wo diese verletzt werden, ihren Einfluss auch politisch geltend zu machen.

→ Die vom Projekt Kompass F / ARIC-NRW e.V. erarbeiteten Studien und Arbeitshilfen sind auch im Online-Anhang auf der Webseite des Verlages erhältlich.

Kapitel 5: Integrationsallheilmittel Sprache: Bedeutung und Herausforderungen des Spracherwerbs nach der Flucht

Susanne Grimaldi

> In dem, was man als *man made desaster* bezeichnet – und um solches geht es im Zusammenhang mit Vertreibung, Flucht, Migration – ist Sprache in der einen oder anderen Form immer präsent, und sei es durch ihre Abwesenheit (Busch 2016: 93).

Weit verbreitet ist die Annahme, ein erfolgreicher Spracherwerb habe nicht nur positive Auswirkungen auf die spätere Erwerbssituation, sondern befördere ebenso die Teilhabe an sozialen Aktivitäten. In Anbetracht dieser Tragweite sollte hier vielleicht besser von einem Investment (Norten/Toohey 2011: 412) für die Zukunft gesprochen werden. Schließlich kann die Beherrschung der Sprache einen leichteren Ressourcenzugang in der neuen Gesellschaft ermöglichen und das Bildungskapital steigern. Entsprechend gilt der Besuch eines Sprachkurses als nahezu wichtigster Schritt zur gesellschaftlichen Teilhabe in der Aufnahmegesellschaft. In Deutschland setzen sich die vom Bundesamt für Migration und Flüchtlinge (BAMF) geförderten Integrationskurse zusammen aus Sprach- und Orientierungskurs. Die Zielgruppe dafür sind „Ausländer mit auf Dauer angelegtem Aufenthaltsstatus sowie besonders integrationsbedürftige Deutsche mit Migrationshintergrund sowie seit Herbst 2015 auch Geduldete und Asylbewerber mit guter Bleibeperspektive" (BAMF 2017) – wobei eine Teilnahme von Ausländerbehörden und Trägern der Grundsicherung auch angeordnet werden kann.

Dieses Kapitel will zunächst eine Perspektiverweiterung auf das komplexe Medium Sprache und den damit verbundenen Integrationserwartungen vornehmen (5.1.). Weiterhin werden die Bedingungen des Spracherwerbs vor dem Hintergrund der Flucht erläutert (5.2.). Abschließend wird mit dem Bielefelder Modell des Sprachcoachings ein gelungenes, holistisches Sprachvermittlungsmodell vorgestellt, das zwar für das Einzelsetting erarbeitet worden ist, dessen Strategien aber ebenso gut auf ein Gruppensetting anwendbar sind (5.3.).

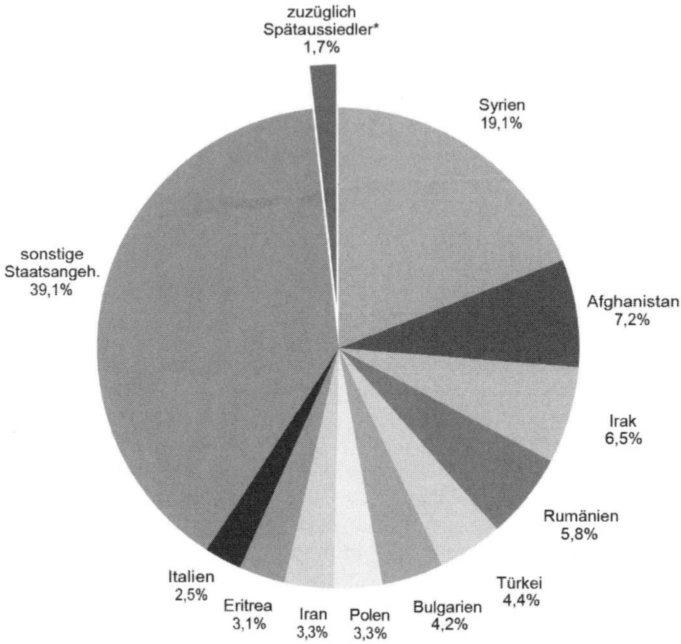

Abb. 5.1: Neue Kursteilnehmer im Jahr 2018 nach den häufigsten Staatsangehörigkeiten (Quelle: BAMF: Bericht zur Integrationskursgeschäftsstatistik für das Jahr 2018)

5.1 Die Funktion von Sprache für den Integrationsprozess

Die verbreitete Konzeption und Benennung von Geflüchteten führt gemeinhin dazu, sie als „Sprachandere" zu betrachten. Diese These wird im Folgenden erläutert.

Noch immer ist es selbstverständlich, im Zusammenhang von Migration auch von Flucht zu sprechen (Natarajan 2019: 6). Versteht man Migration allerdings als Spektrum verschiedener Formen von mehr oder weniger freiwilliger Wanderung (ebd.), dann kann Flucht als erzwungene Wanderung nicht darunter subsumiert werden (Treibel 2011: 157) – was für die Spracherwerbssituation von Bedeutung ist. Ebenso davon betroffen sind Bezeichnungspraktiken wie *Migranten* oder *Flüchtlinge*, die laut Natarajan (2019: 5) zu keiner differenzierten Betrachtung führen. Zum anderen werden seit 2005 durch die grobe Generalisierung des Neologismus *mit Migrationshintergrund* Menschen mit und ohne eigene Zuwanderungsgeschichte zum *Fremden* stilisiert (Mecheril 2003) und auf den *Anderen* reduziert. Findet wenig Kontakt zu den Zugewanderten statt, kann der Umstand des Andersseins in der Aufnahmegesellschaft in eine *Anderssprachigkeit* (ebd.) münden und das Medium Sprache schließlich zum Exklusionsparameter werden. Nach Oltmer (2016) ist eine der Folgen davon die Konstruktion einer imaginierten monolingualen Mehrheitsgesellschaft[1]. Ein Wechsel von Sprache und Kultur wird einfach vorausgesetzt und dabei wenig problematisiert, dass sich dieser Übergang zu einer Form der Zweisprachigkeit und *Zweiheimischkeit* (vgl. Spohn 2006) – gerade im Kontext von Flucht – unvorbereitet vollzieht. Die parallel stattfindenden Prozesse der sprachlichen und kulturellen Aneignung sind vielmehr in jeder Altersgruppe störanfällig – was für Menschen mit traumatischen Fluchterfahrungen umso mehr gelten dürfte.

In der Praxis findet der Zweitspracherwerb sowohl gesteuert im Unterricht statt (Grammatik- und Wortschatzvermittlung etc.) als auch ungesteuert im Alltag der Sprachlernenden. Gerade dieser ungesteuerte Spracherwerb, der in sozialen Verbindungen stattfindet, ist für das Gefühl des Integriertseins wesentlich. In jedem Fall muss zwischen der Sprech-, Schreib- und Lesesprache unterschieden werden, denn jede dieser Fertigkeiten will gelernt werden.

Eine der einflussreichsten Hypothesen zum Zweitspracherwerb ist die Kontrastivhypothese von Lado (1957), der zufolge die Strukturen der bereits erlernten Sprachen das Erlernen der neuen Sprache bestimmen. Bei relativ ähnlichen Sprachstrukturen kann also ein positiver Sprachtransfer stattfinden. Weist die neue Sprache jedoch eine wesentlich andere Struktur auf, kommt es häufiger zur Übertragung muttersprachlicher Strukturen auf die Zweitsprache, was als Interferenz bezeichnet wird. Beispiele hierfür sind eine fehlerhafte Bildung der Verneinung oder die (Nicht-)Verwendung von Artikeln. Eine weitere Spracherwerbshypothese entwickelte Cummins (1986) mit seiner Schwellenniveauhypothese. Danach hängen die kognitive Entwicklung und der Bildungserfolg wesentlich vom soliden schriftkulturellen Ausbau beider Sprachen ab. Analog dazu ist die sichere Beherrschung der Schriftsprache eine Voraussetzung für das Bestehen der Sprachprüfungen ab dem Niveau B1 nach den jeweiligen Integrationskursen. Cummins‘ Hypothese basiert allerdings auf der Beobachtung des Zweitspracherwerbs von Kindern und ist daher nur bedingt auf erwachsene Geflüchtete übertragbar. Neben ganz allgemeinen Schwierigkeiten, die viele junge und auch ältere Personen beim Erlernen einer neuen Sprache zeigen, kommen bei Geflüchteten die besonderen Umstände der Flucht hinzu, die den Erwerb der deutschen Sprache erschweren. Das mitunter

---

1 Siehe ausführliche Erklärung zu „monolinguale Mehrheitsgesellschaft“ im Glossar.

fehlende Verständnis für das Investment in die neue Sprache bei vielleicht erhoffter Rückkehr ins Herkunftsland, aber auch die in vielerlei Hinsicht prekäre Lebenssituation (siehe Unterkapitel 5.2) beeinträchtigen die Ausprägung einer ausgeglichenen Zweisprachigkeit bei Geflüchteten. Dem BAMF-Bericht für das dritte Quartal 2018 zufolge bestanden nur 52,3 Prozent der Teilnehmenden der Integrationskurse – derzeit überwiegend von Geflüchteten besucht – den Deutsch-Test für Zuwanderer (DTZ) auf dem Niveau B1. Bis zu 40 Prozent mussten den Deutschkurs (BAMF 2019d) wiederholen. Die Zahlen verweisen in jedem Fall auf die Herausforderungen beim Erwerb der deutschen Sprache, die gemeinhin als Basis für weitere Integrationsschritte von Geflüchteten gilt.

5.2 Flucht und Sprache

Sprachlehrende begründen das negative Abschneiden zudem mit der anderen Lernkultur und den Traumatisierungen von Geflüchteten, die durch ihre Lebensumstände Schwierigkeiten mit dem Lernsetting hätten (Die Zeit 2018). Die Wiener Germanistin und erfahrene Deutschkursleiterin Verena Plutzar hat sich im deutschsprachigen Raum besonders intensiv mit dem Zusammenhang von Spracherwerb und Flucht auseinandergesetzt.[2] Sie geht davon aus, dass die Lebenssituation den Spracherwerb wesentlich beeinflusst und plädiert aus diesem Grund dafür, die akuten Lebensumstände unbedingt in die Unterrichtsgestaltung miteinzubeziehen (Plutzar 2016: 119). Der Kursraum sollte folglich ein Ort der Sicherheit sein, wo Stress und Druck nach Möglichkeit vermieden werden.

So nennt sie u.a. das *Leben auf beengtem Raum*, das den Spracherwerb gerade zu Beginn erheblich beeinträchtigt. Weiterhin führt sie den permanenten und passiven Zustand des *Wartens* an, der einen großen Teil der Ressourcen bindet und Handlungs- und Gestaltungsmöglichkeiten einschränkt. Es ist das Warten auf den Asylbescheid, den immer komplizierteren Familiennachzug, die Anerkennung der Qualifikation oder auch auf den Beginn des Sprachkurses, das den emotionalen Zugang zur späteren Zweitsprache negativ beeinträchtigen kann. Gleiches gilt für die Emotionen Trauer, Ohnmacht und Wut sowie die Ungewissheit, ob überhaupt und für wie lange das vorläufige auch

---

2 Siehe dazu die Vorträge von Verena Plutzar „Sprachenlernen nach der Flucht. Implikationen der Folgen von Flucht und Trauma für den Deutschunterricht Erwachsener“ vom 08.09.2016: https://www.youtube.com/watch?v=yfrHjmzXVKg [Zugriff: 08.02.2020] sowie „Sprachenlernen in der Migration. Wie die Erfahrung von Migration auf das Erlernen der neuen Sprache wirkt“ vom 04.09.2018: https://www.youtube.com/watch?v=MTmzwDzLqk0 [Zugriff: 08.02.2020] in der IQ Fachstelle Berufsbezogenes Deutsch, Hamburg.

das langfristige Zielland bleiben wird. Weiterhin nennt sie eine mögliche *Sprachlosigkeit*, die eintreten kann, denn in den meisten Fällen kommt es zunächst zu einem flucht- bzw. migrationsbedingten Verlust des selbstverständlichen Gebrauchs der Umgebungssprache. Kronsteiner misst diesem *Sprachverlust* einen besonderen Stellenwert bei, „da dieser den Verlust selbstverständlicher Fertigkeiten eines erwachsenen Menschen beinhaltet. An dieser Stelle setzt die Regression ein und vermittelt dem erwachsenen Menschen das Gefühl der Hilflosigkeit und Unzulänglichkeit." (Kronsteiner 2003: 55)

Die Psychoanalytikerin Ilany Kogan (2005) verweist in diesem Zusammenhang auf Klienten_innen mit Migrationserfahrung, die ihre frühe Spracherwerbsphase als traumatischen Lebensabschnitt beschrieben. Immer wieder konfrontiert mit der eigenen sprachlichen Unzulänglichkeit und dem Anspruch, in der neuen Umgebung als vollwertig wahrgenommen zu werden, beschrieben viele Betroffene eine demütigende Lebensphase der Infantilisierung (Kogan 2005: 293). Was für einen Großteil der Migrationserfahrenen zutrifft, gilt für fluchterfahrene Sprachlerner_innen erst recht: Die sprachliche Selbstwirksamkeit und Stimme müssen Stück für Stück zurückgewonnen werden. Zugewanderte befinden sich in einer Art Zwischenraum der Identitäten, denn sie sind nicht mehr und noch nicht diejenigen, die sie einst waren und zukünftig sein werden.

Diese gegenseitige Abhängigkeit zwischen Sprache und Emotion tritt gerade in der Frühphase des Zweitspracherwerbs zutage. Wichtig ist dabei die Erkenntnis, dass neben der Flucht auch das sprachliche und kulturelle Ankommen im Zielland traumatische Dimension annehmen kann bzw. sowohl die Wanderungs- als auch die Ankommenssituation die Traumatisierung bestärken bzw. erst auslösen können. So beruht das Gespräch im Wesentlichen auf der Idee der gegenseitigen Anerkennung. Wenn Beschimpfungen, Beleidigungen und selbst ironische Kommentare Bestandteil des Gesprächs werden, ist diese Beziehung gestört und Sprache kann dadurch selbst zum Mittel von Gewalt werden. Hier handelt es sich um eine unsymmetrische Beziehung mit großem Machtgefälle. Für Norton und Toohey (2011: 414) hat jene Macht- und Hierarchiebeziehung einen wesentlichen Einfluss auf die Zugangsmöglichkeiten zur Sprache in sozialen Beziehungen – ein Bereich, der laut den Autorinnen bislang in der Zweitspracherwerbsforschung unbeachtet blieb.

Um die Wechselwirkung von Traumatisierung und Sprache in der frühen Erwerbsphase besser nachvollziehen zu können, ist es daher notwendig, auf die unbewusste Ebene des Zweitspracherwerbs zu verweisen. Diese wird gerne ignoriert, obwohl kognitionspsychologische Konzepte schon in den 1990er Jahren davon ausgingen, dass zwischen dem bewusst gesteuerten Lernprozess und dem unbewusst ablaufenden Spracherwerbsprozess unterschieden werden muss (Ohm 2007: 25). Nützlich werden dafür zunächst Verweise auf den Zusammenhang zwischen Zweitspracherwerb und Identität (Norton/Toohey

2011). Da die freiwillige wie unfreiwillige Wanderung ein „komplexer psychologischer Prozess mit bedeutenden und bleibenden Auswirkungen auf die Identität des Individuums“ (Akhtar 2014: 27) ist, stellt die Spracherwerbsphase auch einen Moment der Neuorganisation eines stabilen Selbstverständnisses dar (Plutzar 2016: 119).

Weil das Deutsche in der Regel keine Sprache ist, die bereits vor der Ankunft gelernt werden konnte, wird sie von den Kursteilnehmenden zu Beginn des Spracherwerbs zunächst mit dem Gefühl der Unzulänglichkeit assoziiert. Hinzu kommt der Umstand, dass sich der Wert der Komplexität des Deutschen meist erst im fortgeschrittenen Lernprozess positiv erschließt. Ansonsten hält sich in den frühen Lernphasen hartnäckig Mark Twains (1880/1996) Urteil über die „schreckliche deutsche Sprache“, die ungeordnet und unsystematisch sei und lieber mit Ausnahmen anstatt mit klaren Regeln agiere. Plutzar verweist hier auf die aktive Beziehungsarbeit, die im Deutschunterricht erfolgen solle, um eine Tür zum Deutschen zu öffnen (2016: 120ff.) Anders als für internationale Studierende, die ihre Beziehung zur deutschen Sprache zwar als schwierig, manchmal auch strapaziös, aber im Wesentlichen als unproblematisch beschreiben, sei für geflüchtete Kursteilnehmende die Fremdheitserfahrung des Kurses und der Sprache sehr wohl ein Thema. Die Unsicherheit und Angst der allgemeinen Lebenssituation wirken sich ihrer Beobachtung nach stark auf den Spracherwerb aus. Traumasensibler Unterricht bedeutet nach Plutzar folglich, dass sich Lehrende der Nachwirkungen von Traumatisierungen bewusst sind. Entsprechende Weiterbildungen in diesem Bereich sind sinnvoll und werden bereits von vielen Bildungsträgern, wie z.B. Volkshochschulen kostenfrei angeboten, ersetzen aber nicht die individualpsychologische Begleitung. Konkrete Anwendungsstrategien für den Unterricht sind beispielsweise die Psycho-Drama-Linguistik (PDL)[3] nach Bernard und Marie Dufeu sowie der hermeneutische Sprachunterricht nach Hans Hunfeld.[4]

3 Vgl. Bernard Dufeu (2003): *Wege zu einer Pädagogik des Seins. Ein psychodramaturgischer Ansatz zum Fremdsprachenerwerb.* Mainz: Éditions Psychodramaturgie. Sowie methodologische Grundlagen, Merkmale, etc. der PDL: https://www.psychodramaturgie.org/de/ [Zugriff 08.02.2020]

4 Vgl. Der hermeneutische Ansatz im Fremdsprachenunterricht: „Rückblick und Ausblick. Silvia Serena im Interview mit Hans Hunfeld“. Babylonia 1/05. http://babylonia.ch/fileadmin/user_upload/documents/2005-1/int_hunf.pdf [Zugriff 08.02.2020]

5.3 Das Bielefelder Modell des Sprachcoachings

Für Menschen mit und ohne Fluchterfahrung eignet sich darüber hinaus das IQ-Modellprojekt „Sprachcoaches für berufliche Unterstützung und Qualifizierung" (SPRUNQ) der Arbeiterwohlfahrt (AWO) Bielefeld[5], weil hier mit einem holistischen Methodenrepertoire gearbeitet wird. Es eignet sich besonders, aber nicht nur, für die konkreten Anliegen der späteren Spracherwerbsphase, denn je spezifischer die Anforderungen an die zukünftige Qualifikation werden, desto weniger können standardisierte Deutschkurse auf die Bedürfnisse der Teilnehmenden reagieren. Aus dieser Erkenntnis heraus entwickelte die AWO Bielefeld 2013 eine Schulungsreihe, die erfahrenen Dozent_innen für Deutsch als Zweitsprache (DaZ) die Möglichkeit gibt, in fünf Modulen den Perspektivwechsel zum selbstreflexiven Begleitenden bzw. Sprachcoachenden zu vollziehen.

Durch ein breites Methodenrepertoire, das sich in erster Linie an klassische Coachingstrategien (lösungsfokussierte, personenzentrierte und systemische Haltung, etc.) anlehnt, wird Coachees in den Sitzungen die Möglichkeit gegeben, ihre kommunikative Handlungsfähigkeit für berufliche Kontexte zu verbessern. Über einen konkreten Zeitraum wird im Rahmen des Sprachcoachings gemeinsam eine Hilfe zur sprachlichen Selbsthilfe erarbeitet, wobei stets von den eigenen Ressourcen der Coachees ausgegangen wird (Kaplinska-Zajontz/Ferber-Brull/Beune 2014: 6ff.). In einer symmetrischen Coachingbeziehung wird der individuelle Lernweg gestaltet, der die eigene Sprachbiografie, Lerngewohnheiten sowie die beruflichen Ziele klar in den Blick nimmt. Eine Coachee, die die Chance des Sprachcoachings nutzen konnte, berichtete in einem Interview, dass sie aufgrund existenzieller Probleme gerade zu Beginn kaum zum Spracherwerb kam und sie die Sprachkurse vielmehr als Zeitverschwendung empfand. Diese Haltung des unangemessenen Spracherwerbs wird ebenso von lernungewohnten Geflüchteten geäußert, die sich sofort auf dem Arbeitsmarkt engagieren wollen (Vgl. Brinck 2017), aber auch von lerngewohnten Geflüchteten, die es vorziehen, allein mit elektronischen Medien die Sprache zu erlernen. Im Fall der Coachee ermöglichte ihr das Sprachcoaching das für sie geeignetere schnellere Lerntempo mit eigenen Zielsetzungen. Die Erfolge dieses Lernformats sind vielversprechend. Zukunftsweisend wären daher die Schaffung von festen Stellen für Sprachcoaches sowie eine wissenschaftliche Begleitung des Projekts (Kaplinska-Zajontz/Ferber-Brull/Beune 2014: 41).

5 Förderprogramm „Integration durch Qualifizierung (IQ)", SPRUNQ war Teil des IQ-Netzwerks NRW.

Das von SPRUNQ entwickelte Instrument lässt sich neben dem individuellen Setting vielfältig anwenden, so u.a.:

- in regulären Sprachkursen;
- bei Qualifizierungsmaßnahmen in reglementierten Berufen;
- bei Brückenmaßnahmen für Akademiker_innen in nicht-reglementierten Berufen;
- in Vorbereitungskursen für Externenprüfungen. (Krupop 2014: 40)

Mittlerweile findet der 18. Durchgang der Schulungsreihe in Mainz statt, nachdem neben Hamburg und Bremen in erster Linie Sprachcoaches in Nordrhein-Westfalen (Bielefeld, Duisburg, Düsseldorf, Offenbach, Köln, Dortmund, Köln, Bonn) ausgebildet worden sind. Bislang fehlt ein flächendeckendes Angebot des Sprachcoachings in allen Bundesländern, was gerade in den fortgeschrittenen Spracherwerbsphasen von großem Vorteil wäre.

Fazit

Wie einleitend beschrieben, fällt dem Spracherwerb eine wesentliche Rolle innerhalb des Integrationsprozesses zu. In diesem Kapitel wurde jedoch deutlich, dass sich die hohen Erwartungen, die daran geknüpft werden, gerade nach einer unfreiwilligen Flucht, nur schwer erfüllen lassen. Laut Natarajan (2019: 4) wird gerade der Beherrschung der Sprache die unrealistische, problemlösende Fähigkeit zugesprochen, nebenbei auch verständigungsrelevante und kommunikationsbezogene Sachverhalte zu nivellieren und zu bewältigen. Sie führt weiterhin aus, dass sich gesellschaftliche und bildungsbezogene Schieflagen nicht ausschließlich über die Aneignung der Verkehrssprache ausgleichen ließen. Vor dem Hintergrund der schnellstmöglichen Deutschvermittlung in Integrationskursen finden die in diesem Kapitel angesprochenen Hindernisse kaum Beachtung. Eine bereits mitgebrachte Sprachbiografie, die sich oft durch eine Mehrsprachigkeit oder die Beherrschung mehrerer Dialekte der sprachlernenden Kinder, Jugendlichen und Erwachsenen auszeichnet, wird kaum wertgeschätzt; vielmehr wird der Mehrsprachigkeit gerne defizitär begegnet. Doch diese mitgebrachten Herkunftssprachen müssen gerade bei Kindern und Jugendlichen gefördert werden, damit es langfristig zu keiner sprachlichen Unvollkommenheit in beiden Sprachen kommt (Natarajan 2019: 14) – dem sogenannten Semilingualismus. Ein Beispiel bildet hier der Herkunftssprachenunterricht (HSU), der sich in Nordrhein-Westfalen bereits an 50.000 Schüler_innen richtet (Ministerium für Schule und Weiterbildung NRW 2016).

Schließlich sind die Erfolgsfaktoren wesentlich komplexer und ein positiver Spracherwerb ist kein Garant für Integration und gesellschaftliche Teilhabe. Ager und Strang (2008) unternehmen in ihrer Studie den Versuch, einen konzeptionellen Rahmen zur Integration zu entwickeln, wobei Sprache lediglich einer von zehn Kernbereichen ist, die es zu berücksichtigen gilt (siehe dazu Kapitel 2). Besonders den sozialen Beziehungen, die mit Norten und Toohey (2011) möglichst macht- und gewaltfrei gestaltet sein sollten, fällt eine wesentliche Vermittlerrolle zu (177-181) und sie verweisen damit einmal mehr auf das beidseitig angelegte Konzept von Integration. Gerade für das große Ziel der arbeitsmarktlichen Teilhabe müssen seitens der Zielgesellschaft bessere Gelingensbedingungen geschaffen werden, um Deutschland den Weg zur postmigrantischen Gesellschaft zu ebnen, in der das Merkmal Herkunft sowie hegemoniale Markierungen, Strukturen wie Gesetze überwunden werden können (Foroutan 2016: 249).[6] Dass die Sprach- und Integrationskurse einer Verbesserung bedürfen, hat inzwischen auch die Politik erkannt.

6 Vorschläge diesbzgl., erweitert um eine geschlechterbezogene Perspektive stammen von Farrokhzad (2018a): Abbau von aufenthalts- und arbeitsrechtlichen Hürden; differenziertere Kompetenzfeststellungsverfahren, auch für geflüchtete Frauen; Maßnahmen, die der Heterogenität von geflüchteten (Frauen) entsprechen; niedrigschwellige Zugänge zu Informations- und Bildungsangeboten; flexible und modularisierte Qualifizierungsangebote ausbauen sowie Teilzeitangebote für die Bereiche Sprache, Qualifizierung und Beschäftigung schaffen; Zugang zu BAföG und ausbildungsbegleitenden Hilfen erleichtern; Praxis der Anerkennung von Qualifikationen kritisch überprüfen; Sozialraumorientierte, integrierte Förderketten und passgenaue Verweissysteme sollten noch systematischer um eine geschlechtergerechte Perspektive erweitert werden (45-50).

Kapitel 6: Integration und Inklusion. Zwei Strategien – ein Ziel: Kommunale Integration

Ann Marie Krewer, Marieke Vomberg, Özan Golestani

In Zusammenhang mit den Wanderungsbewegungen der vergangenen Jahre und der großen Anzahl von Menschen, die seit Beginn 2015 nach Europa geflohen sind, wurden besonders auf Bundesebene umfassende Änderungen des Asylrechts umgesetzt (Deutscher Bundestag 2016; Bundesregierung 2016). Diese wirken sich stark auf die Möglichkeiten von Kommunen zur Integration von Geflüchteten aus. Der Integrationsprozess muss i.d.R. zu großen Teilen an dem Ort gestaltet werden, an dem ein absehbar längerfristiger Aufenthalt möglich wird. Dies kann in den entsprechenden Kommunen zu einer verschärften Fragmentierung von unterschiedlichen Gruppen mit niedrigem sozioökonomischen Status führen (vgl. Pohl 2009: 21f.). Kurz: In der ohnehin schon prekären Situation in den Stadtquartieren muss nun zusätzlich noch Integrationsarbeit für die neu angekommenen geflüchteten Personen geleistet werden. Dies birgt erhebliches lokales und gesellschaftspolitisches Konfliktpotential (was allerdings nicht selten auch für andere Stadtquartiere gilt, wenn dort Sammelunterkünfte eingerichtet werden). Die Kommunen sind vor die Herausforderung gestellt, sowohl zielgruppenspezifische als auch übergreifende Unterstützungsmöglichkeiten zu schaffen – also ein Gesamtkonzept „Integration“ zu entwickeln, das alle im Quartier lebenden Menschen einschließt, bisherige Aktivitäten bündelt und die zusätzlichen Aufgaben sinnvoll vernetzt. Diesen Prozess gilt es, strategisch zu planen und auf unterschiedlichen Ebenen als Querschnitts- und Daueraufgabe zu installieren. Als Planungs- und Umsetzungstools eignen sich hier zwei Modelle:

1. das von Alastair Ager und Alison Strang (2004) entwickelte Modell zur Analyse von Rahmenbedingungen gelungener Integration und
2. der von der Montag Stiftung Jugend und Gesellschaft (2011) herausgegebene *Kommunale Index* für die Inklusion.

Das Modell *Understanding Integration* von Ager und Strang[1] eignet sich für die Planung und Überprüfung der Integration Geflüchteter. Der kommunale

1 Grundlage des Modells ist eine von Ager und Strang 2004 durchgeführte Studie zur Ermittlung von Indikatoren, mit denen die Wirksamkeit von Integrationsmaßnahmen überprüfbar werden sollte; die ermittelten „Indicators of Integration“ bildeten wiederum die Basis einer breit angelegten Evaluation von Projekten zur Integration Geflüchteter,

Index verhilft hingegen dazu, in diesem Prozess keine Zielgruppe (Obdach-/Langzeitarbeitslose, Alleinerziehende, ältere Alleinlebende, Arme…) aus dem Blick zu verlieren, also zielgruppenunabhängig, bedarfsorientiert und umfassend inklusiv[2] zu handeln. Beide Instrumente werden im Folgenden kurz vorgestellt. Anhand von drei kommunalen Workshops werden mögliche Anwendungen dieser beiden Modelle im Zusammenhang kommunaler Gestaltungsaufgaben zur Integration und Inklusion veranschaulicht.

6.1 *Understanding Integration* – Das Integrationsmodell von Ager und Strang

Das von Ager und Strang im Jahr 2004 aus den Gesundheitswissenschaften entwickelte, und empirisch im Feld geprüfte Modell *Understanding Integration* teilt den Integrationsprozess in vier Dimensionen. Als *Grundlage (Foundation)* dienen die den Geflüchteten zustehenden *Rechte* innerhalb des aufnehmenden Staates, angefangen vom reinen *Aufenthaltsrecht* bis hin zum *Zugang zur Staatsbürgerschaft (Rights and Citizenship)*. Die zweite Dimension beinhaltet *Ermöglichende Faktoren (Facilitators),* die sich unterteilen lassen in *Sprache und kulturelles Wissen (Language and Cultural Knowledge),* sowie *Sicherheit und Stabilität (Safety and Stability).* In diesen Bereichen kann die Kommune wichtige Maßnahmen ergreifen, um Geflüchteten z.B. das Erlernen der Landessprache zu ermöglichen bzw. das Ankommen im jeweiligen Land zu erleichtern, indem für sichere und stabile Lebensverhältnisse gesorgt wird. Hierunter verstehen Ager und Strang sowohl das Nichterleben von verbaler Diskriminierung und Gewalt als auch das Leben in einer als sicher empfundenen Umgebung/Ortschaft. *Soziale Beziehungen (Social Connection)* bilden die dritte Dimension. Hier geht es in Anlehnung an die von Putnam (2000) weiterentwickelte Theorie des Sozialen Kapitals um *Soziale Brücken (Social Bridges)* der Geflüchteten zu Personen, die aus dem Zuwanderungsland stammen,

---

die vom Challenge Fund sowie European Refugee Fund (ERF) finanziert worden waren. Beauftragt wurde die Evaluation 2002 vom britischen Innenministerium, um zu bewerten, inwieweit die geförderten Projekte dazu beigetragen haben, Geflüchtete innerhalb des Vereinigten Königreichs als vollständige und gleichberechtigte Bürger_innen (full and equal citizens) zu integrieren (vgl. Ager/Strang 2008: 166)

2 Inklusion wird dabei verstanden als das Bestreben „Teilhabe für alle Menschen in sozialen Verhältnissen der Differenz und sozialen Ungleichheiten zu realisieren und die Beteiligten dabei nicht auf einen gemeinsamen Nenner homogener Normalitätsvorstellungen bringen zu müssen“ (Spatscheck/Thiessen 2017: 11)

Soziale Bindungen (Social Bonds) zu Personen aus dem Herkunftskontext sowie die *Soziale Vernetzung als Einbindung in die Strukturen des Staates und der Kommune (Social Links).*

Zusätzlich zu den schon genannten drei Dimensionen: rechtliche Situation, Sprache und Sicherheit und soziale Beziehungen bedarf es für die Integration als vierte Dimension weiterer *Marker und Mittel (Markers and Means)*, die Integration ermöglichen bzw. an denen sich Integration ablesen lässt. Hierunter fallen die Bereiche *Beschäftigung (Employment), Unterbringung/Wohnsituation (Housing), Bildung (Education)* und *Gesundheit (Health)* (Vgl. Ager/Strang 2008: 169ff.). Abb. 6.1 veranschaulicht das Modell:

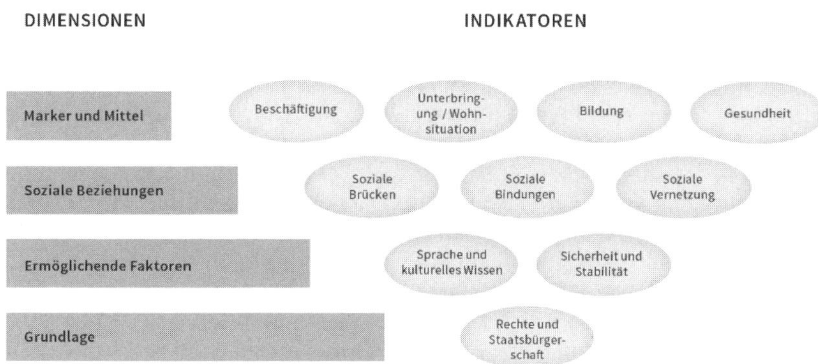

Abb. 6.1: Integration in Anlehnung an das Integrationsmodell von Ager/Strang (2004) (eigene Darstellung)

Die in Abb. 6.1 dargestellte umgekehrte Pyramide zeigt anschaulich, dass staatsbürgerliche Rechte für die Gesamtstabilität von großer Bedeutung sind. In der Realität verfügen die einzelnen Kommunen hierbei allerdings nur über einen begrenzten Handlungs- bzw. Gestaltungsspielraum. Insofern steht das Gesamtmodell eher auf „wackligen Füßen“. In allen anderen Dimensionen mit den darin konkretisierten Indikatoren erhalten Kommunen Reflexions- und Evaluationshinweise dazu, wie gut sie in Bezug auf Integration *aufgestellt* sind. Die für die jeweilige Dimension angegebenen Indikatoren liefern Hinweise auf Gestaltungsoptionen, indem überprüft werden kann, welche Lücken in der bisherigen Integrationspolitik noch bestehen.

6.2 Barrieren erkennen und abbauen: *Der Kommunale Index Inklusion*

Während das Modell von Ager und Strang die kommunale Perspektive der Rahmenbedingungen bzw. Schlüsselkomponenten zur Integration Geflüchteter fokussiert, zielt der von der Montag Stiftung Jugend und Gesellschaft adaptierte und weiterentwickelte kommunale Index für Inklusion darauf ab, bei allen am Integrationsprozess beteiligten kommunalen, professionellen und zivilgesellschaftlichen Akteur_innen eine inklusive Haltung zu fördern. Dies lenkt den Blick weg von vereinzelten, als *problematisch und daher besonders förderungswürdig* erachteten Zielgruppen hin zur Gestaltung teilhabefördernder Prozesse für alle. Die Idee, einen Index Inklusion für die Arbeit im Gemeinwesen zu erstellen, wurde zuerst im britischen Suffolk entwickelt und erprobt. Grundlage ist ein Handbuch für inklusives Handeln in allen kommunalen Bereichen (vgl. McDonald/Olley 2002). Dieses Handbuch wurde von der Montag Stiftung ins Deutsche übersetzt, nach einer Testphase mit einzelnen Kommunen überarbeitet und schließlich als Praxishandbuch *„Inklusion vor Ort – Der Kommunale Index für Inklusion"* 2011 veröffentlicht (Montag Stiftung 2011).

Der Index für Inklusion ist ein Fragenkatalog bzw. ein Verzeichnis an (reflexiven) Fragen, die Unternehmen, soziale Einrichtungen oder ganze Kommunen darin unterstützen sollen, sich selbst auf Aspekte wie Teilhabe und Vielfalt bzw. Ausgrenzung und Diskriminierung hin zu überprüfen. Ziel ist es, Dialoge anzuregen, um Restriktionen zu erkennen, Ressourcen zu entdecken und allen Einwohner_innen einer Kommune über alle Unterschiedlichkeit hinweg Teilhabe zu ermöglichen.

Der Index enthält 500 Fragen, die in drei Bereiche gegliedert sind, die jeweils die Perspektiven und Handlungsebenen einer Kommune abbilden (Montag Stiftung 2011: 36ff.). Im ersten Komplex *Unsere Kommune als Wohn- und Lebensort* zielen die Fragen auf das direkte Lebensumfeld jeder und jedes Einzelnen ab und behandeln Themen wie Wohnen, Versorgung, Arbeit, Mobilität und Umwelt.

Beispielfragen aus dem Index

- Fühlen sich alle Menschen an ihrem Wohnort gut aufgehoben, sicher, dazugehörig und anerkannt?
- Ist es für alle selbstverständlich, sich nicht über bestimmte Personen oder Personengruppen lustig zu machen oder sie schlecht zu behandeln?

Der zweite Bereich *Inklusive Entwicklung unserer Organisation* bildet die Perspektive der Menschen innerhalb einer Organisation ab. Dies kann sowohl eine öffentliche als auch eine private Einrichtung sein, die sich inklusiv entwickeln will.

Beispielfragen aus dem Index

- Können alle Besucher/innen den ersten Kontakt mit der Organisation als freundlich und offen erleben?
- Ist es für alle möglich, sich leicht im Gebäude zu orientieren?

Der dritte und letzte Bereich *Kooperation und Vernetzung in unserer Kommune* zielt auf die Zusammenarbeit ab. Es geht also darum, Netzwerke zu schaffen, in Verantwortungsbereichen zusammen zu arbeiten und sich auf gemeinsame Ziele zu einigen.

Beispielfragen aus dem Index

- Sind alle Partnerorganisationen über gemeinsam entwickelte Zielsetzungen und Verfahrensweisen informiert?
- Besteht bei allen Partnerorganisationen in der Kommune ein grundlegendes Verständnis der Begriffe Inklusion und Exklusion?

Der so angeregte Erfahrungsaustausch unterstützt die Mitwirkenden darin, unterschiedliche Perspektiven einzunehmen und wertzuschätzen sowie Ideen für Verbesserungen zu entwickeln. Er fördert innere Teilhabe, Solidarität, Verantwortungsübernahme und damit tatsächliche Partizipation.

Die beiden vorgestellten Modelle ergänzen sich und sind nach unserer Erfahrung zusammen sehr gut geeignet, kommunale Integrations- und Inklusionsprozesse zu gestalten. Dabei gibt das Integrationsmodell von Ager/Strang die jeweilige Reflexionsebene vor und der *Kommunale Index* das Instrumentarium, um beteiligungsorientiert Handlungsbedarfe und -möglichkeiten zu erarbeiten. Für die jeweils von Kommunen beeinflussbaren drei Dimensionen werden im Folgenden Anwendungsbeispiele aus Workshops mit unterschiedlichen Kommunen skizziert.

6.3 Kommunale Verankerung von Integrationsprozessen – Dimension *Ermöglichungsfaktoren* mit dem Indikator *Sicherheit*

Die Ebene der Ermöglichungsfaktoren mit dem Aspekt *Sicherheit* spielt in vielen Kommunen eine zentrale Rolle. Hierbei geht es nicht nur um die tatsächliche Sicherheit, sondern auch um das Sicherheitsgefühl von Menschen, welches von verschiedenen Faktoren abhängt. Besonders Geflüchtete haben ein hohes Bedürfnis an Sicherheit, da sie schließlich aus hoch unsicheren Situationen geflohen sind. Das Thema ist zusätzlich häufig auch für die Menschen in Stadtteilen, in denen Geflüchtete leben, stark polarisierend – Alteingesessene fühlen sich nicht selten bereits durch die Anwesenheit von Geflüchteten bedroht, unabhängig von tatsächlichen Bedrohungen, Vorfällen oder gar Straftaten. Wie aus der Kriminologie bekannt ist, hängt das Ausmaß wahrgenommener Unsicherheit in der Bevölkerung nur sehr bedingt mit der Anzahl der in der Polizeistatistik erfassten Straftaten zusammen (vgl. Hummelsheim-Doss 2017: 8). Nichtsdestotrotz bietet die Gemengelage von z.B. vielen jungen Männern, die unter prekären Umständen und unter hohem Erwartungsdruck stehen, aber oft zu Tatenlosigkeit verdammt sind und mit einer unsicheren Perspektive leben, kriminologisch gesehen ein Potential für vermehrte Straftaten (vgl. Walburg 2018). Umgekehrt sind Geflüchtete selbst von Übergriffen bedroht, wie die Kriminalstatistik deutlich zeigt und zwar sowohl von ebenfalls ausländischen Täter_innen (zum Beispiel in Sammelunterkünften) als auch von einheimischen Täter_innen (einschließlich fremdenfeindlich motivierter Straf- und Gewalttaten; siehe Kapitel 3). So weist z.B. die amtliche Kriminalitätsstatistik von 2018 aus, dass 22,6 Prozent aller Opfer von Straftaten Nicht-Deutsche waren (Bundeskriminalamt 2019: 24).

Um das Thema in der Gemeinschaft in einem Stadtteil zielgerichtet anzugehen, ist es wichtig, sowohl die wahrgenommene als auch die statistische Realität gleichwertig einzubeziehen. Kommunen in ganz Deutschland stellen sich diesem Themenkomplex schon seit längerem und nicht nur in Bezug auf Zugewanderte und Geflüchtete. Der Deutsche Städtetag beschäftigt sich hierbei neben der Arbeit von Polizei und Ordnungsamt auch mit der Einbindung von Stadtentwicklung sowie präventiver Sozial-, Jugend- und Bildungsarbeit (vgl. Deutscher Städtetag 2017: 3). In Bezug auf die Ansiedlung von Zugewanderten und Geflüchteten ist es dem Städtetag wichtig, Segregation und soziale Schieflagen sowie eine Verschlechterung des Sicherheitsempfindens zu bekämpfen (ebd.: 5).

Diesem kommunalen „Zündstoff-Thema" kann sich eine Kommune mithilfe des *Kommunalen Index* nähern. Hierzu ist es wichtig, zunächst die Angsträume zu identifizieren. Hierauf aufbauend können alle Nutzer_innen dieser Angsträume mit Index-Fragen in einen Dialog gebracht werden:

- Können alle Menschen sich an diesem Ort sicher fühlen?
- Welche Gruppen empfinden welche Bedrohung?
- Wie können wir gemeinsam dafür sorgen, dass alle sich hier sicher fühlen können?

Dabei ist es wichtig, alle Wahrnehmungen gleichermaßen wertzuschätzen: Anwohner_innen einer bestimmten Gegend, die sich nicht sicher fühlen nutzt es nichts, wenn z.B. Polizei und Ordnungsamt versichern, es sei hier gar nicht so schlimm, woanders seien die Gegenden noch viel unsicherer. Wie seit 2015 zu beobachten ist, bietet sich das Thema Sicherheit gleichzeitig an, von rechtspopulistischen Strömungen instrumentalisiert zu werden (siehe dazu Kapitel 3) – was den Blick auf die tatsächlichen Daten besonders relevant macht. Insofern ist der gemeinsame Dialog – der eine Dialogbereitschaft voraussetzt – und das Ernst-Nehmen bzw. Wertschätzen der anderen Seite von besonderer Bedeutung. Es gilt also, einen gleichberechtigten Dialog vor allem zwischen Polizei, Ordnungsamt und den Anliegern der „Angsträume" zu gestalten. Wichtig ist es, dabei ein Kommunikationssetting zu wählen, das deeskalierend wirkt bzw. grundsätzlich konfrontative Settings zu vermeiden, die eine Gruppenbildung in *die* und *wir* unterstützen. Hierfür eignet sich z.B. die *Fishbowl*-Methode).

Die Fishbowl-Methode als Setting, um hierarchiefrei bei heiklen Themen deeskalierend die Index-Fragen zu bearbeiten/zu diskutieren

Bei dieser Methode werden zwei Kreise gebildet: ein innerer, in dem aktiv diskutiert und ein äußerer, in dem ausschließlich zugehört wird. Im inneren Kreis sind ein oder mehrere Stühle frei. So erhalten alle Beteiligten im äußeren Kreis die Möglichkeit, den Kreis zu wechseln und an der Diskussion teilzunehmen und die im Inneren sich aus der Diskussion zurückzuziehen. Durch die Wahrnehmung der Diskussion aus der Innen- und Außenperspektive können die Beteiligten sich auch innerlich auf beide Perspektiven einlassen und Argumente der *anderen* Seite ggf. besser akzeptieren und nachvollziehen (Klein 2007).

Der *Kommunale Index Inklusion* bietet dabei Anknüpfungspunkte, mit gezielten Fragen die Diskussion auf das Wesentliche und die unter der Oberfläche befindlichen Ursachen zu lenken. Der über die Fragen provozierte Perspektivwechsel ermöglicht es einerseits, innerhalb einer Kommunalverwaltung die Bürger_innen besser verstehen zu lernen und entsprechend zu handeln, andererseits wird den Bürger_innen aufgezeigt, unter welchen Zwängen und Regeln die Stadtverwaltung agiert. Wichtig ist es außerdem, neben Anwohner_innen und Polizei/Ordnungsamt auch andere (kommunale) Fachbereiche, Gruppen und Organisationen einzubeziehen, die nicht direkt mit der Schaffung von Sicherheit und Ordnung betraut sind, wie z.B. das Jugendamt, die Obdachlosenhilfe, Flüchtlingsberatung, etc.

Die fachbereichsübergreifende Zusammenarbeit zur Prävention von Straftaten schlägt sich insbesondere in der Sozial- und Jugendpolitik nieder, da hierbei ohnehin eine *gute* und gewaltfreie Sozialisation von Kindern und Jugendlichen das Ziel ist. Aber auch eine erfolgreiche Arbeitsmarktpolitik und -beratung spielt sowohl bei zugewanderten als auch nicht-zugewanderten Personen für die Sicherheit im öffentlichen Raum eine wichtige Rolle (vgl. Deutscher Städtetag 2017: 25). Insofern empfiehlt es sich, beim Thema Sicherheit alle diese Bereiche inklusiv zu denken und entsprechend zu agieren – da es um das Sicherheitsempfinden aller geht. Das folgende Praxisbeispiel[3] veranschaulicht eine konkrete Workshopsituation, in der mit Hilfe der Fishbowl-Methode eine zu eskalieren drohende Situation entschärft und wieder zu einer sachlichen Diskussion zurückgefunden werden konnte.

Praxisbeispiel

Das Projekt zielte insbesondere auf die Verbesserung der Kommunikation zwischen der Stadt, den Hauseigentümer_innen und den gewerblichen Mieter_innen einer neu zu gestaltenden Straße ab. Basierend auf einer vorgeschalteten aktivierenden Befragung[4] wurden Themenschwerpunkte für einzelne Workshops definiert.

Der Aspekt der Sicherheit als Workshop-Thema[5] wurde aufgenommen aufgrund von vielerlei beschriebenen Sorgen und einem starken Unsicherheitsempfinden der Anlieger sowie der gleichzeitigen Wahrnehmung, bei Stadt und Polizei auf taube Ohren zu stoßen. Die Sorgen bezogen sich dabei nicht nur auf eine durch Zuwanderung entstandene Veränderung des Sicherheitsgefühls, sondern insbesondere auch auf bedrohliche Situationen abends und am Wochenende, die durch „bestimmte Gruppen“ (u.a. Drogenabhängige, betrunkene Jugendliche und eben Ausländer_innen) ausgelöst würden.

---

3 Projekt: Inklusiver, partizipatorischer Begleitprozess zur Vorbereitung einer Immobilien- und Standortgemeinschaft (ISG) „Bahnhofstraße“ im Rahmen des Stadtteilentwicklungskonzeptes (STEK) Leverkusen Opladen im Auftrag der Stadt Leverkusen; durchgeführt März bis Juni 2017

4 Die aktivierende Befragung gilt als zentrale Methode der Gemeinwesenarbeit mit dem Ziel, Bewohner_innen eines Quartiers dabei zu unterstützen, sich für die eigenen Interessen zu organisieren und einzusetzen. Dazu werden mittels einfacher Fragen deren lebensweltliche Interessen erhoben (vgl. Stoik o.J.).

5 Die Ergebnisse der Befragung wurden genutzt, um die Themenfelder der Workshops zu definieren.

Da das Thema hoch emotional „erzählt“ wurde, schien es besonders wichtig, ein hierarchiefreies und kooperatives Workshop-Setting zu wählen. Der Workshop fand unter Beteiligung der Anlieger, der Vertreter_innen der Stadt, der örtlichen Polizei und des Ordnungsamtes statt. Um die direkte Konfrontation: hier Stadt/Polizei/Ordnungsamt und dort Anlieger gar nicht erst entstehen zu lassen wurde die Fishbowl-Methode gewählt. Im Verlauf der Veranstaltung eskalierte ein Streit zwischen einem Vertreter der Polizei und einem Diskussionsteilnehmer mit türkischem Migrationshintergrund. Die Diskussionsanordnung Innen-/Außenperspektive verdeutlichte allen „Unbeteiligten“ im Außenkreis, wie schnell aus einer unbedachten Äußerung eine Verletzung und dann ein Konflikt entstehen kann. Die beteiligten Kontrahenten konnten sich durch die Möglichkeit, den Innenkreis zu verlassen, wieder etwas beruhigen und zu einer sachlicheren und respektvolleren Diskussion zurückfinden. Gemeinsam mit allen Teilnehmern konnte anhand dieser Situation die Konfliktdynamik reflektiert und Kommunikationsregeln verabredet werden.

Der Vorschlag zu dieser Methode wurde zunächst skeptisch aufgenommen, die Umsetzung überzeugte jedoch darin, auch einmal ungewöhnliche Schritte zu gehen.

Im Rahmen einer im Folgejahr durchgeführten Evaluation wurde festgestellt, dass sich die Kommunikation zwischen den Anliegern untereinander und der Stadt sich durch den gesamten Prozess (es fanden noch zwei weitere Workshops zu den Themen Kommunikation und Zukunftspläne statt) wesentlich verbessert hatte.

6.4 Kommunale Verankerung von Integrationsprozessen – Indikator *Soziale Beziehungen*

Um das Entstehen von „Parallelgesellschaften“ zu verhindern, können Kommunen gezielt darauf hinwirken, dass sowohl soziale Brücken im Sinne von Ager und Strang gebaut als auch die Bindungen innerhalb der eigenen Community der Geflüchteten gefördert werden. Letzteres gehört ohnehin zu den Überlebensstrategien der geflüchteten Menschen, dagegen müssen Kontakte zur alteingesessenen Bevölkerung meist gezielter unterstützt werden (siehe Kapitel 8).

Diesen Aspekt von Integration deckt der Bereich „Unsere Kommune als Wohn- und Lebensort“ des *Kommunalen Index Inklusion* ab. Ein erster Schritt zur Reflexion, für wen die Kommune (oder ein bestimmter Stadtteil) einen angemessenen Wohn- und Lebensraum darstellt, kann dabei sein, dass sich Teilnehmende im Rahmen von Workshops in einer Art Rollenspiel (Übung: Ein Schritt nach vorn, s.u.) in Lebenssituationen von anderen hineinversetzen, um deren Perspektiven kennenzulernen und besser zu verstehen.

Übung „Einen Schritt nach vorn" (vgl. handicap international)

Bei dieser Übung werden die Teilnehmenden eines Workshops in zwei Gruppen geteilt – eine Akteursgruppe und eine Beobachtungsgruppe. Jede_r der Beobachter_innen beobachtet eine der Akteur_innen. Die Akteur_innen erhalten Rollenbeschreibungen von Individuen oder Gruppen in ganz unterschiedlichen Lebenslagen (Kinder und Jugendliche allgemein, Familie mit einem 14-jährigen Sohn, der im Rollstuhl sitzt, Kommunale Sozialverwaltung, Flüchtlingsfamilie aus Syrien, Arbeitslose, alleinerziehende Mutter eines sechsjährigen Kindes, alleinlebende Rentnerin, deren Pflegebedarf zunimmt …). Zunächst sollen sie sich in die Rolle und deren Lebenslage hineinversetzen. Dann werden Fragen zu Entwicklungs- und Teilhabemöglichkeiten gestellt. Immer, wenn eine Frage mit „Ja" beantwortet werden kann, geht die betreffende Person einen Schritt nach vorne – und sofort wird sichtbar, wo Ausschlussmechanismen wirken – und es wird erfahrbar, wie es sich anfühlt, wenn einige nach vorne preschen und andere ganz hinten stehen bleiben müssen. So wird auch deutlich: Privilegierte Menschen sind sich ihrer Privilegien selten bewusst, da sie als selbstverständlich angesehen werden.

Auf diese Weise können Teilhabe-/Kommunikationsdefizite erarbeitet und wechselseitiges Verständnis gefördert werden. Zur Förderung ressortübergreifenden (Jugend, Schule, Integration…) Handelns ist es förderlich, auch entsprechende Abteilungen der Kommunalverwaltung einzubinden.

Zur weiteren Ermittlung von konkreten Teilhabe-Hemmnissen können hierauf aufbauend folgende Fragen aus dem *Kommunalen Index* zur Reflexion bearbeitet werden:

- Ist Ihre Wohnung barrierefrei? Können Sie alle Dinge, die Sie zum täglichen Leben benötigen, in der Nähe erwerben? (Wohnen und Versorgung)
- Sind die Informationen und Auskunftsstellen zu Bildungsangeboten für Sie zugänglich? Fühlen Sie sich über Bildungsangebote genügend informiert? Können Sie an allen Angeboten teilnehmen, an denen Sie teilnehmen wollen? (Bildung und lebenslanges Lernen)
- Haben Sie genügend Möglichkeiten zum kulturellen Austausch, z.B. Restaurants, Cafés, öffentliche Treffpunkte etc.? (Kultur und Freizeit)
- Werden Sie/Ihre Kinder und Jugendliche über an Sie adressierte Angebote angemessen und verständlich informiert? (Beteiligung und Mitsprache)

Im Sinne des *Kommunalen Index Inklusion* wird hierbei also bewusst nicht nur die Perspektive von Geflüchteten benannt, sondern die Vielfalt der Zielgruppen entsprechend berücksichtigt. Durch die Auseinandersetzung mit den Fragen und den unterschiedlichen Perspektiven, kann herausgearbeitet werden, welche Angebote fehlen oder wo für die jeweiligen Perspektiven noch Informations- bzw. Handlungsbedarfe bestehen. Das folgende Praxisbeispiel[6] skizziert einen Workshop mit dem Ziel, Teilhabe-Hemmnisse für unterschiedliche Gruppen in den beteiligten Kommunen zu identifizieren:

Das Projekt zielte insgesamt darauf ab, dass die beteiligten Kommunen sich als attraktive Wohn- und Lebensorte für junge Familien (gleich welcher Herkunft) weiterentwickeln. Auf die Übung „Ein Schritt nach vorn" aufbauend wurden die Inklusions-Chancen sowie Zugangsbarrieren für die unterschiedlichen definierten Perspektiven ausgelotet und Ideen zu deren Überwindung gesammelt. Diese wurden anschließend an Thementischen gezielt weiterbearbeitet. Auf diese Weise konnte eine umfassendere Strategie zur Weiterentwicklung der Kommune erarbeitet werden.

6.5 Kommunale Verankerung von Integrationsprozessen – Dimension *Markers und Mittel*

Arbeit, Bildung, Wohnen und Gesundheit sind nach Ager/Strang die zentralen Indikatoren in dieser Dimension, an denen der Grad gelungener Integration kommunal überprüft werden kann. Gleichzeitig sind es die Ebenen, auf denen Kommunen umfassende Gestaltungsmöglichkeiten haben, Prozesse anzuregen und Menschen bzw. Initiativen miteinander in Verbindung zu bringen. Im kommunalen Setting wird vielfach die Erfahrung gemacht, dass es sehr viele Initiativen und einzelne Aktivitäten bzw. Aktivitäten Einzelner gibt, zwischen denen Informationen jedoch nur sehr ungeregelt weitergegeben werden und so viele Wissensdefizite entstehen. Hier bietet es sich an, dass Kommunen selbst als Initiatorinnen auftreten und die relevanten Akteur_innen miteinander in Kommunikation bringen. So können in einer ersten Phase zunächst die Akteur_innen eines bestimmten Handlungsfeldes zusammen gebracht werden: z.B. alle mit der Aufgabe der Integration in Bildung beauftragten Institutionen,

---

6 Projekt: InKluNetz – Entwicklung einer Umsetzungsstrategie für den kommunalen Index Inklusion in den Gemeinden Brüggen, Niederkrüchten und Schwalmtal; gefördert im Rahmen der internen Forschungsförderung der Hochschule Niederrhein; durchgeführt vom 1.1.2015 bis 31.12.2015

wie Kitas, Schulen, Volkshochschulen und andere Weiterbildungsträger (inkl. Vertreter_innen der Jugendhilfe); für den Bereich der Integration in Arbeit können Unternehmen mit den Integrationsagenturen, kommunalen Integrationszentren und der Ausländerbehörde vernetzt werden, weil bei den Unternehmen meist viele rechtliche Unsicherheiten bestehen. Häufig sagen z.B. Klein-Unternehmer, sie würden Praktikums-/Ausbildungsplätze zur Verfügung stellen, aber sie wüssten erstens nicht, wie sie an geeignete Kandidat_innen kommen und zweitens, welche rechtlichen Aspekte dabei zu beachten wären. Ein dritter wichtiger Bereich umfasst die Zivilbevölkerung sowie Akteur_innen der Zivilgesellschaft – von der Flüchtlingsinitiative bis zum Schützenverein. Besonders hier wird das kommunale Klima für Integration beeinflusst und sind Informationen und Erfahrungsaustausch besonders wichtig, um auch Synergieeffekte zu erzielen: Abstimmung von Öffnungszeiten, Austausch über Gruppen, die bisher noch nicht erreicht werden können, die häufigsten Barrieren etc. Eine klassische Barriere ist z.B. der ÖPNV, wenn eine Sammelunterkunft im Randbereich einer Kommune liegt und öffentliche Verkehrsmittel diesen – wie in ländlichen Kommunen die Regel – nur sehr eingeschränkt erreichen. Hier kann über einen inklusiven Prozess die Mobilitätsfrage der Bewohner_innen erörtert und wenn vielleicht nicht gelöst, so doch verbessert werden.

Hier steht also der Aspekt „Kooperation und Vernetzung in unserer Kommune" des *Kommunalen Index* im Fokus, um sich über Erfahrungen, Grenzen, Wissenslücken, aber auch Erfolge und Beispiele guten Gelingens auszutauschen. Aus in den jeweiligen Fachgruppen (z.B. Beschäftigung, Bildung, öffentliches Leben) generierten Ideen kann dann, in einem interdisziplinären, übergeordneten Gremium, eine gemeinsame kommunale Strategie entwickelt werden.

Dies legt für den Beginn der Diskussions- und Lösungsprozesse folgende Fragen nahe:

- Was läuft aus meiner Sicht in Bezug auf die Bildungs-, Wohnungs-, zivile Integration geflüchteter Menschen gut? Worauf können wir stolz sein?
- Wo sind Verbesserungsbedarfe? Wie kann es besser laufen?
- Wo stoßen wir an Grenzen? Wie können diese überwunden werden?
- Wer fehlt noch im Boot?
- Sind die auf Inklusion zielenden Aktivitäten und ihre Vernetzung untereinander transparent?

Die Erfahrung zeigt, dass das strukturierte „Miteinander in Kontakt bringen" eine der Kernfragen gelingender Integration ist – und zwar nicht nur Geflüchtete mit Einheimischen, sondern auch alle am Hilfesystem und in der Kommune Involvierten. Ganz häufig sind in solchen Settings Sätze zu hören wie: „Ach, so macht ihr das? Ja, wir haben das gleiche Problem und machen das immer so…".

Die Kommune ist in solchen Prozessen Initiatorin, Moderatorin (bestenfalls unter Einbeziehung einer neutralen Moderation) sowie diejenige Instanz, die Ergebnisse bündelt und als Strategie in kommunales Handeln überführt. Auch zu diesem Bereich soll ein Praxisbeispiel[7] verdeutlichen, wie mit dem Index gearbeitet werden kann:

In diesem Projekt sollten zu den drei kommunalen Kernbereichen zur Integration geflüchteter Menschen drei Workshops mit den für das jeweilige Feld relevanten Akteur_innen moderiert werden, um Handlungsansätze für ein kommunales Integrationskonzept zu erarbeiten. Teilgenommen haben Vertreter_innen der Stadtverwaltung, Vertreter_innen der Zivilgesellschaft aus Vereinen und Initiativen Geflüchteter, Unternehmer_innen, Integration Point, Job Center sowie Vertreter_innen der im Rat vertretenen politischen Parteien. Bis Ende April 2016 waren der Kommune 406 geflüchtete Menschen zugewiesen worden. Der Gemeinderat verpflichtete die Kommunalverwaltung, ein strategisches Gesamtkonzept zur Integration dieser Menschen zu erarbeiten. Die Felder Bildung, Arbeit und öffentliche Räume/Zivilgesellschaft wurden dabei als Kernfelder kommunaler Gestaltung eingeschätzt. Das Institut SO.CON wurde beauftragt, für diese Felder jeweils einen Workshop zu konzipieren und zu moderieren, um partizipativ mit den auf den Feldern relevanten Akteur_innen Handlungsbedarfe und -möglichkeiten zu erörtern.

Die Durchführung der Workshops hat bestätigt, dass „Vernetzen" ein wesentlicher Aspekt einer kommunalen Strategie ist. Häufig wissen zentrale Akteure tatsächlich nicht, was die anderen tun, welche Angebote es gibt und woran es liegen könnte, dass vorhandene Angebote nicht wahrgenommen werden. Vor allem das Identifizieren von Lücken bzw. auch von nicht aufeinander abgestimmten Angeboten wird auf diese Weise offensichtlich.

6.6 Fazit

Im Rahmen von verschiedenen Projekten, in denen unterschiedliche Workshops zur Integration bzw. Inklusion und auch zu anderen Themen durchgeführt wurden, lässt sich feststellen, dass mit einer inklusiven Haltung gestaltete Prozesse wichtig sind, um wechselseitiges Verständnis zu fördern. Um relevante Handlungsfelder zu identifizieren, eignen sich die Indikatoren der von

7 Projekt: Moderation inkl. Vor- und Nachbereitung von drei Diskussionsforen zur Erarbeitung eines Integrationskonzeptes für die Gemeinde Schwalmtal; durchgeführt im Juni 2016.

Ager und Strang benannten Dimensionen. Bei der Arbeit mit diversen Gruppen mit teilweise gegensätzlichen Ansichten kann die Anregung eines Perspektivwechsels, z.B. durch die Verwendung von Fragen aus dem *Kommunalen Index* zu einem besseren Verständnis führen und so die Kommunikation verbessern. Das aktive Nachdenken über die Sichtweise, Wirkung, Zuständigkeiten und Regeln, in denen sich eine Kommune bewegt, kann dazu beitragen, dass auch der Umgang mit – seitens der Kommune empfundenen Restriktionen – gezielter erfolgt. So können z.B. Ehrenamtler_innen auch die Perspektive von städtischen Mitarbeiter_innen besser verstehen und deren Entscheidungen eher nachvollziehen und vermitteln. Gleichzeitig können auch Mitarbeiter_innen von Kommunen besser die Belange ihrer vielfältigen Bewohner_innen einschätzen, entsprechend handeln und ihnen Möglichkeiten eröffnen.

Kommunen sind in Bezug auf Integrationsangebote und die Zusammenarbeit verschiedener Institutionen und Bürger_innen sehr unterschiedlich aufgestellt. Der *Kommunale Index Inklusion* bietet durch seinen großen Fragenkatalog eine Grundlage, mit einem inklusiven Blick auf Integrationsprozesse von Flüchtlingen zu schauen. Er ist nicht nur gut in Kommunen anwendbar, die schon weit fortgeschritten sind in ihren Integrationsbemühungen, sondern auch für diejenigen, die sich bisher noch nicht umfassend mit den Themen Inklusion und Integration befasst haben. Zur Zusammensetzung der Workshops ist eine heterogene Mischung aus Akteur_innen aus allen Bereichen von besonderer Bedeutung; so werden verschiedene Perspektiven zum Thema beleuchtet und reflektiert.

Ausgehend von unseren Erfahrungen ist es besonders wichtig, in einer Kommune unterschiedliche Gruppen anzusprechen und zu motivieren, auch aktiv an Veranstaltungen/Workshops teilzunehmen. Diese Motivation und auch die allgemeine Offenheit für Kommunikation mit Personen, die auf den ersten Blick andere Meinungen vertreten, muss von allen Seiten getragen werden. Möchte z.B. eine Gemeinde eine bessere Zusammenarbeit mit privaten Einrichtungen zur Flüchtlingshilfe schaffen, so ist es unabdingbar, eine offene und gleichberechtigte Kommunikation zuzulassen. In Fällen, in denen ein größeres Konfliktpotential gesehen wird, ist es hilfreich, eine externe und vor allem neutrale Moderation einzubinden, die durch den Prozess führt.

Häufig ist schon das schlichte Kennenlernen und das offene Gespräch ein erster Schritt für ein besseres Verständnis. Durch eine verbesserte Kommunikation kann es gelingen, die Beweggründe der anderen Gruppen besser einzuschätzen und gemeinsame Lösungen zu finden.

Damit Veränderungen/Maßnahmen erfolgreich umgesetzt werden können, ist es wichtig, alle Gruppen, die betroffen sind, einzubinden und nicht bestimmte Gruppen auszuklammern. Hierdurch werden eher neue Konflikte ausgelöst. Um eine gute Gesprächsgrundlage zu schaffen, ist es außerdem anzuraten, vorbereitende Gespräche zu führen und sowohl das Thema als auch das Ziel eines Prozesses/Workshops klar zu definieren.

Kapitel 7: Haupt- und ehrenamtliche Arbeit mit Geflüchteten und Neuzugewanderten

Ann Marie Krewer, Maike Michalowski, Julia Tiskens

Nicht nur die Fluchtbewegungen zahlreicher Menschen, die in Europa und vor allem in Deutschland Aufnahme und Schutz such(t)en, erreichte 2015 einen bisherigen Höhepunkt. Parallel dazu stießen auch die vielen Helfenden sowie das Unterstützungssystem selbst an die Grenzen der Belastbarkeit. Zu den Aufgaben gehörte und gehört – in inzwischen abgeschwächter und besser organisierter Form – nach wie vor zunächst die Notversorgung von geflüchteten Personen an den Grenzen und in den Erstaufnahmeeinrichtungen sowie die Organisation und Aufrechterhaltung der Sammelunterkünfte. Über dieses Schaffen erster Ankerplätze hinaus gilt es langfristig, Willkommens- und Kontaktangebote zu schaffen und die Menschen in ihrer verzweifelten Lage auf ihrem Weg in das neue Leben in Deutschland zu begleiten. Diese sehr zeitintensive Arbeit reicht von psychosozialer Unterstützung in Form von Lebensberatung, Trost und Mut zuzusprechen, möglicherweise auch Konflikte schlichten bis hin zur Unterstützung beim Deutschlernen, bei diversen Behördengängen und bei der stapelweisen Bearbeitung von Anträgen sowie weiteren administrativen Aufgaben in diesem Zusammenhang.

Schätzungsweise 19 Prozent der Bevölkerung in Deutschland sind derzeit freiwillig als Unterstützer_innen von Geflüchteten aktiv, darunter ca. 11 Prozent als aktiv Helfende (vgl. BMFSFJ 2017). Demnach investieren ca. 8,8 Mio. Menschen ehrenamtlich Zeit, Fähigkeiten, Kraft und Nerven, um die Integration der hier angekommenen Menschen zu unterstützen.[1] Damit gerät das Hilfesystem selbst, das nicht zuletzt auf der Kooperation von hauptamtlich Beschäftigten und ehren-/nebenamtlichen Helfer_innen basiert, ins Blickfeld. Wie können diejenigen unterstützt werden, die dafür Sorge tragen (sollen), dass die hier angekommenen Menschen mit all ihren Bedarfen an Unterstützung und teils traumatischen Erfahrungen Aufnahme, Schutz, Sicherheit und Perspektiven für sich entwickeln können? Über diese ohnehin schon komplexen Aufgaben hinaus sind die Hauptamtlichen seit 2015 mit zunehmenden Restriktionen in ihrem Tätigkeitsfeld durch die Verschärfungen im Asylrecht und insgesamt immer unübersichtlicheren rechtlichen Rahmenbedingungen konfrontiert, die die Arbeit zusätzlich erschweren. Ehrenamtliche stehen häufig einem immer feindseliger werdenden Umfeld – teilweise bis in die eigene

1 Zu den Hauptamtlichen sind keine konkreten Angaben möglich.

Familie hinein – gegenüber, das ihrer Arbeit mit immer weniger Verständnis begegnet. Auch dies führt zu weiteren Belastungen. Auf die belastenden *Begleiterscheinungen* ihres Engagements sind ehrenamtlich, aber nicht selten auch hauptamtlich Tätige wenig vorbereitet. Viele Fortbildungsmaßnahmen beinhalteten bislang primär die rechtlichen Rahmenbedingungen zu Asylrecht, Anerkennungsverfahren und administrativ erforderliches Wissen. Die psychosoziale Unterstützung der Helfenden selbst stand selten im Fokus.

Vor diesem Hintergrund werden im Folgenden zunächst die Zusammenarbeit von haupt- und ehrenamtlichen Mitarbeitenden in der Arbeit mit Geflüchteten sowie die spezifischen aus der Flucht sich ergebenden Belastungsfaktoren charakterisiert. Aufbauend darauf werden die Grundlagen eines Fortbildungskonzeptes für ehren- und hauptamtlich in der Flüchtlingshilfe Engagierte vorgestellt, das die Stärkung persönlicher Ressourcen der Helfenden fokussiert. Auf einem systemischen Ansatz basierend soll die Fortbildung die Helfenden darin unterstützen, insbesondere unter Belastung in Balance mit den eigenen Ressourcen zu agieren, um so möglichst langfristig die hier angekommenen Menschen in ihren Integrationsprozessen begleiten zu können. Dies soll gleichzeitig stärkend auf die Ressourcen der Geflüchteten ausstrahlen.[2] Abschließend wird kurz auf die pilothafte Umsetzung der Fortbildungsreihe eingegangen und eine erste Bewertung vorgenommen.

7.1 Kooperation von Hauptamtlichen und Ehrenamtlichen in der Arbeit mit Geflüchteten

Um geeignete Mittel und Wege gelingender Integration (Ager/Strang 2004) zur Verfügung zu stellen, sind in erster Linie die Kommunen in Kooperation mit den Trägern der Wohlfahrtspflege sowie die Zivilgesellschaft gefordert (siehe dazu Kapitel 6). Nach einer Umfrage des Berliner Instituts für Demokratische Entwicklung und Soziale Integration DESI benennen knapp 90 Prozent der Verantwortlichen in Kommunen das freiwillige Engagement als wichtigste Ressource für einen gelingenden Integrationsprozess (Koop 2016). Dabei ist das freiwillige Engagement in der Hilfe für Geflüchtete auf eine gute

2 Das Fortbildungskonzept ReKulDH – Ressourcenorientiertes und kultursensibles Denken und Handeln in der Hilfe für Geflüchtete wurde 2015/2016 vom Institut SO.CON auf Anregung und mit finanzieller Unterstützung der Bundeszentrale für gesundheitliche Aufklärung entwickelt und in einer Pilot- sowie einer Anwendungsphase 2017/2018 erprobt. Das Fortbildungskonzept ist mittlerweile als Manual erschienen und steht als pdf-download bei den Online-Materialien zu diesem Buch zur Verfügung: https://www.hs-niederrhein.de/fileadmin/dateien/Institute_und_Kompetenzzentren/SO.CON/Publikationen_und_Downloads/Fortbildungsmanual.pdf

Kooperation mit Hauptamtlichen angewiesen, wobei sich die Kooperationsbeziehungen von sonstigen Feldern ehren- und nebenamtlichen Engagements in Vereinen, Kulturzentren oder Schulen/Kitas unterscheiden. Vor allem bei Ehrenamtlichen entsteht häufig eine enge Bindung zu den Geflüchteten, während die Hauptamtlichen für die formalen Systemanforderungen – und damit eben auch für Restriktionen, Ressourcenzuteilungen und die unangenehmen Entscheidungen – zuständig sind. Schumacher (2018) spricht davon, dass Haupt- und Ehrenamtliche und die Geflüchteten in einem „Beziehungsdreieck“ stünden (siehe dazu Kapitel 9), wobei die Geflüchteten den „Angelpunkt der Interaktion“ ausmachten. Eine Kernfrage sei die „Gestaltung konstruktiver Kooperationsbeziehungen zwischen Haupt- und Ehrenamtlichen des Freiwilligenengagements“ (Schumacher 2018: 2ff.).

Bevor die Frage der gelingenden Kooperation thematisiert wird, geht es um die Frage, welche spezifischen Belastungen eine Flucht mit sich bringt. Dabei stehen die *Dreh- und Angelpunkte der Interaktion* – also die Geflüchteten – im Fokus. Anhand des Capability Approaches (s.u.) können die Erschütterungen, die aus einer Flucht resultieren, veranschaulicht werden. Die Folgen dieser teils traumatischen Erlebnisse lasten auf dem gesamten *Beziehungsdreieck* von Ehrenamtlichen (EA), Hauptamtlichen (HA) und Geflüchteten. Es wird deutlich, dass ressourcenorientierte und resilienzfördernde[3] Interventionen zur langfristigen Stabilität des Hilfesystems erforderlich sind.

7.2 Welche Belastungen bringt eine Flucht mit sich? Eine Betrachtung anhand des Capability Approaches

Der indische Wirtschaftswissenschaftler, Philosoph und Nobelpreisträger Amartya Sen (1993) entwickelte den Capability Approach (CA) – im Deutschen auch als Befähigungs- oder Verwirklichungschancenansatz bezeichnet – seit den 1980er Jahren u.a. als Gegenentwurf zu einem eindimensionalen, rein auf das Einkommen bezogenen Armutsbegriff. Seit den 1990er Jahren erweiterte er ihn gemeinsam mit der US-amerikanischen Sozialphilosophin Martha Nussbaum in Bezug auf die allgemeine Frage nach den Grundbedingungen eines guten Lebens bzw. einer gerechten Gesellschaft (vgl. Volkert 2005). Der Ansatz widmet sich der zentralen Frage, wie ein Mensch notwendige Befähigung erlangen kann, um lebenswichtige Güter zu erhalten, in die Gesellschaft

3 Die Begriffe Resilienz und Ressourcenorientierung werden in Unterkapitel 7.4. eingehend erörtert.

integriert zu sein und selbst gesteckte Ziele erreichen zu können. Wie also können Menschen umfänglich in die Lage versetzt werden, Lebenschancen zu ergreifen und selbstbestimmt (ihre) Lebensqualität zu verbessern?

Sen unterscheidet in seinem Ansatz zunächst grundlegend zwei Kategorien: *Functionings* und *Capabilities*. *Functionings* werden verstanden als Zustände oder Aktivitäten, die die Umfeldbedingungen im Leben eines Menschen ausmachen (Beispiele wären Zugang zu ausreichender Ernährung oder sozialer Teilhabe), während *Capabilities* im Sinne von Verwirklichungschancen die Voraussetzung dafür schaffen, „um [unter den gegebenen Umständen] das Leben führen zu können, das man führen möchte, und um das tun zu können, was man als wertvoll und wichtig erachtet" (Graf 2011: 94).

Eine Gesellschaft muss dafür Sorge tragen, dass Individuen in die Lage versetzt werden, ihre Fähigkeiten – in einem frei und selbstständig gewählten Maß – entwickeln zu können (vgl. Nussbaum 2010: 112ff.). Diese grundlegenden Fähigkeiten sind (offene Liste):

1. *Leben*: Die Fähigkeit, ein menschliches Leben zu leben und nicht frühzeitig sterben zu müssen.
2. *Körperliche Gesundheit*: Die Fähigkeit, gesund zu sein, sich ausreichend zu ernähren und eine Unterkunft zu haben.
3. *Körperliche Integrität*: Die Fähigkeit, sich frei zu bewegen, vor körperlichen Übergriffen jeglicher Art sicher zu sein, Gelegenheit zur selbstbestimmten Auslebung von Sexualität.
4. *Sinne, Vorstellungskraft und Denken*: Die Fähigkeit, alle fünf Sinne zu benutzen und sich seiner intellektuellen Fähigkeiten (Zugang zu Bildung und Religion) zu bedienen sowie die Fähigkeit, angenehme Erfahrungen zu machen und unnötigen Schmerz zu vermeiden.
5. *Gefühle*: Die Fähigkeit, Bindungen zu Dingen und Menschen aufzubauen sowie Liebe, Trauer und Dankbarkeit empfinden zu können.
6. *Praktische Vernunft*: Die Fähigkeit, sich selbst eine Auffassung über das gute Leben zu bilden und die eigene Lebensplanung kritisch zu reflektieren.
7. *Zugehörigkeit:* Die Fähigkeit, sozial interagieren und sich mit anderen identifizieren zu können sowie Achtung anderer Menschen zu erfahren.
8. *Andere Spezies:* Die Fähigkeit, in Beziehung zu Tieren, Pflanzen und zur Welt der Natur zu leben.
9. *Spiel:* Die Fähigkeit, zu spielen, erholsame Tätigkeiten zu genießen und zu lachen.
10. *Kontrolle über die eigene Umwelt:* Die Fähigkeit, ein autonomes Leben zu führen, politisch zu partizipieren und das Recht auf Eigentum zu wahren.

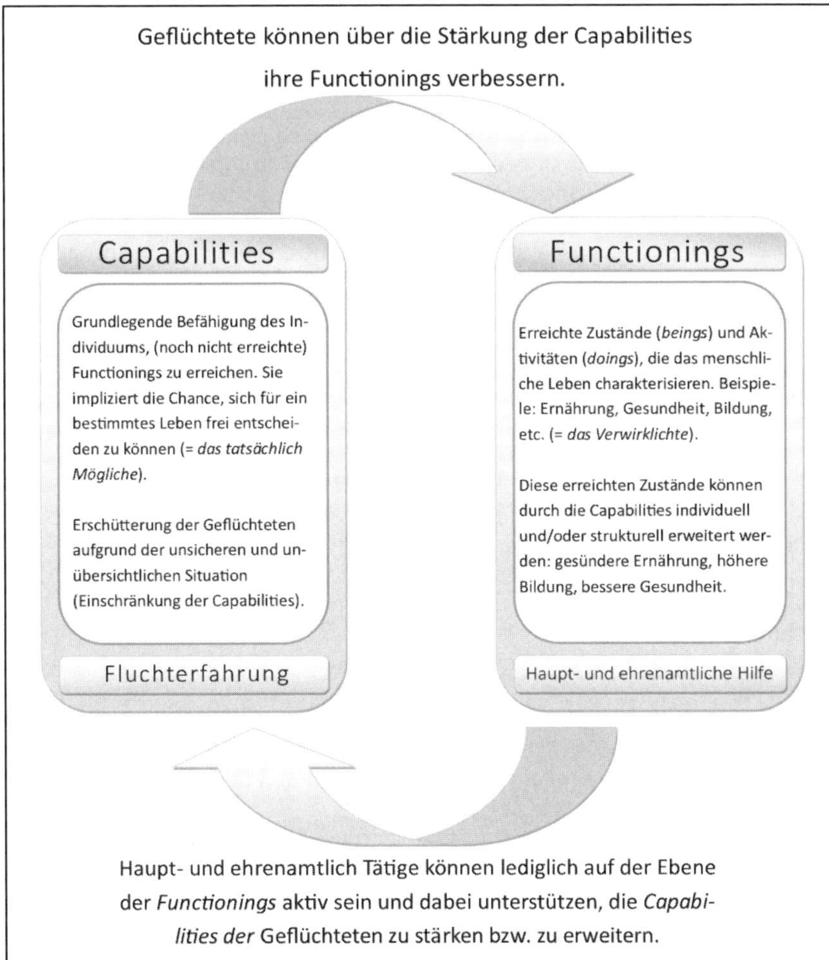

Abb. 7.1: Wechselwirkung von *Capabilities* und *Functionings* in der haupt- und ehrenamtlichen Arbeit mit Geflüchteten (eigene Darstellung).

Betrachtet man die Situation der Geflüchteten mithilfe des Capability Approaches und der hier bezeichneten grundlegenden menschlichen Fähigkeiten, so fällt auf, dass die Befähigungen der Geflüchteten durch ihre Fluchterfahrung massiv eingeschränkt bzw. bedroht werden. Dies beginnt bei dem ersten Aspekt, nicht frühzeitig sterben zu müssen, über körperliche Integrität, die Bindungsfähigkeit, die Möglichkeit, den eigenen Aufenthaltsort zu wählen etc. Es wird deutlich, in welchem Ausmaß die Menschen erschüttert sein können, die nach langen Fluchtwegen hier ankommen und sich einer höchst unsicheren und unübersichtlichen Situation gegenübersehen. Haupt- und Ehrenamtliche sind in diesem Modell u.a. Vertreter_innen und z.T. auch Gestalter_innen der Umfeldbedingungen, der *Functionings*. Ihre Aufgabe ist es, ausreichend Möglichkeiten zur Verfügung zu stellen, damit Geflüchtete in ihrer individuellen Befähigung und ihren Chancen auf ein gutes Leben gestärkt werden können. Dadurch wiederum können im Umkehrschluss Geflüchtete ihre *Functionings* verbessern, sodass ein sich wechselseitig beeinflussender Kreislauf entsteht (vgl. Abb. 7.1).

Hierin zeichnet sich ein Teil des Spannungsverhältnisses ab, in dem sich die Helfenden befinden. Unterstützung und Hilfe bieten zu können, wird als hoch sinnstiftend und motivierend erlebt. Gleichzeitig bergen sowohl die Konfrontation mit der leidvollen Fluchtgeschichte und den möglichen Traumata der Geflüchteten als auch Reibungspunkte aus den Umfeldbedingungen die Gefahr, die eigenen Grenzen der psychischen und gesundheitlichen Belastbarkeit zu übersehen, sekundäre Traumata[4] zu erleiden oder hinter der erhofften Wirkung des eigenen Engagements zurückzubleiben. Dieses Spannungsfeld wird erweitert, wenn das als sinnstiftend erlebte Engagement gesellschaftlich nicht anerkannt, ja durch stärker werdende, bis in die gesellschaftliche Mitte reichende Strömungen Gruppenbezogener Menschenfeindlichkeit gegen Geflüchtete und Muslime abgewertet wird (Zick et al. 2019), sodass Haupt- und Ehrenamtliche sich in Rechtfertigung für ihre Arbeit gedrängt fühlen (siehe Kapitel 3).

Die gemeinsame Arbeit von Haupt- und Ehrenamtlichen birgt in diesem Setting zusätzliches Konfliktpotential, wenn unterschiedliche Herangehensweisen und Motivlagen miteinander konkurrieren und die nötigen Synergieeffekte der Zusammenarbeit ausbleiben. Die Erhebung von Schumacher (2018) hat bestätigt, dass Konflikte in der Kooperation von Haupt- und Ehrenamt, trotz aller sonstigen Herausforderungen, zu den zentralen wahrgenommenen Belastungen gehören. Dabei sind die Konflikte sowohl den strukturellen Rahmenbedingungen bzw. spezifischen Belastungsfaktoren als auch mangelndem Verständnis bzw. mangelnder Anerkennung (z.B. Professionsverständnis im HA vs. politischer Agenda im EA) der jeweils anderen Rolle gegenüber geschuldet (vgl. Schumacher 2018).

4 Das Wissen um die traumatischen Ereignisse und das Mitfühlen mit den Geflüchteten Menschen kann bei Haupt- und Ehrenamtlichen zu sekundären Traumata führen. Figley verwendet den Begriff *compassion fatigue* bzw. Mitgefühlserschöpfung. Sympathie, Mitgefühl und der eigene Antrieb, die Situation der Geflüchteten zu verbessern und die psychischen Belastungen zu lindern, können auf Dauer selbst zu Belastung und Erschöpfung führen. (vgl. Gies 2009: 214f.)

Eine gemeinsame Fortbildung für Haupt- und Ehrenamtliche zur Stärkung der eigenen Ressourcen kann im System-Dreieck Hauptamtliche-Ehrenamtliche-Geflüchtete das hier beschriebene Spannungsfeld aufgreifen:

- Helfende können für die Situation der geflüchteten Menschen u.a. anhand der bedrohten *Capabilities* sensibilisiert werden. Diese sind häufig auch Ansatzpunkte für Unterstützung (Teilhabe an Bildung, Arbeit, psychosozialer Versorgung etc.).
- Helfende können die eigene Situation, mögliche Belastungen aber auch ihre eigenen Stärken und Ressourcen besser erkennen und einschätzen lernen. Dies unterstützt gleichzeitig darin, auch die Geflüchteten stärker im Hinblick auf deren Stärken und Ressourcen zu sehen.
- Die Zusammenarbeit zwischen Haupt- und Ehrenamtlichen kann reflektiert und verbessert werden, um das Potenzial zur gegenseitigen Unterstützung zu fördern.

7.3 Systemisches Denken und Handeln als Grundlage des Fortbildungskonzepts

Systemisches Denken und Handeln ist in erster Linie eine Frage der Haltung, also der Art und Weise, „wie wir uns zu uns selbst und zu unserer Umwelt in Beziehung bringen, wie wir uns mit unserer Außen- und Innenwelt auseinander setzen" (Bergknapp 2016: 5).

Unsere vielschichtige Wirklichkeit mit ihren komplexen Wechselwirkungen können wir nicht objektiv erfassen (vgl. Glasersfeld 1985). Vielmehr wird davon ausgegangen, dass wir unsere Wirklichkeit im Dialog mit anderen erzeugen bzw. sozial konstruieren. Eigenschaften und Handlungsweisen von Menschen werden nicht als statisch betrachtet, sondern als Teil sozialer Systeme (Simon 2017: 5). Die Fluchtgeschichte kann dabei eines von vielen Kontextmerkmalen sein. Dass jeder bzw. jede eine eigene Wirklichkeit hat, ist aus psychologischer Sicht eine Selbstverständlichkeit, wird aber in Kommunikation und bei Handlungsentscheidungen nicht immer miteinbezogen. Gerade wenn die Erfahrungsräume sehr unterschiedlich sind, wie dies im oben skizzierten Beziehungsdreieck in der Arbeit mit Menschen mit Fluchterfahrung der Fall sein kann, macht dies die Sache nicht einfacher; diskrepante Wahrnehmungen, Einschätzungen und ggf. auch Konflikte liegen nahe. Systemisches Denken und Handeln kann zu einem mehr wertschätzenden Umgang miteinander führen, der die Perspektiven und Handlungsweisen der anderen – auch wenn sie ungewohnt erscheinen – als Lösungsversuche versteht.

Wird z.B. die Zusammenarbeit von Haupt- und Ehrenamtlichen als anstrengend empfunden, entwickeln sich zu wenige erwünschte Synergien oder werden andere Probleme wahrgenommen, so führt eine systemische Perspektive, die nach Motiven im Kontext fragt, in ihrer Konsequenz zur Aufgabe linear kausaler Ursachenerklärungen und persönlicher Schuldzuweisungen.

Beispiele von Erfahrungen aus der Praxis

So berichteten Ehrenamtliche in der Fortbildung durchgängig, dass sie das Gefühl hätten, ihre Arbeit würde nicht anerkannt, sie hingen in der Luft, sie seien von Informationsflüssen ausgeschlossen etc. Daran seien die Hauptamtler_innen „schuld", weil diese sich nicht interessierten, die Ehrenamtler_innen ihnen zu viel seien… Die Hauptamtlichen wiederum erlebten die ehrenamtlich Tätigen teilweise als überengagiert, fordernd, aufdringlich und teilweise den – sehr stressigen – Arbeitsalltag störend „weil die eben so sind". Solche Einstellungen und Haltungen neigen dazu, sich sehr schnell zu verfestigen, dauerhafter Ärger entsteht, wichtige Ressourcen, die erforderlich wären, um gemeinsam an einer Verbesserung der gesamten Situation zu arbeiten, sind blockiert.

Durch die systemische Betrachtungsweise wird in einer solchen Situation die Art und Weise relevant, wie durch die Kommunikation Rollen, Erwartungen, Kommunikationswege etc. entstanden sind. An diesen lässt sich viel leichter etwas verändern als an Vorurteilen und statisch gedachten Persönlichkeitsmerkmalen. In einer systemischen Haltung lassen sich Systemzusammenhänge verändern, wenn Menschen „als solche respektiert [werden], die unter geeigneten Bedingungen auch anders [konstruktiver] handeln können. Etwas zu diesen Bedingungen beizusteuern, ist das Kernstück systemischen Arbeitens" (Krewer 2018: 86).

7.4 Ressourcen und Resilienz bewusst machen

Ressourcenorientierung setzt an den Stärken und Kompetenzen der Menschen an. Jeder Mensch ist in der Lage, eigene Bewältigungsstrategien für anstehende Handlungsanforderungen zu entwickeln und dazu seine verfügbaren Ressourcen (Wissen, Können, Netzwerke, finanzielle Mittel, Gesundheit…) zu nutzen. Resilienz bezeichnet die Fähigkeit zu Belastbarkeit und innerer Stärke einer Person. Resilienten Menschen gelingt es, auf wechselnde Lebenssituationen und Anforderungen flexibel und angemessen zu reagieren und auch nach stark belastenden Situationen keine psychologischen Folgeschäden zu entwickeln, sondern an diesen eher zu wachsen (vgl. Stangl 2019).[5]

Systemisches Denken und Handeln eignet sich, Ressourcen und Resilienzen aufzudecken und darüber in Austausch zu gehen.

Um eigene Ressourcen in der Arbeit mit Geflüchteten aufzuspüren eignen sich folgende systemischen Fragen:

1. Wie ist es Ihnen gelungen in Kontakt zu den Geflüchteten zu kommen?
2. Welches Verhalten war brauchbar?
3. Welches Verhalten war unbrauchbar?

Werden solche Fragen im Kontext einer gemeinsamen Fortbildung von HA und EA getrennt beantwortet, können nach der wechselseitigen Vorstellung der Ergebnisse erste Perspektivwechsel zwischen Haupt- und Ehrenamtlichen stattfinden. Beide Gruppen können ausführen, worin sie die Stärken und Vorteile der jeweils anderen Rolle sehen und sich auch über die jeweiligen Schwierigkeiten austauschen. Auch die benötigten Strukturen für ein unterstütztes bzw. unterstützendes Ehrenamt oder die Gefahr, die Grenzen der eigenen Belastbarkeit zu überschreiten, können mit solchen Fragen thematisiert werden.

In einem zweiten Schritt kann der eigene Blick auf die Geflüchteten durch die Ressourcen-Brille erweitert werden. Welche Resilienzen und Ressourcen der Geflüchteten können EA und HA in der Reflektion ihrer Erfahrungen entdecken? Wo können sie trotz oder gerade durch die Fluchterfahrung auch Bewältigungsstrategien und Resilienz erkennen? Das Ziel dabei ist es, für die eigenen Wahrnehmungen bzw. vielleicht auch Vorurteile gegenüber Geflüchteten zu sensibilisieren und die Perspektive zu erweitern. So können mit systemischen Fragen, die an den konkret empfundenen Belastungssituationen orientiert sind, vorhandene, aber im Alltag verschüttete Ressourcen aufgespürt und wieder in das Handlungsrepertoire integriert werden.

5 Durch posttraumatisches Wachstum werden sich Menschen ihrer eigenen Stärke bewusst und entwickeln Beziehungen, die tiefer gehen als vorherige. Auch entwickeln sie mitunter neue Lebensperspektiven und verändern ihre Einstellung zum Leben, messen diesem einen höheren Wert bei oder ziehen Kraft aus einer wachsenden Spiritualität (vgl. Haas 2015: 1).

7.5 Unterschiede zwischen freiwilliger Migration und Flucht thematisieren

Geflüchtete Menschen haben gemeinsame biografische Erfahrungen gemacht, die sich inhaltlich und strukturell von den Erfahrungen freiwillig migrierter Menschen unterscheiden. Die verschiedenen psychologischen Phasen der Flucht-Migration (vgl. Sluzki 2010) besser zu verstehen, unterstützt Helfende ebenfalls darin, die Perspektiven auf die Situation der Geflüchteten zu erweitern, gelingende und scheiternde Interaktionen neu zu bewerten und Kommunikation bzw. Angebotsstrukturen zu verbessern.

Sluzki unterscheidet vier Phasen einer Migration:

- Die Phase der Vorbereitung – die in der Fluchtmigration u.U. sehr kurz aus- oder ganz entfällt und die geprägt ist von Ohnmachtsgefühlen, keine Perspektive im Heimatland mehr zu haben, und den eigentlichen Migrationsakt, der im Falle der Fluchtmigration von erheblicher Unsicherheit, Ausgeliefertsein, teilweise lebensbedrohlichen oder Gewalt-Erfahrungen gekennzeichnet und teilweise auch sehr langwierig ist.
- Die Phase der Ankunft/Überkompensation ist geprägt von Hoffnung auf eine bessere Zukunft, voller Tatendrang und Engagement für das eigene Leben.
- Die Phase der Dekompensation, kritische Anpassung/Krise, ist gekennzeichnet von körperlichen oder psychischen Beschwerden, Hoffnungs- oder Hilflosigkeit, Sorge um die Zurückgebliebenen, Ungewissheit über den rechtlichen Status etc. Hier siedelt Sluzki die Hauptaufgaben der migrierten Menschen an: ihre neue Lebensrealität dauerhaft zu gestalten, dabei Kontinuität bezogen auf die eigene Identität zu wahren und sich gleichzeitig maximal an die neue Umwelt anzupassen.
- In der vierten Phase finden generationsübergreifende Anpassungsprozesse statt, in der die Menschen sich in der neuen Umgebung eingelebt haben und allmählich wieder eine Balance und Stabilität entwickeln können. Hier findet bestenfalls die Synthese zwischen den tradierten Werten, Normen, Ritualen und den neuen kulturellen Gegebenheiten statt.

Helfende nehmen zuweilen wahr, dass Geflüchtete, die zunächst sehr engagiert waren, plötzlich unzuverlässig erscheinen, kein Interesse mehr an den Hilfsangeboten haben, undankbar werden… Da hilft es zu wissen, dass die Menschen sich vielleicht gerade in der Phase der Dekompensation befinden.

Mit einem solchen Wissen kann das Verhalten der Geflüchteten neu bewertet und die eigene Haltung wieder geöffnet werden. Um dies zu klären, können wichtige Fragen sein:

- Welche Angebote/Interaktionen seitens des Helfendensystems sind von den Geflüchteten angenommen, welche eher abgelehnt worden?
- Hatten die Betreffenden mit ihren Perspektiven, Bedarfen und Interessen teil an der Angebotsentwicklung/der Interaktion?

- Ist das von den Helfenden angedachte Thema/die zu lösende Problemstellung aktuell bedeutsam/dringlich oder stehen möglicherweise ganz andere Themen im Fokus?

Kann mithilfe des Wissens um die Spezifika einer Fluchtmigration und obiger Fragen das Verhalten von Geflüchteten neu bewertet werden? Es könnte Ärger, Unverständnis oder auch ein Frustrationserleben reduzieren – was sich wiederum positiv auf das eigene Empfinden der EA oder HA auswirkt und damit die Ressourcen schont.

7.6 Traumatisierungen erkennen und entsprechend handeln können

Eine Flucht kann als traumatisches Ereignis gewertet werden – allerdings ist nicht jede_r Geflüchtete traumatisiert. Dennoch birgt eine Flucht das Risiko einer posttraumatischen Belastungsstörung oder einer schweren Depression, das bei geflüchteten Menschen zehnfach höher als beim Bevölkerungsdurchschnitt liegt (vgl. Zito/Martin 2016: 48). Der Umgang mit traumatisierten Menschen erfordert von den Helfenden eine besondere Sensibilität. Aufbauend auf der Forschungsarbeit von Becker (2014) schlüsseln Jegodga/Luitjens das Traumaerleben in sechs Phasen auf:

1. Vor Beginn des traumatischen Prozesses,
2. Beginn der Unterdrückung und der Verfolgung,
3. Akuter Terror, der zu traumatischen Erfahrungen führt,
4. Chronifizierung des Terrors, in der erneute Bedrohung absehbar wird,
5. Zeit des Übergangs, in der die Bedrohung endet und
6. Zeit nach dem Terror, in welcher keine akute Bedrohung vorhanden ist, der traumatische Prozess jedoch noch andauert (vgl. Jegodtka und Luitjens 2016: 64).

Es zeigt sich, dass eben diese sechste Phase für die Verarbeitung der Erlebnisse und die mögliche Entwicklung oder Vermeidung eines pathologischen Verlaufs entscheidend ist. Dem System der Helfenden kommt somit eine hohe Verantwortung, aber auch die Chance hilfreicher Unterstützungsmöglichkeiten zu (vgl. Jegodtka und Luitjens 2016: 60ff; vgl. Zito und Martin 2016: 49). Für Ehren- und Hauptamtliche ist es dabei notwendig, Symptome einer möglichen Traumatisierung zu erkennen, sich ihrer eigenen Grenzen bewusst zu sein und rechtzeitig therapeutische Hilfe einzubinden.

7.7 Diversity stärken

In der Arbeit mit geflüchteten und zugewanderten Menschen werden häufig interkulturelle Kompetenzen thematisiert, die so verstanden werden, dass Geflüchtete und die Menschen aus dem Aufnahmeland – hier speziell die Helfenden – ein Bewusstsein für die kulturellen Unterschiede der jeweils anderen entwickeln (können). Hierbei werden diese Unterschiede als Faktum gesetzt und die Menschen auf die Kultur reduziert. Aus systemischer Sicht ist „Kultur" jedoch nur eine mögliche Kontextvariable von vielen. Der Begriff „Vielfalt" ermöglicht es, unterschiedlichste Divergenzlinien in den Blick zu nehmen und diese differenziert oder kombiniert zu betrachten – etwa sozioökonomische Ungleichheiten, Kultur, Gender. Die Theorie der diversitätsbewussten Aufmerksamkeit von Rudolf Leiprecht kann hilfreich sein, (kulturelle) Vielfalt anzunehmen und zu gestalten. Eine Auseinandersetzung mit dieser Haltung stärkt darin, Benachteiligung und Ausgrenzung wahrzunehmen und zu reduzieren, Unterschiede mit strukturellen Verhältnissen in Verbindung zu bringen und schließlich das Erleben der Unterschiede als harmlos, lustvoll oder aber als stigmatisierend und benachteiligend zu erkennen (Leiprecht 2011: 25ff.). Daraus folgt:

> Geflüchtete sind nicht nur Geflüchtete, sondern Männer, Frauen oder Divers, verheiratet oder nicht, haben ein Studium oder einen Beruf oder eine Ausbildung, sind vielleicht Mütter oder Väter, essen gerne Eis oder spielen Fußball – genauso wie die Helfenden. Aber sie sind eben auch Frau und geflüchtet, Mann und geflüchtet, oder divers/queer und geflüchtet – und genau die Kombination der verschiedenen Merkmale charakterisiert die konkrete Lebenslage, aus der ein bestimmtes Verhalten resultiert.

Es ist hilfreich, sich dieser Wechselwirkungen bewusst zu sein und darüber hinaus den Blick auf die Gemeinsamkeiten in der Unterschiedlichkeit zu lenken, um – wie Leiprecht (2011) sagt – Unterschiede auch als lustvoll und inspirierend empfinden zu können.

7.8 Netzwerke knüpfen

Wie bereits beschrieben weist die ehren- und hauptamtliche Arbeit mit geflüchteten Menschen eine typische Struktur auf, die sich von anderen Feldern bürgerschaftlichen Engagements unterscheidet. Eine gute Zusammenarbeit ist dabei entscheidend, um das individuelle Hilfesystem in die übergeordnete kommunale Integration einzubinden. Haupt- und Ehrenamtliche bilden dabei das erste Netzwerk. Ein erweitertes Netzwerk verknüpft verschiedene Anlaufpunkte, Behörden, Beratungsstellen und Angebote und erweitert somit den Möglichkeitsraum (die Umfeldbedingungen im Capability Approach) der geflüchteten Menschen. Insofern ist es hilfreich, auch die Frage der schon vorhandenen Netzwerke im Rahmen einer Fortbildung zu thematisieren und dabei auch eventuelle Lücken zu identifizieren. Auch hierbei ist der gemeinsame Austausch von Haupt- und Ehrenamt besonders hilfreich, da aus den verschiedenen Rollen heraus ein größerer Radius gezogen werden kann.

7.9 Erste Lehren aus der Pilotphase der Fortbildungsumsetzung

Auf der Grundlage der oben skizzierten zentralen Bausteine wurde die Fortbildung „ReKulDH – Resilienzförderndes und kultursensibles Denken und Handeln in der Hilfe für Geflüchtete Menschen" 2016 konzipiert und in zwei Durchgängen erprobt. An fünf einzelnen Fortbildungstagen standen folgende Module im Fokus:

1. Resilienz- und Ressourcenorientierung
2. Migration und Flucht
3. Umgang mit Traumata
4. Kommunikation für Vielfalt
5. Netzwerkkompetenzen

Neben kurzen fachlichen Inputs standen vor allem der Austausch sowie die persönliche Reflexion zu den Modulthemen im Vordergrund. Darüber hinaus wurden kollegiale Fallberatungen[6] eingeübt, mit denen die Teilnehmenden sich gegenseitig Rat und Unterstützung in schwierigen Fragen geben konnten.

Für die Beurteilung dieses Ansatzes, eine Fortbildung für die Zielgruppe der haupt- und ehrenamtlich Mitarbeitenden in der Hilfe für Geflüchtete mit einem systemischen Ansatz zu konzipieren, soll auf zwei Aspekte eingegangen werden: die Gruppenzusammensetzung von Haupt- und Ehrenamtlichen sowie die Verknüpfung von Ressourcen- und Resilienzorientierung mit interkultureller Kompetenzentwicklung.

Das Konzept, die Fortbildung an beide Zielgruppen gemeinsam zu adressieren, wurde zunächst von den Trägern, vor allem aber auch von den hauptamtlichen Fachkräften, skeptisch beurteilt. Es stellte sich jedoch im Laufe der

---

6 Bei der kollegialen Fallberatung handelt es sich um eine strukturierte Problemkommentierung, bei der Kolleg_innen Ideen und Einschätzungen sammeln (vgl. Reichel/Rabenstein 2012).

Fortbildung heraus, dass es auf beiden Seiten ein hohes Informationsbedürfnis gab. Dabei hatten die EA eher Informations- und Sachfragen; so waren ihnen z.B. häufig die Hintergründe für bestimmte Entscheidungen nicht klar, woraufhin sie u.U. Gefühle von Frust, Enttäuschung oder Sich-nicht-ernstgenommen-fühlen entwickelten. Demgegenüber waren den HA häufig die Motivationen für das ehrenamtliche Engagement nicht bewusst bzw. die Vorstellungen, die mit diesem Engagement verbunden waren. Beide Seiten agierten auf der Ebene von Vermutungen und Unterstellungen, was in Phasen hoher Belastung zu kräftezehrenden Konflikten führte. In dieser Situation bot die Fortbildung die Möglichkeit, sich – herausgetreten aus dem Alltag – auf Augenhöhe respektvoll zu begegnen. Diese Rückmeldung wurde vor allem von den EA geäußert, die sich sonst eher in einer hierarchisch untergeordneten Kommunikationssituation mit den Hauptamtlichen erlebten.

Die Erfahrungen der Fortbildungsreihe zeigten weiterhin, wie wichtig es ist, eigene Verhaltensmuster im Kontext kultureller Prägungen zu reflektieren sowie unterschiedliche Bedürfnisse wahrzunehmen und zu berücksichtigen. Frust und Ohnmachtsgefühle resultierten offenbar häufig daraus, dass Verhaltensweisen der Geflüchteten nicht richtig eingeordnet werden konnten. Durch die Sensibilisierung für Vielfalt und durch die Wissensvermittlung in Bezug auf die Phasen von Migration und Flucht mit ihren Auswirkungen auf die Betroffenen, konnten die Teilnehmenden darin unterstützt werden, einen Perspektivenwechsel vorzunehmen. Dies schützt vor vorschnellen Urteilen und damit einhergehend häufig auch Verurteilungen. Darüber hinaus erwies es sich als sehr wertvoll, den Blick auf die Geflüchteten zu erweitern und die Teilnehmenden darin zu unterstützen, den Menschen hinter dem Label „Flüchtling“ wahrzunehmen. Dadurch wurde deutlich, dass viele z.B. mit ihren gut gemeinten Hilfsangeboten scheiterten, weil sie nicht die aktuellen und sich dynamisch verändernden Bedarfe derer getroffen hatten, an die die Angebote gerichtet waren. Die Aufforderung, den Menschen fragend zu begegnen – die zentrale Grundlage systemischen Denkens und Handelns – entlastet vom eigenen Druck, sich immer neue Angebote ausdenken zu müssen in der Hoffnung, dass das nächste vielleicht passen wird. In diesem Sinne wurden die Helfenden immer wieder ermutigt, die Perspektive zu wechseln und die geflüchteten Menschen in ihrer Vielfalt zu sehen sowie in deren strukturellen Zwängen, die sich aus ihrer jeweiligen Lebenslage und den institutionalisierten Verfahren der Aufnahmeregelungen ergaben.

Unseres Erachtens liegt die Stärke dieses Ansatzes darin, das Handeln der Menschen immer im Kontext und im Wechselspiel von gegebenen Systemumgebungen zu sehen und so einer vereinfachenden Individualisierung von Problemen und Phänomenen vorzubeugen. Die Unterscheidung von System/Struktur – den *Functionings* im Capability Approach – und dem individuellen Handeln darin, unterstützt die individuellen Ressourcen zu erkennen und gezielter unterstützen zu können, d.h. die *Capabilities* zu fördern. Insofern erscheint es geboten, die Flüchtlingsarbeit stärker am Capability Approach auszurichten und zu differenzieren, wo zunächst Möglichkeitsräume geschaffen werden müssen, damit individuelle Chancen ergriffen werden können, diese Möglichkeiten auch zu nutzen.

→ Das Fortbildungsmanual für Haupt- und ehrenamtliche Mitarbeitende in der Hilfe für Geflüchtete – herausgegeben von der Bundeszentrale für gesundheitliche Aufklärung – steht als pdf-download bei den Online-Materialien zu diesem Buch zur Verfügung.

Kapitel 8: Perspektivwechsel – wie Geflüchtete ihre Arbeitsmarktintegration wahrnehmen

Larissa Närdemann

8.1 Arbeitsmarktintegration von Geflüchteten in Deutschland

Die Integration in den Arbeitsmarkt ist laut einer Befragung des BAMF von rund 2.800 Asylberechtigten der mit Abstand am häufigsten genannte Wunsch für das weitere Leben in Deutschland (vgl. Worbs/Bund 2016: 9). Zudem gilt sie gemeinhin als der zentrale Teil des Integrationsprozesses in diesem Land – einem Land, in dem die Gesellschaft seit dem Ende des 18. Jahrhunderts als Arbeitsgesellschaft verstanden werden kann und in dem die berufliche Stellung maßgeblich Einfluss nimmt auf die personale und soziale Identität eines Individuums (vgl. Heidenreich/Zirra 2012). Gelingt diese sozioökonomische Integration nicht, sind regelmäßig neben finanziellen auch psychosoziale Belastungen die Folge (vgl. Behrensen/Groß 2004: 35ff.). Die Berufstätigkeit hat also auch über die eigentliche Erwerbstätigkeit hinaus eine integrative Wirkung, die die weiteren Entwicklungs- und Integrationsprozesse einer Person in der Gesellschaft maßgeblich beeinflusst.

Dementsprechend ist auch die allgemeine Situation des Arbeitsmarktes zum Zeitpunkt der Einreise für den Integrationserfolg der Geflüchteten zentral, wie Erfahrungen der OECD-Länder nahelegen (vgl. OECD 2017: 7). Unter diesem Aspekt erscheinen die Integrationsaussichten für die neuen Arbeitsuchenden in Deutschland mit der aktuell guten wirtschaftlichen Lage und der hohen Einstellungsbereitschaft der deutschen Unternehmen mehr als erfolgsversprechend (vgl. Bauer/Weber 2017: 1f.).

Dennoch gestaltet sich die Integration der ab 2015 nach Deutschland Geflüchteten in den deutschen Arbeitsmarkt als besondere Herausforderung. Sie bilden eine äußerst heterogene Gruppe, die sich nicht nur hinsichtlich ihrer Herkunft unterscheidet, sondern auch in Bezug auf ihre schulische Bildung und beruflichen Kenntnisse (vgl. Bähr/Beste/Wenzig 2017). Dennoch ist die Erwerbstätigenquote dieser Personengruppe besonders niedrig (vgl. Johansson 2016: 17). Von denjenigen Geflüchteten, die einen Beruf ausüben, ist die Mehrheit im Niedriglohnsektor tätig – nicht selten entgegen ihrer Berufspositionen im Herkunftsland (vgl. SVR 2017: 26). Insbesondere syrische Männer und Frauen waren vor ihrer Flucht selbstständig oder in einer Führungsposition tätig (vgl. Brücker et al. 2016b: 49) und erfahren nun einen starken Einbruch in ihrer beruflichen Laufbahn (vgl. Johansson 2016: 20). Als mögliche Gründe hierfür werden u.a. starre und unübersichtliche Rechtsrahmen und erschwerte Zugangsvoraussetzungen diskutiert (vgl. Knuth 2016: 10). Hinzu kommen komplizierte Wege in den Arbeitsmarkt und mangelnde interkulturelle „Öffnung von Betrieben" (siehe dazu Kapitel 9). Als Wegbereiter der Arbeitsmarktintegration von Menschen mit Fluchterfahrung hat sich hier der Einsatz freiwillig Engagierter als zwingend notwendig herausgestellt (siehe dazu Kapitel 7).

Bei der Mehrheit der vorhandenen Untersuchungen, die dieser Diskrepanz auf den Grund gehen wollten, wurde allerdings nicht die Zielgruppe als solche befragt, sondern mit ihr agierende Akteur_innen interviewt, wie beispielsweise Mitarbeiter_innen des Jobcenters (vgl. Knapp et al. 2017), kommunale Vertreter_innen (vgl. Bretl/Kraft 2008) oder auch Personalverantwortliche in Unternehmen (vgl. Büschel et al. 2018). Eine Ausnahme stellt eine Studie des Sachverständigenrats deutscher Stiftungen für Integration und Migration und der Robert Bosch Stiftung dar (2016), in der 62 Asylsuchende befragt wurden, die jedoch maximal seit zwei Jahren und mit unsicherem Aufenthaltsstatus in Deutschland lebten und somit bislang nur wenige direkte Berührungspunkte mit dem deutschen Arbeitsmarkt aufzuweisen hatten.

Um etwas mehr Licht in die zentrale Perspektive der Geflüchteten selbst zu bringen, wurden im Rahmen einer Masterarbeit an der Hochschule Niederrhein (vgl. Närdemann 2018) sechs syrische Männer im Alter zwischen 20 und 29 Jahren, die in den Jahren 2015/16 nach Deutschland geflüchtet sind, nach ihren Zielsetzungen, Erwartungen und Erfahrungen in Bezug auf den deutschen Arbeitsmarkt befragt. Die Befragten gehören in Herkunft und Alter zu der nach wie vor zugangsstärksten Gruppe von Geflüchteten in Deutschland (vgl. Statistikzahlen von BAMF 2019 in Abb. 8.1).

Im Vergleich zu anderen Flüchtlingsgruppen haben Syrer_innen eine besonders gute Bleibeperspektive und bringen zudem überdurchschnittliche schulische Qualifikationen mit (vgl. Brücker et al. 2016b: 31; 49), woraus wiederum bessere Arbeitsmarktchancen resultieren (vgl. Bundesagentur für Arbeit 2017: 18). Vier der sechs Männer waren zum Zeitpunkt des Interviews bereits als Flüchtling anerkannt, die beiden anderen erhielten die Anerkennung ihres Flüchtlingsstatus wenig später. Die Interviews liefern trotz der überschaubaren Anzahl einen vertieften Blick auf das Thema *Arbeiten in Deutschland* aus der Perspektive der Betroffenen.

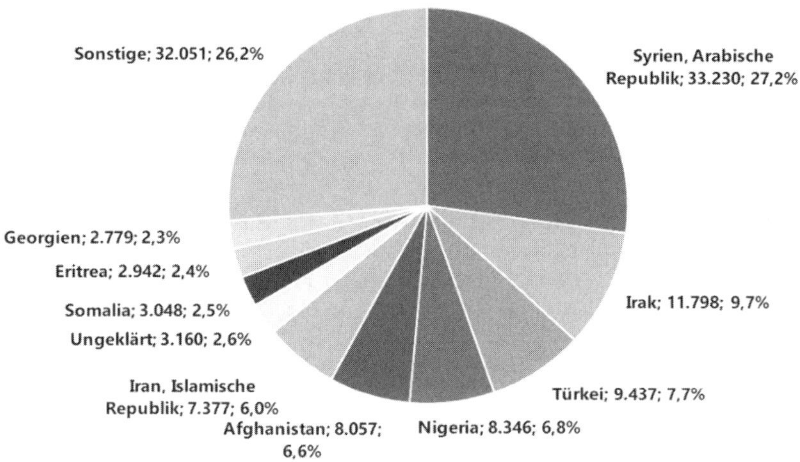

Abb. 8.1: Hauptstaatsangehörigkeiten im Zeitraum Januar – Oktober 2019, Gesamtzahl der Erstanträge: 122.225 (Quelle: BAMF. Aktuelle Zahlen; Ausgabe: Oktober 2019)

Im Folgenden werden Befunde der explorativen Befragungen auf Basis des problemzentrierten Interviews vorgestellt und daraus resultierende Erkenntnisse mit Blick auf arbeitsmarktintegrative Prozesse zusammengefasst.

8.2 Zentrale Handlungs- und Problemfelder aus der Sicht der Geflüchteten

Es konnten vier zentrale Problem- und Handlungsfelder identifiziert werden, die in allen Interviews eine Rolle spielten. Sie betreffen einmal die Herausforderungen des Spracherwerbs (8.2.1), die hohe Relevanz, sich im neuen Land willkommen zu fühlen (8.2.2), das Empfinden eines ständigen Drucks, sich als Vertreter_in einer kulturellen Gruppe stets vorbildlich verhalten zu müssen (8.2.3) und die (negativen) Erfahrungen mit Behörden, Ämtern und arbeitsmarktpolitische Maßnahmen (8.2.4).

8.2.1 Sprache als Integrationsmotor

In Übereinstimmung mit der Einschätzung von Wissenschaft, Politik, Unternehmen und freiwillig Engagierten, ist auch aus Sicht der Geflüchteten das Erlernen der deutschen Sprache ein zentraler Integrationsfaktor und erster wichtiger Schritt zur Eingliederung in den deutschen Arbeitsmarkt (siehe dazu ausführlich Kapitel 5).

Alle sechs Interviewpartner erkennen einen Zusammenhang zwischen Fremdsprachenkompetenzen und Integrationschancen, der bei ihnen eine hohe Lernbereitschaft im Bereich Spracherwerb zur Folge hat, aber auch einen gewissen Zeitdruck auslöst. Die Orientierung in einem fremden Land ohne das Beherrschen der zugehörigen Sprache wird in den Interviews als „richtig schwierig" (Befragter B1) bzw. „sehr, sehr schwer" (B6) und als „anstrengend" (B4; B5) beschrieben, woraus aus Sicht von zwei Interviewpartnern ein Gefühl der Ohnmacht resultiert. Ein Befragter bringt dies so auf den Punkt:

> *„OHNE deutsche Sprache kannst du nicht diese Kultur oder Tradition oder so verstehen. […] Deutsche Sprache Hauptsache, muss man schnell lernen. Schnell."* (B6)

Aus dem Wunsch nach der Überwindung gefühlter und erfahrener Unsicherheiten resultiert bei den befragten Personen eine starke intrinsische und extrinsische Motivation für einen schnellen Fremdsprachenerwerb. Dies zeigt sich auch in der Entscheidung eines Befragten, den Arbeitgeber zu wechseln, da in dem Unternehmen nur Türkisch gesprochen wurde und er aus diesem Grund keine Möglichkeit sah, die deutsche Sprache auch am Arbeitsplatz zu verbessern. Insbesondere für den deutschen Arbeitsmarkt werden gute Sprachkenntnisse als äußerst relevant beschrieben:

> *„Hier in Deutschland zu Arbeiten braucht man viel Begriffe. Auch muss man halt ein bisschen so gut Deutsch sprechen, damit man verstehen was machen soll und so weiter. Und Begriffe auch ist nicht so einfach zu lernen, das kommt mit der Zeit."* (B4)

Aus diesen Wahrnehmungen resultiert der Bedarf nach Unterstützung im Erlernen der deutschen Sprache, der niedrigschwellig bereits im kommunikativen Austausch beginnen kann:

> *„Die beste Tipp, damit man schnell die Sprache lernen kann, muss man mit deutschen Leuten sprechen."* (B6)

8.2.2 Willkommensgefühl in zwei Etappen

Die Schilderungen der Erfahrungen und Erlebnisse der Befragten seit ihrer Ankunft in Deutschland verdeutlichen, dass das bisherige Leben im Aufnahmeland in zwei Phasen wahrgenommen wird, die ein Befragter auch explizit als erste und zweite „Etappe" (B6) bezeichnet. Die erste Phase beschreibt das Leben in der Erstaufnahmeeinrichtung, die zweite das in einer eigenen Wohnung oder in der selbst gewählten Wohngemeinschaft. Die geschilderten Erfahrungen und Eindrücke stellen sich in der ersten Phase als besonders negativ heraus, insbesondere durch lange Wartezeiten und fremdenfeindliche Haltungen seitens der Anwohner_innen in Erstaufnahmeeinrichtungen, während die zweite Phase überwiegend als Erleichterung und zweiter Beginn wahrgenommen zu werden scheint. Dabei stellt sich eine besonders hohe Relevanz an positiven Kontakten heraus. So erklärt eine Person im Interview:

> *„Und bekommen wir Hilfe nur von ein deutsche Person heißt Tim. Er ist Deutscher und er wohnt in <<anonym>> und er war sehr lieb und er hat mit seine Freunde […] gesprochen über uns weil wir wohnen alleine im Wald und dass wir Hilfe brauchen und so und danach kommt zu uns eine Gruppe von 30 Personen […]. Sie kommen zu uns jede Wochenende und sie machen mit uns so Sachen, Veranstaltungen und so, damit wir hier wohl fühlen können."* (B6)

Die starken positiven und nachwirkenden Erinnerungen an helfende Personen heben den Wunsch nach einem freundlichen und hilfsbereiten Umfeld hervor, welcher auch anhand der Faktoren deutlich wird, die für einen Befragten ausschlaggebend für die Wahl des neuen Wohnortes waren:

> *„Die Leute ist wichtig sehr nett sind und haben keine Angst vor Kopftuch. […] Deswegen komm ich."* (B3)

8.2.3 Innerer und äußerer Druck durch mediale Darstellungen

> *„Die Medien jetzt und die politische Situation in Deutschland macht mir sehr Stress, macht viel Stress auf mich, weil wenn ich etwas mit Flüchtlinge zu tun, falsch ist, redet überall. In Radio, Zeitung, facebook, Medien, TV, überall. Das hat etwas schlecht gemacht. Wenn zum Beispiel ein Deutscher das macht, es ist nicht so eine große Propaganda."* (B5)

Dieses Zitat eines Interviewpartners verdeutlicht die Wahrnehmung der medialen Berichterstattungsmuster mit einem Fokus auf kriminelle Handlungen von geflüchteten Menschen. Diese (neue) thematische Ausrichtung in den öffentlichen Medien wurde bereits in Studien und Analysen bestätigt (vgl. u.a. Hemmelmann/Wegner 2016).

Das dadurch ausgelöste Gefühl wird von einem Befragten regelmäßig als „Druck“ (B5) beschrieben, welcher durch den Wunsch ausgelöst wird, zu einer Verbesserung des öffentlichen Bildes von Syrer_innen beizutragen. So antwortet er auf die Frage, woher er die Motivation nehme, die zuvor von ihm beschriebenen Herausforderungen der Arbeitsmarktintegration zu bewältigen:

> *„Erstmal unsere Ziel, zweite Mal: Wenn wir weiter machen wir können zum Beispiel eine andere Bild von Syrer zeigen. Ich sage das für alle Freunde von mir. Wenn du zum Beispiel gut in Arbeit integriert, wenn du zum Beispiel gut in Studium, zum Beispiel du in Ausbildung, du die Sprache lernen und dann etwas machen in Abitur, irgendwo. Wenn wir uns helfen, können wir zum Beispiel später ein anderes Bild zeigen. Was ist die Syrer. Aber die Medien erlaubt uns nicht, leider.“* (B5)

Hier besteht, ebenso wie beim Fremdsprachenerwerb, ein sich gegenseitig bedingender intrinsischer und extrinsischer Motivationsantrieb. Dieser lässt sich auch bei einem anderen Interviewpartner beobachten, der auf Grundlage der medialen Darstellungsformen des Islam äußert:

> *„Ich bin nicht richtiger Muslime aber ich versuche was auch Gutes zu zeigen, damit die denken, die Deutschen oder die Christen oder was weiß ich, die sagen: ‚Ach, das ist Muslime, das ist sehr gut.‘“* (B2)

8.2.4 Kritik an Behörden, Ämtern und Maßnahmen

Die Schilderungen negativer Erfahrungen im Zusammenhang mit Ämtern und Behörden sowie mit auferlegten Maßnahmen zur Sprachförderung und Berufseingliederung bilden einen weiteren, deutlichen Schwerpunkt in den Berichten. Dabei spielen kommunikative Aspekte eine übergeordnete Rolle: neben sprachlichen Hürden durch eine schwer verständliche Amtssprache und durch mangelnde Übersetzungsmöglichkeiten gehören dazu insbesondere auch Haltung und Verhalten von Mitarbeiter_innen. So nennt einer der Befragten im Laufe des Interviews fünf verschiedene Fälle, in denen er sich unfair und herablassend behandelt fühlte. Benachteiligung und Herabwürdigung von Geflüchteten in Behörden stellen keine Einzelfälle dar und werden auch von Fachkräften der sozialen Arbeit mit Geflüchteten als zweithäufigstes Diskriminierungsfeld benannt (siehe dazu ausführlich Kapitel 4). Bei der Frage nach konkreten Verbesserungsvorschlägen für den deutschen Arbeitsmarkt äußert ein Interviewpartner den Wunsch nach freundlicheren Mitarbeitenden in Ämtern und Behörden, die sich zudem mehr Zeit für die einzelnen Kund_innen nehmen.

Eine weitere Kritik wird in den Interviews an den integrationsvorbereitenden Maßnahmen geübt, zu denen sowohl Sprachkursangebote als auch Unterstützungsprogramme zur beruflichen Eingliederung gezählt werden. So kritisiert eine Person den von ihm besuchten „Maßnahmekurs" (B6) des Jobcenters, indem er explizit darauf zu sprechen kommt:

> *„Aber hier ich möchte das sprechen über einen Punkt das ist sehr wichtig."* (B6)

Er habe dort „gar nichts gelernt" (B6) und sieht die dort investierte Zeit als verloren an. Auch zwei weitere Interviewpartner sprechen von verlorener Zeit beim Besuch ähnlicher Angebote. Als Argumente beschreiben alle drei, die inhaltliche Ausrichtung passe nicht zum beruflichen Hintergrund der Kursteilnehmer_innen:

> *„Das hilft mich nicht, das ist nur einfach Zeit verloren."* (B1)

Ein Befragter kritisiert, er musste in seinem Kurs einfache Mathematikaufgaben lösen, wodurch er sich als studierte, erwachsene Person nicht ernst genommen fühlte. Dieser Eindruck wird verstärkt durch Kursinhalte, die als nicht zielführend eingestuft werden:

> *„Du schickst mich zu einem Kurs wo man so Zwei plus Fünf lernen. Und sie haben uns wie man kochen in Deutschland und so. Das macht kein Sinn. Das interessiert mich nicht. Ich möchte nur erste Schritt die deutsche Sprache lernen, meine Zukunft hier bilden und dann weiter studieren, ne?"* (B6)

Ein weiterer Interviewpartner geht ebenfalls auf die kursinternen Aktivitäten ein, hinter denen er für sich wenig Sinn und Potenzial zur Förderung seiner Sprachkenntnisse sieht:

> *„Und auch die Aktivität ist nicht sehr sinnvoll. Die Aktivität ist ein bisschen Zeit verloren. [...] Es gibt Sprachcafé, wir singen und so. Singen, spielen einfach ein bisschen Spiele."* (B3)

Die hier aufgeführten Zitate verdeutlichen, dass die Gestaltung der Bildungsangebote an den Bedarfen der befragten Personen vorbeigeht und die Sinnhaftigkeit der Inhalte und lerntheoretischen Ansätze angezweifelt werden. Insbesondere die letzten beiden Aussagen zeigen, dass die didaktische Herangehensweise des spielerischen Lernens nicht als solche wahrgenommen wird und in ihr kein Nutzen für das Erreichen konkreter Lernziele gesehen wird. Hier ist interkulturelle Sensibilität des Lehrpersonals gefordert, um alle Kursteilnehmer_innen für das spielerische Lernen motivieren zu können. An solcher mangelte es womöglich auch der Leiterin einer Bildungseinrichtung, die einen der Interviewpartner während des Kurses fragte, ob es Chips auch in seinem Herkunftsland gäbe:

> *„Sie dachte, dass ich wohne in einem Zelt in Wüste und ich trage Kamel."* (B6)

Er fühlt sich durch diese Haltung von der Leitung nicht respektiert und kritisiert ihre mangelnden Kenntnisse über sein Herkunftsland. Konkretes Wissen über andere Länder zu erlangen, das nicht von unsachlichen, essenzialisierenden Urteilen und stereotypen Vorstellungen beeinflusst wird, ist ein zentraler Bestandteil interkulturellen Handelns und sollte demnach alle Menschen in Deutschland erreichen (vgl. u.a. Straub/Weidemann/Weidemann 2007). Dies wird von manchen Interviewten explizit als Wunsch geäußert.
Laut der Aussage einer befragten Person, teilen die Kritik an integrationsvorbereitenden Maßnahmen alle Menschen mit Fluchterfahrung, die er kennt. Sie sagten sich gegenseitig den ironischen Satz:

> *„Wenn Jobcenter möchte eine Person [...] bestrafen. Schickt mich zu eine Maßnahme-Kurs."* (B6)

8.3 Fazit: Konsequenzen für die Arbeitsmarktintegration

Durch die Interviews wurde der Wunsch nach Unterstützung bei der Arbeitsmarktintegration seitens der Geflüchteten besonders deutlich. Diese bewegt sich insbesondere in dem Handlungsfeld des Fremdsprachenerwerbs, welches von vielen Freiwilligen und Initiativen bereits als solches erkannt und von der Robert Bosch Expertenkommission zur Neuausrichtung der Flüchtlingspolitik als dringender Bereiche zur Reformierung benannt wurde (vgl. RBSG 2016). Auch die befragten Personen wünschen sich eine Verbesserung dieser und anderer integrationsfördernder Angebote, da sie nicht als passgenau wahrgenommen werden und deren Sinnhaftigkeit somit deutlich in Frage gestellt wird. Insgesamt lastet auf den Geflüchteten unter anderem der Druck, sich schnell und erfolgreich zu integrieren und gleichzeitig gegen abwertende Haltungen aus dem öffentlichen und privaten Umfeld zu positionieren.

Die damit verbundenen Gefühle und inhärenten Belastungen finden bislang wenig Beachtung, obwohl sie die Integrationsbereitschaft und -kraft der Geflüchteten maßgeblich beeinflussen. Ein hoher Bedarf besteht somit laut Aussage der befragten Personen in der Wertschätzung und Anerkennung ihrer Leistungen und Persönlichkeit, bei der das Herkunftsland keine Rolle mehr spielen sollte.

Die hier genannten Themen sind zentrale Aspekte, die die befragten Personen derzeit oder in der Vergangenheit in besonderer Weise beschäftigt haben oder beschäftigen und somit einen stärkeren Fokus im Bereich der Integrationsarbeit erhalten sollten. Bei der Suche nach einer Antwort auf die Frage, warum Arbeitsmarktintegration trotz des Fachkräftemangels und der fachlichen Kenntnisse vieler Geflüchteter nur schwerlich gelingt, liefern ebenjene

Themen, mit denen sich die befragten Personen befassen, zentrale Anhaltspunkte. In der Migrationsstudie der Bundesagentur für Arbeit und des Bundesinstituts für Berufsbildung (BIBB) wurde deutlich, dass es zur gelungenen Arbeitsmarktintegration neben Bildungsressourcen insbesondere auch Zeit und Geduld bedarf (vgl. Esser/Granato/Neises 2017: 123). Wenn die zeitliche Komponente durch andere belastende Bereiche beeinträchtigt wird, ist dementsprechend auch die konzentrierte Arbeitsplatzsuche eingeschränkt. Überspitzt formuliert: Die Suche nach Arbeit ist für alle Betroffenen ein schwieriger und belastender Weg. Je mehr zusätzliche, belastende Faktoren hinzukommen, desto schwieriger gestaltet sich die erfolgreiche Erwerbspartizipation (vgl. Matthes et al. 2018: 5f.). Unter diesem Gesichtspunkt gehören die von geflüchteten Menschen benannten Handlungs- und Problemfelder auch in das Blickfeld der Arbeitsmarktintegration.

Aus den geführten Interviews sowie weiteren Studien und Praxiserfahrungen, die die Sicht von Geflüchteten mit einbeziehen, lassen sich folgende Empfehlungen für die Integrationsarbeit ableiten:

(1) Sich trauen

Bevor diskutiert wird, *wie* geholfen werden kann ist es zunächst zentral, *dass* überhaupt geholfen wird. Dem deutlich geäußerten Wunsch, die Arbeitsmarktintegration nicht alleine bewältigen zu müssen, kann zunächst mit einer einfachen Handlung nachgekommen werden: auf die Geflüchteten zugehen und Unterstützung anbieten.

(2) Sich informieren

Ein wichtiger Aspekt von Wertschätzung und interkultureller Kompetenz stellt kognitives, kulturspezifisches Wissen dar, das zunächst über seriöse Literatur- und Internetquellen eingeholt werden kann. Die recherchierten Fakten sind allerdings keine unumstößliche Tatsache, sondern werden durch den individuellen Kontakt entsprechend neu eingeordnet.

(3) Sich kennenlernen

Zum gemeinsamen Austausch auf Augenhöhe gehört ein vorbehaltloses Kennenlernen sowie interessiertes Nachfragen. Die Reflektion der eigenen Haltung und die Auseinandersetzung mit eigenen Erwartungen, Ansprüchen und Vorurteilen ist dabei ebenfalls von zentraler Bedeutung. So ergeben sich aus persönlichen Begegnungen für die Geflüchteten wichtige positive Erfahrungen und Emotionen, wie Wohlfühlen, Zuspruch und Hoffnung.

(4) Sich austauschen

Ein weiterer Bedarf der Geflüchteten ist der Erhalt gesicherter Informationen, die über den Erfahrungsaustausch mit anderen Geflüchteten hinausgehen. Wenn offene Fragen nicht beantwortet werden können, hilft die Vermittlung zu Beratungsstellen und bei Bedarf auch der gemeinsame Besuch einer solchen.

(5) Sich überflüssig machen

Eine fortschreitende Autonomie und Selbstbestimmung der Geflüchteten sollte das Ziel der Hilfsangebote sein. Geflüchtete werden dadurch zur selbstorganisierten Interessenvertretung animiert und auf diese Weise bei der Partizipation am Integrations-Diskurs unterstützt. Dazu gehört es auch, loslassen zu können und das Erreichen dieses Ziels als positive Bestätigung für das eigene Handeln wahrzunehmen.

> *„Gebt uns Chance. Gebt uns die Chance. Wir brauchen Zeit um die, erstmal die Sprache zu lernen und die Situation hier zu verstehen. Wie kann man zum Beispiel eigene Laden öffnen, wie kann man zum Beispiel eine Arbeitsstelle suchen, wie kann man irgendwas machen? Wir brauchen diese Zeit. Einfach gebt uns Zeit.“* (B5)

Kapitel 9: Die Integration von Geflüchteten in Betriebe

Ariane Schulz und Beate Küpper

Eine der großen Herausforderungen angesichts der Flüchtlingszuwanderung nach Deutschland ist die Integration in Arbeit (vgl. Kober/Meyer 2016: 6f.). Sie gilt als der wichtigste Indikator einer gelungenen Integration mit hoher Bedeutung für die Aufnahmegesellschaft wie für die Geflüchteten selbst (siehe dazu Kapitel 8). Doch die Realität zeigt, dass Geflüchtete beim Zugang zum Arbeitsmarkt mit besonders hohen Hürden zu kämpfen haben. Im Februar 2019 – also rund dreieinhalb Jahre nach Beginn der verstärkten Fluchtbewegung nach Deutschland – hatten ein knappes Drittel der Personen aus den acht wichtigsten Asylherkunftsländern (darunter Syrien und Afghanistan) (siehe Kapitel 1) eine Arbeit gefunden, Tendenz steigend. Dies ist zweifelsohne ein großer Erfolg, geleistet von den Ankommenden wie von den Aufnehmenden. Nichtsdestotrotz finden Geflüchtete bislang vor allem Beschäftigung in Branchen, die im Helferbereich (z.B. Gebäudereinigung, Gastronomie) angesiedelt und von hoher Fluktuation geprägt sind (vgl. Kiziak/Sixtus/Klingholz 2019: 6). Beschäftigungsformen wie z.B. Leiharbeit gelten als Sprungbrett in den Arbeitsmarkt, sind jedoch nicht von nennenswerter Nachhaltigkeit. Daher ist noch unklar, wie viele der derzeit beschäftigten Geflüchteten es tatsächlich in den ersten Arbeitsmarkt, sprich in ein Beschäftigungsverhältnis ohne Maßnahmen der aktiven Arbeitsmarktpolitik (z.B. Einstiegsqualifizierung, Praktikum etc.), schaffen werden.

Laut Ergebnissen aus Experteninterviews mit Personalverantwortlichen zum Thema betriebliche Integration sind fehlende Sprachkenntnisse (siehe dazu mehr in Kapitel 5) das größte Hindernis für eine erfolgreiche Integration in den Arbeitsmarkt (vgl. Büschel/Hensel/Daumann et al. 2018: 31). Aus Sicht der Betriebe sind darüber hinaus mangelnde Fachkenntnisse bzw. nicht vorhandene Qualifikationsnachweise weitere hemmende Faktoren für eine Beschäftigung. Hierdurch ist die Einschätzung informell erworbener Fertig- und Fähigkeiten bzw. formeller Berufsqualifikationen deutlich erschwert. (ebd.: 32; Gürtzgen/Kubis/Rebien 2017: 4).

Überdies scheinen auch gewisse Unsicherheiten auf Seiten der Betriebe zu herrschen, wie sie mit tatsächlicher oder vermuteter „kultureller Fremdheit und Verschiedenheit" umgehen sollen – ein weiterer Grund für ihre Zurückhaltung bei der Einstellung von Geflüchteten. Dies spiegelt sich beispielsweise auch in der ungeschminkt formulierten Besorgnis eines Arbeitgebers wider, geäußert bei einer vom SO.CON Institut durchgeführten Schulung: „Und was ist, wenn der dann immer beten will und seinen Teppich bei uns ausrollt?“ Personalverantwortliche gehen mit diesen und ähnlichen Fragestellungen je nach Betriebskultur unterschiedlich um. Es existiert jedoch nahezu einstimmig die Haltung, dass sich Geflüchtete an die hiesige Arbeitskultur anzupassen haben (vgl. Büschel/Hensel/Daumann et.al. 2018: 26). Bemerkenswert ist diese Unsicherheit trotz der vielfältigen, oft guten und langjährigen Erfahrungen mit migrantischen Mitarbeiter_innen, an die hier erstaunlich wenig erinnert wird, so unsere Erfahrung.

Zur Überwindung vorhandener Vorbehalte ist die Begegnung zwischen Arbeitgeber_innen und Geflüchteten erfahrungsgemäß unverzichtbar. Diese ist aber kein Selbstläufer, sondern bedarf der engen, persönlichen, vertrauensvollen und oft auch zeitintensiven Beratung und Begleitung durch eine vermittelnde Stelle, um erfolgreich tatsächlich in eine Beschäftigung welcher Art auch immer zu münden. Arbeitsagenturen und Jobcenter können dies oft nicht leisten. Die nachfolgend dargestellten Wege in den Betrieb wurden im Rahmen des IQ Projektes „Kulturelle Vielfalt in Betrieben“[1] mehrfach in der Praxis erprobt. Für Beratungsfachkräfte, die an der Schnittstelle zwischen Geflüchteten und Betrieben tätig sind, können diese Impulse für die Praxis sein.

Im nachfolgenden Kapitel 10 werden einige konkrete Instrumente zur Gestaltung personeller Vielfalt vorgestellt, die größtenteils im Rahmen des Projektes entwickelt und erprobt wurden. Sie können bei der Integration von Geflüchteten, aber auch generell von migrantischen wie nicht-migrantischen Neuankommenden in Betrieben, Institutionen wie etwa Sozial- und Pflegeeinrichtungen genutzt werden. Vieles von dem, was wir in dem Projekt beobachtet und erlebt haben, und aus dieser Erfahrung heraus empfehlen, wird ähnlich auch von anderen Projekten und Projektträgern berichtet. Wir haben v.a. Empfehlungen der Initiative Neue Qualität der Arbeit zusammengefasst in den „INQA-Praxistipps zur interkulturellen Zusammenarbeit im Betrieb“ (In Arbeit 2017) sowie Empfehlungen zur Arbeitsmarktintegration von Flüchtlingen von Aumüller (2016) im Auftrag der Bertelsmann Stiftung in die folgenden Ausführungen integriert.

1 Das Projekt (2013-2014; 2015-2018) wurde durch das Institut SO.CON der Hochschule Niederrhein durchgeführt und als Teil des IQ-Netzwerks NRW im Bundesprogramm „Integration durch Qualifizierung (IQ)“ gefördert; Fördermittelgeber ist das Bundesministerium für Arbeit und Soziales in Kooperation mit der Bundesagentur für Arbeit und dem Bundesministerium für Bildung und Forschung. Nähere Informationen zum Projekt unter: https://www.hs-niederrhein.de/socon/

9.1 Wege in den Betrieb

„Wie und wo kann ich einen Geflüchteten kennenlernen?“ Mit diesen und ähnlichen Fragen beschäftigen sich seit Anfang 2016 Personalverantwortliche von kleinen und mittleren Unternehmen. Oftmals scheitert die Absicht, geflüchtete Personen als potentielle Mitarbeiter_innen kennenzulernen, bereits an fehlenden Begegnungsmöglichkeiten. Entsprechend gering ist auch das Wissen über den jeweils „Anderen“. Im Rahmen des Projektes „Kulturelle Vielfalt in Betrieben“ fand ein Austausch mit Arbeitgeber_innen statt, in dem deutlich wurde, dass wenig bis keinerlei echtes Wissen über die (sehr unterschiedlichen) Neuangekommenen vorlag, sondern wenn überhaupt, nur ein eher verallgemeinerndes, stereotypes Bild über „den Flüchtling“ vorherrschte. Umgekehrt fehlte es Geflüchteten häufig selbst an rudimentären Kenntnissen über den deutschen Arbeitsmarkt, auch ganz allgemein über das „Arbeiten in Deutschland“ gab es Informationsbedarf. Insofern sind niederschwellige Kontaktveranstaltungen gekoppelt mit der Weitergabe von Informationen und Unterstützungsangeboten für Arbeitgeber_innen wie für arbeitssuchende Personen mit Fluchthintergrund ein erster Schritt zu einer möglichen Beschäftigung. Das Kontakt auch dem Abbau gegenseitiger Vorurteile – positiven wie negativen – zuträglich ist und zu mehr realitätsbasierten Einschätzungen verhilft, ist aus der Kontaktforschung hinlänglich bekannt (eine kurze Übersicht mit Blick auf Geflüchtete u.a. bei Wagner 2017; siehe zu Vorurteilen auch Kapitel 3)

9.1.1 Kontaktveranstaltungen

Begegnungsmöglichkeiten wie Kontakt- und Informationsveranstaltungen dienen dem Zweck des gegenseitigen Kennenlernens und zur Annäherung an die jeweils „Anderen“. Durch das Aufeinandertreffen können erste Hemmungen bei der Kontaktaufnahme abgebaut und nützliche Netzwerke hergestellt werden. Bei der Organisation einer solchen Veranstaltung sollten folgende Aspekte bedacht werden:

Wie werden Teilnehmende und Unternehmen akquiriert?

Für den dauerhaften Aufbau eines regionalen Netzwerkes ist es hilfreich sich an Wohlfahrtsverbände, Willkommenslotsen der IHK, Jobcenter/Bundesarbeitsagentur für Arbeit, Bildungseinrichtungen wie Sprach- und Hochschulen,

Migrantenorganisationen, Presse etc. zu wenden. Für die Akquise von Geflüchteten sind ehrenamtlich tätige Bürger_innen enorm wichtig (ausführlich dazu Kapitel 7). Sie sind oftmals über Wohlfahrtsverbände und über Initiativen der Flüchtlingshilfe organisiert. Dort betreuen sie häufig über Jahre hinweg Geflüchtete in allen Lebenssituationen, u.a. auch im Bereich der Arbeitsmarktintegration. Sie kennen die Biographien der Flüchtlinge sehr gut und können deren berufliche Kompetenzen und Ziele gut einschätzen. Erfahrungsgemäß ist die Akquise bei Bekanntwerden einer Kontaktveranstaltung über Ehrenamtliche/Wohlfahrtsverbände ein Selbstläufer. Geflüchtete stehen über soziale Medien im engen Kontakt miteinander, so dass die Information über Mundpropaganda schnell verbreitet ist. Auch bei der Gewinnung von Unternehmen wirken Freiwillige sehr unterstützend. Sie verfügen oftmals über ein großes Netzwerk, bestehend aus aktuellen oder ehemaligen Arbeitgebern und können darüber Informationen streuen. Bei der Gewinnung von Unternehmen sollten die Willkommenslotsen der regional organisierten Industrie und Handelskammern (IHK) unbedingt miteinbezogen werden. Sie haben den direkten Kontakt zu ihren Mitgliedsbetrieben und wissen, wo es konkrete Bedarfe gibt.

In welchem Rahmen kann eine Kontaktveranstaltung stattfinden?

Bei der Suche nach einer passenden Räumlichkeit hat es sich bewährt, öffentliche Einrichtungen zu bevorzugen. Ein thematisch interessantes Rahmenprogramm mit bekannten Referent_innen kann darüber hinaus das Interesse an einer solchen Veranstaltung auf Seiten der Arbeitergeber_innen steigern. Hierbei ist es nichtsdestotrotz sinnvoll, gleichermaßen Arbeitgeber_innen als auch die potentiellen Arbeitnehmer_innen anzusprechen. Neben Vorträgen von Fachleuten können Infostände Impulse für Austausch zu Themen wie z.B. Anerkennung von im Ausland erworbenen Abschlüssen bieten. Das Angebot im Rahmen der Veranstaltung, kostenlose, professionelle Bewerbungsfotos erstellen zu lassen und ggf. auch eine kurze Beratung bei der Erstellung eines Lebenslaufs anzubieten (dann z.B. gespeichert auf einem als Gimmick verteilten USB-Stick mit weiteren Informationsmaterialien), wird nach unserer Erfahrung gern angenommen und kann ein erster konkreter Schritt zu einem Arbeitsplatz sein.

In Anlehnung an die Idee einer klassischen Jobmesse stellen Personalverantwortliche ihr Unternehmen an Informationsständen vor. Für eine weniger starre Atmosphäre hat sich die Verwendung von Stehtischen bewährt. Hierdurch können sich Gesprächspartner auf Augenhöhe begegnen. Bei sprachlichen und/oder soziokulturellen Verständigungsschwierigkeiten hat es sich bewährt, Sprach- und Integrationsmittler[2] zur möglichen Unterstützung mit einzuladen.

Die Organisator_innen der Veranstaltung befinden sich in der Rolle der Vermittler und können ein möglichst gezieltes Matching fördern. Dies setzt allerdings voraus, dass sie sowohl das Portfolio der Unternehmen als auch die Geflüchteten mit ihren jeweiligen Biographien möglichst gut kennen. Was im Umkehrschluss bedeutet, solche Kontaktveranstaltungen je nach Personalschlüssel eher als kleinere, überschaubare Veranstaltungen mit etwa 10 Betrieben und 50 Geflüchteten zu konzipieren. Erfahrungsgemäß sind Kontaktveranstaltungen am Nachmittag ab etwa 16 Uhr für eine Dauer von etwa zwei bis zweieinhalb Stunden für alle Beteiligten gut realisierbar.

Was passiert im Anschluss an eine solche Veranstaltung?

Unserer Erfahrung nach ist der Beratungsbedarf auf Seiten der Betriebe im Prozess der Arbeitsmarktintegration und auch nach solchen Erstveranstaltungen hoch. Daher bietet es sich an, zum Ende der Veranstaltung über den gezielten Einsatz von Evaluationsbögen, erfolgte Matchings sowie die konkreten Beratungsbedarfe auszuloten. Die zeitnahe Kontaktaufnahme zu und Nachhaken bei möglichen interessierten Arbeitergeber_innen und Arbeitssuchenden bzw. entsprechenden Ansprechpartner_innen ist sinnvoll. Auch der Kontakt zu ehrenamtlich tätigen Bürger_innen sollte mittelfristig aufrechterhalten bleiben. Dies erfordert Kontinuität und Freude an Beziehungsarbeit. Andernfalls verlaufen die Hilfsangebote buchstäblich im Sand.

9.1.2 Betriebsbesichtigungen/Erkundungen

Eine weitere bewährte Maßnahme zur Unterstützung der Arbeitsmarktintegration ist die Durchführung einer Betriebsbesichtigung/Erkundung. Diese kann beispielsweise im Nachgang an eine Kontaktveranstaltung erfolgen. Sie dient dem Zweck die Betriebsfunktionen (Produktion, Lagerung o.ä.) samt den Abläufen, die Mitarbeitenden und die Räumlichkeiten kennenzulernen. Darüber hinaus ist es eine weitere Chance, Begegnungen zwischen Geflüchteten und

---

2 Sprach- und Integrationsmittler durchlaufen eine 18-monatige Vollzeitqualifizierung. Sie verbessern mit kulturellem Verständnis, Fach-, Sprach- und Sozialkompetenz die strukturelle Versorgung von Mitgrant_innen. Einsatzbereiche sind vorrangig Sozial,- Gesundheits- und Bildungswesen (vgl. www.sprachundintegrationsmittler.org [Zugriff: 10.02.2020]).

Personalverantwortlichen zu initiieren und Berührungsängste abzubauen. Menschen mit Fluchthintergrund können sich auf ganz praktische Weise beruflich orientieren. Genauso haben Arbeitgeber die Möglichkeit, Menschen anderer Herkunftsländer unabhängig von ihrer „deutschen Biographie" kennenzulernen und sie als potenzielle Mitarbeiter_innen wahrzunehmen. Für Unternehmen ist dieses Format ein interessantes Rekrutierungsinstrument, welches mit wenig Aufwand durchgeführt werden kann. Es handelt sich also um eine Win-win-Situation für beide Personenkreise. In der Vorbereitung zur Durchführung einer Betriebsbesichtigung sollten folgende Aspekte bedacht werden:

Welcher Betrieb eignet sich für die Durchführung einer Betriebsbesichtigung und was geschieht in der Vorbereitungsphase?

Idealerweise hat der/die Ansprechpartner_in eines Betriebes bereits im Vorfeld Interesse an einer Zusammenarbeit geäußert. Unabhängig von der Branche ist es sinnvoll, dass das Unternehmen auch über die Besichtigung hinaus konkrete Stellenangebote (u.a. auch Praktika) anbieten kann. Betriebe, die überwiegend Leiharbeit anbieten, sind hierbei nicht die erste Wahl. Eine gewisse Offenheit gegenüber dem Thema Interkulturalität im Team ist sinnvoll. Bei der Konzipierung einer Betriebserkundung kann in der Vorbereitungsphase die Erstellung eines Leitfadens, inklusive Ablaufplan, für den Betrieb hilfreich sein. Hierin werden allgemeine Informationen wie Uhrzeiten, Treffpunkte, Ansprechpartner, Gruppengröße, Besonderheiten, wie z.B. Bestimmungen zu Arbeitskleidung u.ä. verschriftlicht. Unsicherheiten auf Seiten der Betriebe hinsichtlich einer zielgruppenspezifischen Veranstaltungsgestaltung kann durch die Erstellung eines Fragenkatalogs (aus Sicht der Geflüchteten zu den Themen: Vorstellung des Unternehmens, der Kunden, der Aufgaben, der Arbeits- und Ablauforganisation etc.) entgegengewirkt werden.

Wie werden Teilnehmende akquiriert und wie funktioniert die Kommunikation?

Die Akquise von Teilnehmenden läuft bestenfalls über bestehende Kontakte zu Wohlfahrtsverbänden, Helferkreisen und Initiativen. Wichtige Kontaktpersonen sind ehrenamtlich tätige Personen. Über sie kann die Einladung für eine solche Veranstaltung verbreitet werden. Bei der Auswahl der Teilnehmenden sollte gezielt auf Vorkenntnisse und/oder Interesse an dem jeweiligen Berufsfeld geachtet werden. Nur hierdurch wird ein bestmögliches Matching gewährleistet und erfahrungsgemäß die Motivation auf Seiten der Betriebe und der Geflüchteten aufrechterhalten. Kommunikationskanäle zu Geflüchteten sind in erster Linie soziale Medien bzw. Gruppenchats. Hierüber ist die Erreichbarkeit zu weitgehend allen Personen gewährleistet.

Was geschieht bei einer Betriebsbesichtigung/Erkundung?

Im Rahmen einer Betriebsbesichtigung wird eine Gruppe von etwa 7-10 Personen durch einen Betrieb geführt. Idealerweise wird vorher das Unternehmen zunächst in einem Vortrag präsentiert. Anschließend erhalten die Teilnehmenden ganz praktische Einblicke in z.B. Produktionsabläufe und können ggf. erste Erfahrungen sammeln. In einer abschließenden offenen Gesprächsrunde lernen sich Arbeitgeber_innen und Arbeitnehmer_innen durch gezielte Fragen näher kennen. Bereits zu diesem Zeitpunkt können Bewerbungsunterlagen überreicht bzw. Folgetermine vereinbart werden. Erfahrungsgemäß sollten Besichtigungen nicht länger als etwa zwei Stunden dauern.

Was geschieht im Nachgang an die Veranstaltung?

In Hinblick auf eine enge Zusammenarbeit mit Unternehmen ist es ratsam, zeitnah nach der Veranstaltung ein Feedback zur Zufriedenheit einzuholen und das Beratungsangebot präsent zu halten. Außerdem kann eine Berichterstattung über die Veranstaltung im Sinne des Corporate Social Responsibility eines Unternehmens von Interesse sein. Auch hierbei bietet sich eine Zusammenarbeit an.

Integration in den Betrieb – Beispiel aus der Praxis

Acht männliche Geflüchtete nahmen im Winter 2017 an einer Betriebserkundung eines mittelständischen Unternehmens im Bereich der Elektronikfertigung teil. Der Kontakt zwischen dem beteiligten Projekt und dem Unternehmen entstand durch eine regionale IHK Veranstaltung. Nach Interessenbekundung seitens des Betriebes wurde in akribischer Vorarbeit die zweistündige Veranstaltung geplant. Nach mehrfachen Terminverschiebungen (hiermit muss aufgrund von Krankheit o.ä. immer gerechnet werden), konnte die Veranstaltung insbesondere in Ehrenamtskreisen beworben werden. Bei der Auswahl (nach Anmeldung) der Teilnehmenden wurde auf eine gewisse Affinität zum Berufsfeld bzw. erste Berufserfahrungen und/oder Qualifikationen geachtet. Die Kommunikation mit den Geflüchteten fand vorzugsweise via E-Mail sowie Gruppenchats statt. Am Tag der Besichtigung wurde das Unternehmen in einer 20-minütigen Präsentation vorgestellt. Im Anschluss folgte die Begehung der Werkshallen für die die Besucher eine spezielle Arbeitsbekleidung trugen. Es wurden Arbeitsbereiche und Abläufe mit unmittelbarem Praxisbezug von den Mitarbeiter_innen des

Betriebs vor Ort und im laufenden Arbeitsprozess vorgestellt. Aufgrund der kleinen Gruppengröße konnte auf individuelle Fragen eingegangen werden und Zeit für ein paar Fotos war ebenfalls. Zum Abschluss der Veranstaltung fand eine Frage- und Antwortrunde statt. Teilnehmende, die an einem Praktikum interessiert waren, hinterließen ihre Bewerbungsunterlagen. Im Nachgang an die Veranstaltung äußerte der verantwortliche Betriebsmitarbeiter, wie positiv überrascht er von den Teilnehmern sei, deren Sprachkenntnisse und große Motivation an einer Tätigkeit im Bereich Elektronikfertigung. Einer der Teilnehmenden wurde als Praktikant eingestellt. Anhand der Reaktion des Betriebsmitarbeiters ist erkennbar, dass allein diese Begegnung sinnvoll für den Abbau von vorhandenen stereotypen Denkmustern war.

9.1.3 Praktikum zur beruflichen Orientierung

Nach erfolgreicher Durchführung einer Betriebserkundung kann es für Arbeitgeber_innen und Geflüchtete sehr konkret werden. Besteht beidseitiges Interesse an einem weiteren Kennenlernen, kann dies im Rahmen eines freiwilligen Praktikums zur Berufsorientierung geschehen. Durch ein solches erhält der/die Bewerber_in erste Einblicke in ein bestimmtes Berufsfeld. Auf Seiten des Arbeitsgebers ist es eine sehr sinnvolle Möglichkeit, den/die Bewerber_in hinsichtlich der persönlichen und fachlichen Eignung für einen bestimmten Beruf näher kennenzulernen (vgl. Jambo et al. 2017: 11). Zur Einschätzung beruflicher Vorerfahrungen und Fertigkeiten ist die Durchführung einer Kompetenzfeststellung vor Beginn des Praktikums hilfreich. Inzwischen bieten diverse Dienstleister Testformate an, über welche ein Profiling und somit eine zielgerichtete Vermittlung ermöglicht wird: *check.work*[3] der Industrie- und Handelskammer in Bayern und *MYSKILLS*[4] der Bundesagentur für Arbeit sind zwei Beispiele dafür.

Was sollte in Vorbereitung eines Praktikums bedacht werden?

Anhand des Aufenthaltsstatus eines Geflüchteten lässt sich ableiten, ob die Beschäftigung ohne besondere Bedingungen möglich ist. Personen mit Aufenthaltserlaubnis sind wie deutsche oder EU-Bürger zu behandeln, es ist keine Arbeitserlaubnis notwendig. Anders ist es bei allen anderen Aufenthaltstiteln.

---

3 Für nähere Informationen: https://check.work/ [Zugriff: 08.02.2020]

4 Für nähere Informationen: https://www.arbeitsagentur.de/myskills [Zugriff: 08.02. 2020]

Einschränkungen oder Erlaubnisanforderungen sind den Nebenbestimmungen des Ausweisdokuments zu entnehmen. Arbeitgeber_innen sind gesetzlich verpflichtet zu überprüfen, ob eine Arbeitserlaubnis eingeholt werden muss. Daher ist es sinnvoll, sich dazu das Ausweisdokument zeigen zu lassen (vgl. Jambo et al. 2017: 7).

Zur Klärung rechtlicher Angelegenheiten, wie z.B. Praktikumsvertrag, Mindestlohn etc., sind die jeweiligen Sachbearbeiter_innen der Bundesagentur für Arbeit/Jobcenter Ansprechpartner. Durch eine frühzeitige Kontaktaufnahme seitens des Betriebs oder einer Beratungsfachkraft können vorzeitig Konflikte bei der Wegeplanung wie z.B. der Auswahl einer Qualifizierungsmaßnahme, vermieden werden.

Auch hier sind ehrenamtlich tätige Personen wichtige Bindeglieder zwischen Geflüchteten, Behörden, Unternehmen und Beratungsfachkräften. Ihr freiwilliges Engagement ist Quelle des non-formalen Lernens, wie z.B. im Bereich der Sprachförderung, und daher für die Vorbereitung auf ein Praktikum unverzichtbar. Darüber hinaus verfügen Freiwillige häufig über ein hohes Bildungsniveau und können ihr Wissen beispielsweise als „Senior Expert", u.a. bei Behördengängen, sehr hilfreich einbringen (vgl. Aumüller 2016: 34). Insofern ist es hilfreich, Ehrenamtliche in die entstehende Vernetzung einzubinden.

Wie kann der Einstieg in den Betrieb erleichtert werden?

Bereits vor Beschäftigungsbeginn ist es sinnvoll, die Stammbelegschaft über die Einstellung des/der neuen Mitarbeiter_in zu informieren. Hierbei ist es wichtig, keine „Besonderheit" aus dem/der Neuen zu machen, sondern die Person wie bei neuen Mitarbeitenden üblich vorzustellen. Wenn Mitarbeiter_innen Vorbehalte äußern, sollten diese ernst genommen werden. Im Rahmen einer offenen Gesprächskultur und eines regelmäßigen interkulturellen Austauschs kann eine Annährung unterschiedlicher kultureller Sichtweisen entstehen. Interkulturelle Trainings, die Gemeinsamkeiten und Unterschiede von Menschen aus vielfältigen Kulturen beleuchten, können hilfreich sein, verschiedene Sichtweisen verstehen und einordnen zu können (vgl. In Arbeit 2017: 28).

Bereits während der Einarbeitungsphase ist es vorteilhaft, betriebliche Mentoren- und Patenschaften einzusetzen. Diese können ganz vielfältige Aufgaben übernehmen, wie z.B. Arbeitsabläufe zu erläutern, die Neuen in Teamstrukturen einzubinden oder ihnen informelle Regeln zu erläutern (vgl. Gerwing et al. 2017: 29). Die im Projekt „Kulturelle Vielfalt in Betrieben" erarbeitete Broschüre „Was muss ich bei meinem Job beachten“[5] kann ebenfalls Grundlage zur Erläuterung hiesiger Arbeitsmarktstrukturen sein, optimalerweise werden die Inhalte bereits vor Beginn der Beschäftigung vermittelt.

Für das Erlernen einer neuen Sprache (siehe hierzu auch Kapitel 5), insbesondere berufsbezogener Fachwörter, trägt die Umgebung – so auch der Arbeitsplatz – entscheidend zu Lernfortschritten bei (vgl. Berg/Leinecke 2014: 14). Neben berufsbezogenen Deutschkursen ist auch die Vermittlung von Lernstrategien für ein arbeitsplatzbezogenes Sprachenlernen notwendig. Arbeitgeber_innen können hierbei einen großen Beitrag leisten. Hilfreiche Unterstützungsangebote für den Arbeitsalltag sind: Visualisieren mittels Symbolen, Übersetzen von Hinweisschildern und Dienstanweisungen, Wortschatzarbeit durch z.B. Beschriften von relevanten Gegenständen, verwenden einfacher Sprache sowie Sprachmentor_innen oder Sprach- bzw. Integrationsmittler_innen einzusetzen. Sprachliche Stolpersteine sind Redewendungen wie z.B. „Auf der Nase herumtanzen“. Diese sollten weitgehend vermieden werden (vgl. Bethscheider/Kaufmann/Wullenweber 2017: 10).

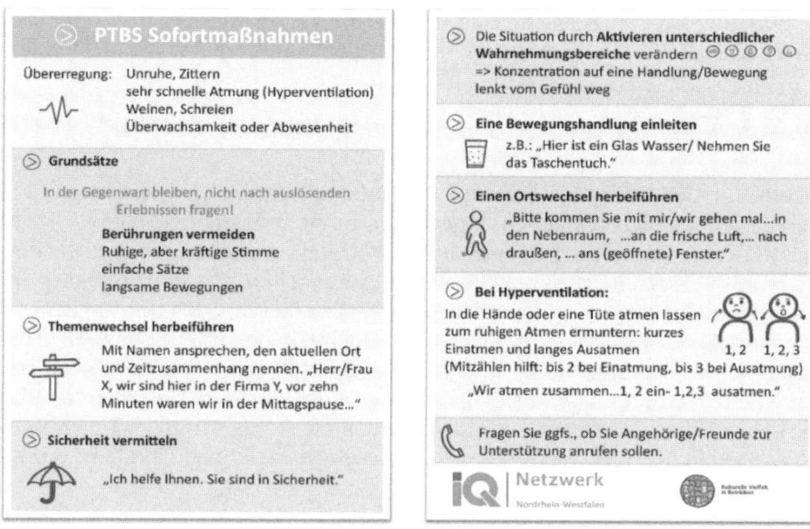

Abb. 9.1: Integration in Betriebe – Erste-Hilfe-Karte für die Hosentasche (IQ Projekt „Kulturelle Vielfalt in Betrieben (KuVi)“, 2015-2018)

5 Als PDF-Datei abrufbar auf der SO.CON-Webseite unter: https://www.hs-niederrhein.de/fileadmin/dateien/Institute_und_Kompetenzzentren/SO.CON/Publikationen_und_Downloads/181018_Broschuere_3_Englisch.pdf [Zugriff: 08.02.2020]

Postmigrationsstressoren wie die Suche nach einer passenden Arbeit sowie sprachliche Barrieren können die Stabilisierung nach Traumatisierungen bei Geflüchteten erschweren (vgl. Flory 2017: 28). Dies kann Auswirkungen auf die Leistungsbereitschaft am Arbeitsplatz haben. Arbeitgeber_innen sollten die Thematik im Blick behalten und sich bestenfalls auf eine psychische Notfallsituation von möglicherweise traumatisierten Mitarbeiter_innen vorbereiten. Die im IQ Projekt „Kulturelle Vielfalt in Betrieben“ erstellte Erste-Hilfe-Karte für die Hosentaschen bietet hilfreiche Tipps für die Praxis.

9.2 Fazit

Für eine gelingende Integration von Geflüchteten in den Arbeitsmarkt sind trotz positiver Tendenzen weiterhin viele Hürden zu überwinden. Die beschriebenen Wege in den Betrieb zeigen beispielhaft auf, wie Begegnungsmöglichkeiten geschaffen und Vorbehalte abgebaut werden können. Dies bedarf jedoch einer intensiven Zusammenarbeit verschiedener Akteure, Begleitung und Beratung von Geflüchteten sowie Betrieben.

Folgende Empfehlungen ergeben sich aus der Projektpraxis:

- Für den Aufbau eines regionalen Netzwerks und für die Kontaktaufnahme zu Geflüchteten sind ehrenamtliche Helferinnen und Helfer relevante Ansprechpartner und sollten daher stets miteinbezogen werden.
- Für die erfolgreiche Umsetzung beschriebener Wege ist die Netzwerkpflege unumgänglich, obgleich sie oftmals Beharrlichkeit erfordert. Die Benennung persönlicher Ansprechpartner_innen für die Interessengruppen (Betriebe, Geflüchtete, Ehrenamt) ist daher sinnvoll.
- Eine enge Begleitung sowohl der Geflüchteten auf ihrem Weg in den Betrieb als auch der Betriebe ist in der Regel notwendig. Dies gilt für fast alle Schritte, angefangen von der Kontaktaufnahme, einer individuellen, auf den Betrieb zugeschnittenen Bewerbung bis hin zu Hinweisen an die Betriebe über aufenthaltsrechtliche Bedingungen und mögliche (auch finanzielle) Unterstützungsmöglichkeiten etwa durch die Jobcenter und Arbeitsagenturen.
- Die hier vorgestellten, im Projekt „Kulturelle Vielfalt in Betrieben“ entwickelten Vorgehensweisen haben sich in der Praxis als anwenderfreundliche und nützliche Bausteine im Repertoire von Berater_innen in ähnlichen beruflichen Settings erwiesen.

→ Alle hier erwähnten Projekt-Materialien stehen auch als Online-Anhang zur Verfügung

Kapitel 10: Kulturelle Vielfalt gestalten

Nicole van Wickeren und Beate Küpper

Menschen ähneln und unterscheiden sich in ihren Persönlichkeiten, Eigenschaften, Weltanschauungen, Interessen, Zugehörigkeiten und Identitäten. Sie gleichermaßen wertzuschätzen und ihnen gleichwertige Teilhabe zu ermöglichen, ist eine zentrale Aufgabe einer demokratischen Gesellschaft. Der erste Artikel des Grundgesetzes erinnert daran, Menschen in ihrer Verschiedenheit nicht zu bevorzugen oder zu benachteiligen. Die damit angesprochenen Merkmale Geschlecht, ethnische Identität, kulturelle Herkunft, religiöse und politische Anschauungen oder eine Behinderung – seien sie von außen zugewiesen oder identifiziert sich eine Person auch selbst damit – gehören zu den zentralen Kategorien von Vielfalt, wie sie sowohl im Allgemeinen Gleichbehandlungsgesetz (AGG) als auch in den Antidiskriminierungsrichtlinien angeführt sind. Gleichwertigkeit ist also aus demokratischen, in erster Linie aber auch aus ethischen und humanistischen Gründen geboten. Hinzukommen ganz praktische und ökonomische Beweggründe, denn Vielfalt ist zunächst einmal gesellschaftliche Realität (und war es schon immer, nur ohne den Anspruch auf Gleichwertigkeit). Auch Geflüchtete sind nun ein Teil unserer gesellschaftlichen Vielfalt (wobei auch dies nicht neu ist). Für Kommunen, Einrichtungen und Unternehmen geht es um den konstruktiven Umgang mit dieser Vielfalt. Dies führt zu der zentralen Frage, wie diese Vielfalt in den verschiedenen Lebensbereichen – im Alltagsleben, bei Bildung, Wohnen und Gesundheit, in Institutionen und Behörden, Arbeit und Freizeit – umgesetzt und gestaltet werden kann. Im Negativen werden diese Merkmale von Verschiedenheit angesprochen, wenn es um Gruppenbezogene Menschenfeindlichkeit und Diskriminierung geht (siehe dazu mehr in Kapitel 3), im Positiven, wenn es um interkulturelle Öffnung und Diversity geht. Stets ist das Ziel, Personen in ihrer Vielfältigkeit anzuerkennen, wozu auch gehört, ihre jeweiligen Bedarfe gleichermaßen zu berücksichtigen.

Mit der Neuzuwanderung von einer beträchtlichen Anzahl von Geflüchteten erhält die Frage, wie man kulturelle (und damit verbunden sonstige) Vielfalt gestaltet, nun noch einmal eine neue Dynamik. Nach vier Jahren nennenswerter Fluchtbewegung nach Deutschland werden Geflüchtete nun langsam zu Neuzugewanderten, machen betriebliche Ausbildungen und Praktika, manche haben auch bereits einen Arbeitsplatz gefunden. Etliche Branchen – dazu gehören u.a. das Handwerk, viele Industriebetriebe, aber auch der ganze Gesundheits- und Pflegebereich sowie Kindertagesstätten – suchen händeringend Fachkräfte und sind daran interessiert, auch Personen mit Fluchthintergrund einzustellen und in ihre Betriebe zu integrieren. Mit den neu in unser Land kommenden, geflüchteten Personen wird die Frage, wie sich Vielfalt gestalten lässt, noch einmal besonders virulent, ist ihre gleichberechtigte und gleichmögliche Teilhabe doch in vielerlei Hinsicht zunächst einmal erschwert (siehe auch Kapitel 4). Gleichzeitig bietet Vielfalt auch vielfältige Erfahrungen, Perspektiven, Ideen und Herangehensweisen, die im Alltag manchmal lästig, anstrengend und hinderlich sind, aber zugleich auch Chancen bergen.

Zunehmend sind damit wieder Konzepte von Diversity und interkultureller Öffnung gefragt. Davon zeugen in den vergangenen Jahren die vielen Fachtagungen, u.a. der Wohlfahrtsverbände, zum Thema Integration. Dabei sind die Themen Diversity und interkulturelle Öffnung keineswegs neu. Seit vielen Jahren gibt es dazu sowohl theoretische Überlegungen, empirische Befunde und Erfahrungen aus der Praxis (u.a. Aretz/Hansen 2002; Koall/Bruchhagen/Höher 2007; van Keuk/Ghaderi/Joksimovic 2010) als auch konkrete Empfehlungen für interkulturell kompetentes Handeln (z.B. in der Psychotherapie: Gün 2018) sowie diverse Trainings (u.a. Czollek/Perko/Weinbach 2012). Etliche Organisationen, Einrichtungen und Unternehmen haben sich das Thema auf die Fahne geschrieben, Konzepte entwickelt und – mal mehr, mal weniger – konsequent und erfolgreich verfolgt. Dazu gehören allen voran international agierende Unternehmen und Organisationen, von denen etliche die „Charta der Vielfalt"[1] unterzeichnet haben, zunehmend aber auch nationale und lokale Verbände (dazu zählt etwa die Internationale Gesellschaft für Diversity Management)[2]. Zugleich wurde in der Vergangenheit jedoch ein Hinterherhinken bei der Umsetzung von Diversity mit Blick auf Unternehmen in Deutschland festgestellt (Köppel/Yan/Lüdecke 2007). Vergleichbares gilt für den alternativ genutzten Begriff interkulturelle Öffnung, bezüglich Handlungsansätzen und einem aktiven Management derselben (u.a. Schröer 2007: 39ff.). So verfügt beispielsweise die Deutsche Caritas – als einer der größten Wohlfahrtsverbände in Deutschland – seit mehr als zehn Jahren zwar über eine ausbuchstabierte Position zur Integrations- und Migrationspolitik, die auch Geflüchtete einschließt (Deutscher Caritasverband 2008), sowie ein anspruchsvolles Konzept zur interkulturellen Öffnung, das aber unterschiedlich weit in die Landesverbände vorgedrungen ist (u.a. Bolay 2013; Weller 2018). Ähnliches gilt für Kommunen, in denen viele Anstrengungen zur interkulturellen Öffnung unternommen werden, die Verankerung in den Strukturen aber besser sein könnte (siehe dazu u.a. die Tätigkeitsberichte von Kommunen im Rahmen der Landesinitiative Nordrhein-Westfalen „Vielfalt verbindet!"; Ministerium für Kinder, Familie, Flüchtlinge und Integration des Landes Nordrhein-Westfalen 2018). Denn auch wenn die Stichworte „Diversity" und „in-

1 https://www.charta-der-vielfalt.de/ [Zugriff: 08.02.2020].
2 Homepage der idm: https://www.idm-diversity.org/deu/index.html [Zugriff: 08.02. 2020].

terkulturelle Öffnung" inzwischen in Kommunen, Einrichtungen, (Bildungs-)institutionen (einschließlich Hochschulen) und Unternehmen bekannt und oft auch im Leitbild verankert sind, klafft vielerorts nach wie vor eine Umsetzungslücke. Mit dem Thema umzugehen fällt nicht immer leicht, insbesondere es aus den spezifischen Abteilungen oder Migrationsreferaten hinaus zu tragen. Vielfach ist es zu einem gewissen Dornröschenschlaf verdammt, wenn es nicht gar ausgesprochen oder unausgesprochen als *Gedöns* betrachtet wird, mancherorts werden die damit zusammenhängenden Blockaden von Rassismus und Diskriminierung mit einem „das gibt es bei uns nicht" quittiert (kritisch dazu etwa Gaitanides 2012).

Im Rahmen des IQ-Projekts „Kulturelle Vielfalt in Betrieben" und dem Vorläuferprojekt „Kulturelle Vielfalt als Potential in Sozial- und Altenhilfeeinrichtungen"[3] (siehe dazu Kapitel 9) haben wir eine Reihe von Instrumenten entwickelt und erprobt, die Einrichtungen, Institutionen und Unternehmen dabei unterstützen können, die kulturelle (und sonstige) Vielfalt in ihren Organisationen, insbesondere mit Blick auf die Mitarbeiterschaft, aktiv zu gestalten. Die Instrumente sind so aufgebaut, dass sie in Workshops aber auch eigenständig genutzt werden können. Nach unserer Erfahrung geben die Instrumente Raum, alle Mitarbeiter_innen anzusprechen und einzubinden. Sie sind also nicht allein auf Migrant_innen oder Geflüchtete zugeschnitten, sondern können als allgemeine Hilfestellung für die Organisationsentwicklung genutzt werden, was einige der bisherigen Kritikpunkte auffangen kann.

10.1 Ansätze der Gestaltung kultureller (und sonstiger) Vielfalt

Je nach Tradition, Praxisfeld, Ausrichtung und eigenem Selbstverständnis kursieren in Theorie und Praxis der Gestaltung kultureller Vielfalt unterschiedliche Begrifflichkeiten und Ansätze, die zwar einerseits auch in Konkurrenz und kritischer Abgrenzung zu einander diskutiert werden, andererseits dann aber beim Blick auf konkrete Maßnahmen der Umsetzung doch auch viel Ähnlichkeiten aufweisen. Wir meinen, dass alle diese Ansätze hilfreiche Ideen liefern können, empfehlen sie also eher in Ergänzung zu einander zu lesen.

3 siehe vollständige Angaben zum Projekt in Kapitel 9, FN 1

10.1.1 Diversity-Management

Im Unternehmensbereich und beispielsweise auch an Hochschulen und Universitäten firmiert die Zurkenntnisnahme von (kultureller und sonstiger) Vielfalt vor allem unter dem Terminus Diversity (siehe dazu Kapitel 2), die aktive Gestaltung dieser Vielfalt unter *Diversity-Management* (u.a. Aretz/Hansen 2002). Nach diesem Verständnis trägt jede Person eine individuelle Mischung aus diversen Merkmalen: Alter, Gender, Sexueller Identität/Orientierung, Ethnie, Religion, kultureller Prägung, ihre körperliche und geistige Verfasstheit, und darüber hinaus gehört auch dazu: (Aus-)Bildung, Einkommen, Familienstand und Freizeitverhalten. Für die Arbeitswelt zusätzlich relevant sind die Berufserfahrung der Person, der Arbeitsort- und Arbeitsbereich, an dem sie tätig ist, ihre Funktion in einem Unternehmen und ob sie z.B. einer Gewerkschaft angehört. Unter Diversity-Management wird der verantwortungsvolle Umgang mit diesen Verschiedenheiten verstanden. Das bedeutet die Diversity-Dimensionen als Chance zu sehen, sich gegenseitig mit Achtung und Wertschätzung zu begegnen und gleichberechtigte Teilhabe zu ermöglichen, statt sie als Mittel zur Diskriminierung oder Privilegierung zu nutzen. Im Unternehmensbereich wird das Mosaik der Mitarbeiter_innen in all ihrer Vielfältigkeit als Kapital verstanden, das jede_r einbringen kann.

Aus unternehmerischer Sicht steht der *Nutzen* von Vielfalt für das Unternehmen im Vordergrund, wozu etwa die unterschiedlichen Perspektiven und Kompetenzen von Mitarbeiter_innen mit diversen Hintergründen gehören, der Zugang zu Kund_innen und nicht zuletzt auch das Image. So hebt der Verein „Charta der Vielfalt e.V.“ – eine Initiative großer deutscher Unternehmen – auf seiner Homepage die unternehmerischen Vorteile von Diversity hervor: den Ausgleich des Fachkräftemangels, die Erschließung neuer Zielgruppen und Märkte und die Problemlösefähigkeit und Innovationskraft von gemischten Teams. So können Unternehmen etwa von der häufig hohen Motivation gerade geflüchteter Menschen profitieren, schnell wieder arbeiten zu wollen. Für die Geflüchteten lauert hier jedoch zugleich die Gefahr, dass ihre Arbeitswilligkeit durch Knebelverträge ausgenutzt wird.

Bei der Akquise von neuen Kund_innen bzw. beim Zugang zu neuen Märkten und besserer Kund_innnenorientierung, insbesondere mit Blick auf migrantische Kund_innen, können Erfahrungswissen, sprachliche und kulturelle Kompetenzen von migrantischen und ggf. auch geflüchteten Personen helfen. Dazu gehört auch die internationale Zusammenarbeit, bei der ggf. Kontakte ins Ausland, Erfahrungen mit anderen Kund_innen und Unternehmenskulturen, nicht zuletzt auch neue Ideen und Innovationskraft von etablierten wie neu Eingewanderten helfen können. Die aktive Gestaltung von Vielfalt trägt auch zum Image eines Unternehmens bei, zeugt sie doch von aktiver

Übernahme sozialer Verantwortung. Darüber hinaus belegen Studien mehr Zufriedenheit und weniger Konflikte, wenn man Vielfalt nicht einfach nur laufen lässt, sondern sich mit ihrer Gestaltung beschäftigt.

Viele Unternehmen übernehmen mit der Etablierung von Diversity-Strategien und Maßnahmen aber auch bewusst soziale Verantwortung. Nicht nur die großen internationalen, sondern vor allem auch viele klein- und mittelständische Unternehmen nehmen bei der Integration von geflüchteten Personen ihre Rolle als wichtiger gesellschaftlicher Akteur wahr, und betonen, dass es ihnen nicht nur um die Gewinnung von Arbeitskräften geht, sondern auch darum, Menschen eine Chance zu geben.

Aufgrund seiner dennoch vorrangig nutzenorientierten Perspektive wird das Diversity-Konzept durchaus kritisch gesehen. Ein weiterer Kritikpunkt ist, dass das Konzept allein auf Individuen und Organisationen schaut, gesellschaftliche Machtstrukturen aber außer Acht lässt. Es sind eben nicht alle „gleichermaßen" verschieden, sondern in Abhängigkeit der ihnen zugeschriebenen Merkmale haben die einen systematisch mehr, die anderen weniger an Macht, an Einfluss und an Teilhabemöglichkeiten und dies lässt sich in nahezu allen Gesellschaften an den klassischen Differenzlinien von *race*, *class* und *gender* (und einigen weiteren) festmachen (u.a. Sidanius/Pratto 1999). Ursprünglich entwickelt aus der amerikanischen Bürgerrechtsbewegung hat das Diversity-Konzept aber durchaus progressiven und nicht allein nutzenorientierten Charakter.

10.1.2 Interkulturelle Öffnung

Verbände und Kommunen benutzen vielfach Begriffe und Konzepte der *interkulturellen Öffnung/Bildung* (u.a. Schröer 2007) aufgrund ethischer und demokratischer Aspekte und weniger aufgrund ökonomischer Nützlichkeit. Im Vordergrund stehen vor allem (tatsächliche, vermutete und unterstellte) Verschiedenheiten, die durch eine jeweilige Kultur geprägt sind. Allerdings beziehen einige Konzepte inzwischen auch andere Vielfältigkeitsdimensionen mit ein, wie sie im Diversity-Ansatz benannt werden (siehe dazu Kapitel 2). Ausgangspunkt ist die Feststellung von Kommunen und Einrichtungen, dass ihre Angebote (z.B. im Gesundheits-, Bildungs- und Kulturbereich) häufig von migrantischen Klient_innen nicht genutzt werden, weil bei näherem Hinsehen: Bildungs- und Zugangschancen ungleich gelagert sind, Angebote nicht alle gleichermaßen ansprechen oder für alle gleichermaßen passen. Der Fokus richtet sich also vorrangig auf migrantische Klient_innen/Nutzer_innen. Es werden Fortbildungen angeboten, die Mitarbeiter_innen im Umgang mit dieser Zielgruppe schulen und Maßnahmen entwickeln, um diese konkret auf ihre

Bedarfe anzusprechen; dafür werden gezielt auch migrantische Mitarbeiter_innen angeworben. Auch hier geht es um Strategien der Organisationsentwicklung. Wie auch beim Stichwort Diversity kommt dabei der Blick sowohl auf individuelle Einstellungen (v.a. Vorurteile) als auch auf gesellschaftliche Ungleichwertigkeitsstrukturen in Teilen zu kurz. Kritisch kann hier auch das zugrundeliegende Verständnis von „Menschen mit anderem kulturellen Hintergrund" gesehen werden. Die Frage ist, wer wird hier von wem so definiert, wer gilt warum als *anders*, was ist überhaupt ein *kultureller Hintergrund*, für wen wird was entwickelt usw.

Begriffe und Konzepte, die auf ein *interkulturelles* Verständnis hinweisen, werden daher insbesondere aus einer rassismuskritischen Perspektive heraus kritisiert (siehe Kapitel 2), unterstellen und zementieren sie doch so etwas wie abgrenzbare und stabile Kulturen und kulturelle Gruppen (u.a. Kalpaka 2003; Broden 2009). Die Folgen sind Fremdmachen und Selbstethnisierung, ein Wahrnehmen und Handeln von „die" und „wir". Die kritische Frage ist zudem, *wie* und *was* unter „Kultur" verstanden wird. Menschen sind von ihren jeweiligen Sozialisationsräumen geprägt, in denen mal mehr, mal weniger ähnliche oder unterschiedliche Traditionen, Gewohnheiten, Normen und Weltsichten vorherrschen. Dazu kommen aber auch noch viele andere Einflüsse (ihre Familien, Freunde, Nachbarschaften, Schule usw.). Es kommt also leicht zu stereotypen Unterstellungen, Person X aus Land Y hat Kultur Y, die im Einzelfall mal mehr, mal weniger oder aber auch überhaupt nicht zutreffen können. Gerade viele Geflüchtete, die aus ihrem Heimatland fliehen mussten, dürften ihrem Land und in Teilen sicher auch dem, was sie selbst dann unter „Landeskultur" verstehen, recht ambivalent gegenüberstehen, was in Gesprächen immer wieder zum Ausdruck kommt (bspw. auch in dem Interview mit Tedros aus Eritrea, siehe Kapitel 1). Kritisch hervorgehoben werden muss auch, dass bei interkultureller Öffnung und Diversity oft *für* und nicht *mit* benachteiligten Gruppen gearbeitet wird, die Vielfalt der Perspektiven also bei der Planung und Umsetzung keineswegs berücksichtigt wird, Betroffene von Benachteiligungen gar nicht oder nur als Fallbeispiele zu Wort kommen und nicht als Mitgestalter_innen auf gleicher Augenhöhe.

Zur aktiven Gestaltung von Vielfalt gehört immer auch der Blick auf Selbstverständlichkeiten, Privilegien und Diskriminierungen. Dabei ergibt sich folgendes Dilemma zwischen einerseits dem *Andersmachen* und Zementieren von Differenzlinien, indem man sie benennt, und andererseits dem Übersehen und Ignorieren von verschiedenen Bedarfen, Erfahrungen und strukturellen Ungleichheiten, in dem man sie nicht benennt. Das bedeutet beispielsweise, nicht zu „kulturalisieren", d.h. „Kultur" nicht als ein flexibles und variables Konzept, sondern es als unveränderlich und statisch zu begreifen, überzubetonen und damit eine Person „fremd" zu machen (z.B. automatisch jemanden aus einem überwiegend muslimisch geprägten Land zu unterstellen, besonders religiös zu sein). Zugleich bedeutet dies aber auch, Möglichkeiten, Bedarfe und

Schwierigkeiten, die sich aus diesen Kategorien ergeben, nicht zu ignorieren oder als unwichtig abzutun. Ein Beispiel dafür sind fehlende oder unausgewogene Angebote, die eigene Religion auf Wunsch in der Praxis zu leben, wozu auch ein schön gestalteter, stiller Raum für Gebete gehört, von dem sich alle gleichermaßen eingeladen fühlen. Dies kann auch Mitarbeiter_innen einschließen, die nicht-religiös sind, aber einen Moment der Ruhe suchen.

Will man kulturelle Vielfalt aktiv gestalten, heißt das auch, den Blick auf mögliche Barrieren zu lenken (u.a. Gaitanides 2008; Schröer 2007). Dazu gehören Sprachbarrieren und geringe Wertschätzung von Mehrsprachigkeit, mangelnde Informationen über Angebote und die Gestaltung von Angeboten. Hemmend wirken auch Stereotype und Vorurteile, Kulturalisierungen (Zuschreibungen von tatsächlichen oder vermeintlichen in *Kultur* begründeter Unterschiedlichkeit) und diffuse Angst vor *Fremden*. Verbreitet ist auch das Beharren auf eingespielten Wissens- und Handlungsroutinen gepaart mit Ethnozentrismus (nach dem Muster: „so wie wir das hier schon immer gemacht haben, ist es selbstverständlich, normal und richtig, alles andere ist falsch"). Barrieren für die interkulturelle Öffnung bzw. auch die Gestaltung von Vielfalt finden sich sowohl bei jenen, die neu hinzukommen als auch bei den Alteingesessenen. Es gilt, diese Barrieren abzubauen, zumindest einen Umgang damit zu finden. Allein zu sagen „gibt es bei uns nicht, machen wir so nicht" reicht in der Regel nicht aus. Viele dieser Barrieren sind nicht immer bewusst und willentlich zu steuern, sie spiegeln eher Haltungen und Ungeübtheiten wider, entsprechend langwierig ist das Um- und Neulernen. Barrieren für die interkulturelle Öffnung bzw. Gestaltung von Vielfalt sind nach Schröer (2007):

Zugangsbarrieren für Neueingewanderte	**Zugangsbarrieren für Alteingesessene**
Kulturelle geprägte Interpretationsmuster aller Beteiligten	Ethnozentrische Missverständnisse und Vorurteile
Stolz, Zurückhaltung, Skepsis, Leidensbereitschaft	Stereotypisierung und Kulturalisierung
Angst vor ausländer- bzw. asylrechtlichen Konsequenzen	Fremdheitsängste und Verunsicherung
Sprachbarrieren, keine muttersprachlichen Fachkräfte	Fehlende interkulturelle Kommunikationskompetenz
Erwartungen und Unwissenheit über Abläufe, Recht usw.	Gleichbehandlung von Ungleichem
fehlende Information über Angebote	Überforderungsgefühle, Kompetenzverlustängste, Macht- und Kontrollbedürfnisse
Spezialisierte, parzellierte Zuständigkeiten	Sich-nicht-zuständig-fühlen
Komm-Struktur und bürokratische Arbeitsweise	Beharren auf eingespielten Wissens- und Handlungsroutinen

Tabelle 10.1: Zugangsbarrieren für Neueingewanderte und Alteingesessene (eigene Darstellung)

10.1.3 (Inter)kulturelle Konflikte und Kompetenz

Unabhängig davon, ob man das Konzept der Integration, der Inklusion oder aber das der Diversity bevorzugt, gilt es, den Alltag des Zusammenlebens und -arbeitens zu gestalten. Hier reicht in der Regel die pure antirassistische Haltung nicht aus, sondern es gilt an spezifischen Persönlichkeitseigenschaften und Sichtweisen zu arbeiten und zudem konkrete Maßnahmen zu implementieren. Dabei spielen die jeweiligen individuellen Persönlichkeiten, auch kollektive Identitäten und Zuweisungen zu Gruppen, eine Rolle – sowohl in Bezug auf die eigene Person wie auch mit Blick auf das jeweilige Gegenüber. Kultur (durchaus im weiteren Sinne verstanden) kann über die Sozialisation die Persönlichkeit mitprägen, ganz sicher aber Sichtweisen, Gewohnheiten, Ausdrucksformen usw. (siehe unter Kapitel 2 ausführlich zu der Frage „Was ist Kultur?"). Kollektive Identitäten und Gruppenzuweisungen können ihrerseits dazu beitragen, dass das, was man selbst an seinem Gegenüber als „anders" empfindet, der „Kultur" zugeschoben wird (unabhängig davon, wie prägend sie tatsächlich ist). Es kann daher wie bei jeder Begegnung auch zu Konflikten kommen, in denen sich kulturelle Unterschiede und Zuweisungen offenbaren. Konflikte im Alltag der Integrationspraxis können sich z.B. entzünden:

- beim Aufeinandertreffen von tatsächlich oder vermeintlich unterschiedlichen Werten,
- an Gewohnheiten (z.B. wie lange wird Mittagspause gemacht, bei wem melde ich mich ggf. ab),
- durch Wahrnehmungen, Kommunikation und Verhalten (z.B. wie wird Höflichkeit ausgedrückt, im Ausmaß der Direktheit oder Zurückhaltung),
- an Vorstellungen von Hierarchie in Gesellschaft, Institution und Familie (z.B. wie verhalte ich mich dem Chef/der Chefin gegenüber, wie den Kolleg_innen),
- im Verständnis von Leben und Arbeiten (u.a. Zeitvorstellungen, Definition von Regeln).

Hier gelten in einer Kultur (sich beständig auch verändernde) oft ungeschriebene Gesetze, oft auch noch unterschiedliche, je nach Situation und Kontext (z.B. privat oder auf der Arbeit) und nach Status der Personen (Chef_in oder Mitarbeiter_in) – wer sich als Neuhinzukommende_r nicht immer daran hält, gilt leicht als unzuverlässig, wer sich sklavisch daran hält, als überangepasst. Typisches Beispiel für einen Konflikt in der Integrationspraxis von und mit Geflüchteten ist das Thema Pünktlichkeit. Zeitvorstellungen und Definitionen, was als „pünktlich" gilt, variieren stark von Kultur zu Kultur und auch in Milieus (etwa das berühmte „akademische Viertel"). Bei Terminen mit Behörden ist Pünktlichkeit in Deutschland wichtig, weil die Abläufe darauf abgestimmt sind, wer aber viel zu früh da ist, stört manchmal, wer zu spät kommt, verliert bisweilen seinen Termin. Ein weiteres typisches Beispiel sind Begrüßungsregeln: Wann gibt man wem die Hand, wann ist ein cooles „Hi“ in die Runde angesagt, wann gar ein Küsschen rechts und links? Während die eine ein „nicht-in-die-Augen-sehen“ als sehr unhöflich empfindet, ist dies für den anderen umgekehrt ein Gebot der Höflichkeit und Sittsamkeit. Das unterscheidet sich durchaus sehr nach Situation, Milieu und Bekanntheitsgrad – wer sich anders verhält als die anderen wirkt komisch, fremd. Für solche feinen Regeln muss man erst ein Gespür entwickeln, die sagt einem oft niemand in ihren Varianten.

Interkulturelle Kompetenz (oft synonym verwendet wird der Begriff „Interkulturelle Kommunikation“) kann helfen, Begegnungen weniger konfliktär zu gestalten bzw. wahrzunehmen. Sie kann übrigens nicht nur bei klassischen interkulturellen Begegnungen, sondern Begegnungen generell hilfreich sein. Interkulturelle Kompetenz kann als eine um die kulturelle Perspektive erweiterte Form der sozialen Kompetenz verstanden werden. Sie drückt aus, wie gut eine Person in der Lage ist, in einem ihr fremden kulturellen Kontext bzw. mit Angehörigen anderer Kulturen zu kommunizieren (nach Losche 2003). Abstrakter ausgedrückt bedeutet interkulturelle Kompetenz, „wenn man fremdes Verhalten nicht von dem eigenen Hintergrund aus interpretiert, sondern die Situation durch eine Drittperspektive sehen und bewerten kann“ (in Anlehnung an die Definition von interkultureller Kommunikation nach Gudykunst/Kim 2003 mit einem weiteren Verständnis von „interkulturell“). Bei der Entwicklung interkultureller Kompetenz geht es also nicht um Rezepte von „richtigem“ oder „falschem“ Handeln, sondern um eine offene, selbstreflexive Haltung und die Bereitschaft und Fähigkeit, in der interkulturellen Begegnung gemeinsam die Kommunikations- und Interaktionssituation zu entwickeln.

Förderliche Eigenschaften zum Erlernen Interkultureller Kompetenz (nach Losche 2003; Schröer 2007) sind:

- Empathiefähigkeit (emotionales Einfühlungsvermögen)
- Fähigkeit zur Perspektivenübernahme (kognitiv die Welt aus der Sicht des Gegenübers sehen können, so begrenzt dies möglich ist)
- Ambiguitätstoleranz: die Fähigkeit, unstrukturierte und widersprüchliche Situationen aushalten zu können
- Problemlösungsfähigkeiten
- Frustrationstoleranz: mit Missverständnissen und Fehlschlägen angemessen umgehen
- Konfliktfähigkeit und Konflikttoleranz
- Lernbereitschaft mit Neugier
- Bewusstsein für die eigene kulturelle Prägung
- Fähigkeit zur Distanz: sich selbst aus einer gewissen Entfernung betrachten können
- Humor: die Fähigkeit, über sich selbst zu lachen

- Selbstreflexiv zu sein, sich der eigenen kulturellen Prägung und der eigenen Vorurteile bewusst zu sein
- Kulturelles Wissen/Kenntnisse über Sprache und Kulturtechniken

10.2 Kulturelle Vielfalt in Einrichtungen und Unternehmen implementieren

Für die Umsetzung von Integration und die aktive Gestaltung von Vielfalt oder auch die interkulturelle Öffnung (siehe Kapitel 7) schlagen wir ein grundlegendes 5-stufiges Handlungsmodell vor. Das Modell ist eine adaptierte Variante eines klassischen, aber nach wie vor gültigen und sehr gut beforschten Modells zum Hilfeverhalten in Notsituationen, entwickelt von den beiden Sozialpsychologen John Darley und Bibb Latané in den 1970er Jahren, das auch in Trainings der Zivilcourage genutzt wird. Auslöser war der Mord an einer Frau in New York, der damals durch die Presse ging, weil keiner der 38 Zeugen dem Opfer zu Hilfe kam oder die Polizei alarmierte (Nachuntersuchungen lassen annehmen, dass einige Zeugen versuchten, die Polizei per Telefon zu rufen, aber nicht durchkamen). Latané und Darley (1970) beschrieben die heute als Zuschauereffekt (auch Bystander-Effekt) bekannte Beobachtung, nach der die Wahrscheinlichkeit sinkt, dass eine Person eingreift, je mehr Zuschauer_innen anwesend sind. Um den Effekt besser zu verstehen, entwickelten die Psychologen ein fünfstufiges Modell und analysierten die jeweiligen Hindernisse, die das Eingreifen in den einzelnen Abschnitten verhindern. Hier geht es darum, dass die helfende Person, das jeweilige Ereignis zuallererst wahrnimmt (Stufe 1) und als Notfall interpretiert (Stufe 2). Erst die Erkenntnis, dass Hilfe notwendig ist, führt dazu, Verantwortung für diese Hilfe zu übernehmen (Stufe 3). Nun wägt die helfende Person ihr bekannte Handlungsmöglichkeiten ab (Stufe 4), um sich für eine Option zu entscheiden und diese in die Tat umzusetzen (Stufe 5) (vgl. Gugel 2004: 325). Für ein erfolgreiches Handeln müssen alle fünf Stufen durchlaufen und umgesetzt werden. Es hängt vom Wollen und Können der Beteiligten und hinderlichen oder förderlichen Situationsfaktoren ab, ob die nächste Stufe genommen wird, dementsprechend gilt es, auf jeder Stufe mögliche Hemmnisse abzubauen, die Handeln verhindern können. Das Modell dient nicht nur zur Erklärung des Zuschauereffekts, sondern hilft umgekehrt auch, prosoziales Hilfeverhalten zu verstehen und zu befördern. Wir betrachten das Modell als grundlegendes Handlungsmodell, das sich gewinnbringend auch auf den Bereich der Integration übertragen lässt. Das Modell ermöglicht es, Handlung Stufe für Stufe zu reflektieren, mögliche Hindernisse zu identifizieren und auszuräumen. Dabei kann in Erweiterung des ursprünglichen Modells der Blick auf die individuelle, institutionelle wie strukturelle Ebene gerichtet werden. Folgende Fragen schließen sich an: Wie können Personen handeln, Institutionen sich aufstellen und Strukturen geschaffen werden – für und mit Alteingesessenen wie Neuhinzukommenden.

5-Stufen-Modell zur Umsetzung und Gestaltung von Integration (basierend auf Modell & Studien zum hilfreichen Verhalten und Zivilcourage)

1. **Wahrnehmung:** das Thema in den Blick zu nehmen, die eigene Wahrnehmung schärfen (Vorsicht vor der eigenen Brille, den Blick gezielt auf Möglichkeiten, Ressourcen, Potentiale, auf „Das-was-schon-da-ist" lenken und befördern).
2. **Interpretation:** Wahrnehmungen und Erfahrungen vor der Folie kultureller Vielfalt und Diversity zu verstehen (Vorsicht vor Kulturalisierung und doppeltem Maßstab!).
3. **Übernahme von Verantwortung:** sich zuständig für das Thema fühlen und sich damit beschäftigen (als Person und Institution; Vorsicht vor Abschieben von Verantwortung z.B. allein auf Personen mit Migrations- oder Fluchthintergrund, Expert_innen, abstrakt den „Staat").
4. **Kennen von Handlungsoptionen:** Anregungen und Ideen, was man tun kann, im Kleinen wie im Großen (Vorsicht vor dem Blick allein auf Großes und Handfestes, vieles an Integration betrifft das Miteinander im Alltag).
5. **Aktive Umsetzung von Maßnahmen:** Entscheiden, tatsächlich aktiv zu handeln (Vorsicht vor Aufschub, Vertagung, „Geht-grad-nicht").

Bei der konkreten Gestaltung von Vielfalt lässt sich zwischen Top-down- und Bottom-up-Ansätzen unterscheiden, wobei in der Praxis zumeist eine Kombination gewählt wird. Top-down-Ansätze gehen von der Führungsebene aus, die den Prozess klar und deutlich befürwortet und dafür erkennbar und engagiert eintritt, Bottom-up-Strategien beziehen die Mitarbeitenden mit ein, setzen auf Sensibilisierung für Vielfalt und Heterogenität und Partizipation (Bambach/Kuhn-Fleuchaus 2011). Entscheidend für den Erfolg ist, dass sowohl auf Führungsebene wie in der Mitarbeiterschaft ein Bewusstsein für die Wertschätzung individueller Vielfalt vorhanden ist bzw. entwickelt wird. Wichtig für die erfolgreiche Umsetzung von Strategien und Maßnahmen ist hier sowohl die individuelle Bereitschaft aller Beteiligten, sich mit dem Thema auseinanderzusetzen, als auch die Herstellung einer motivierenden Atmosphäre von Seiten der Führungs- und Leitungskräfte. Dazu gehört auch, Widerstände abzubauen, was weniger allein durch rationale Verordnung als durch emotionales Abholen und Einbinden gelingt (Köppel 2013).

Die bewusste und aktive Gestaltung von (kultureller und sonstiger) Vielfalt in Organisationen und Betrieben setzt an allen drei Ebenen ein, auf denen sich (Un-)Gleichwertigkeit festmacht (siehe auch Kapitel 4): Den Personen, der Institution/Organisation und den Strukturen:

Die Ebene der Personen

Auf Ebene der Person geht es um die individuellen Wahrnehmungen, Einstellungen und Handlungsweisen. Von besonderer Bedeutung ist hier, eine positive Haltung zur Vielfalt zu entwickeln, d.h. sich überhaupt mit dem Thema beschäftigen zu wollen, und es erst einmal gut finden zu wollen (und es dann auch gut zu finden), dass Menschen unterschiedlich sind, auch wenn dies gerade im Arbeitsalltag durchaus anstrengend sein kann. Hier geht es auch darum, Sensibilität dafür zu entwickeln, wer systematisch entlang der Vielfaltsdimensionen mehr oder wer weniger Chancen auf Teilhabe hat, und wie gleichberechtigt diese Teilhabe dann ist. Wichtig sind hier auch die Entwicklung von Empathie (emotional) und Perspektivenübernahme (kognitiv), d.h. sich in andere Personen hineinzuversetzen und zu versuchen, die Welt einmal aus deren Augen zu sehen und zu fühlen. Dies kann immer nur in Ansätzen gelingen, öffnet aber dennoch den Blick. Auf dieser Ebene ist auch die Sprache und Kommunikation von Bedeutung: Welche ggf. auch abwertenden Bezeichnungen für soziale Gruppen werden benutzt, wer spricht mit wem wie, wann und worüber. Nicht unwichtig ist dabei auch, sich über Ungleichwertigkeiten einschließlich der eigenen Stereotypen, Vorurteile und Verhaltensweisen bewusst zu werden. Im Rahmen des IQ-Projekts „Kulturelle Vielfalt als Potential in Sozial-und Altenhilfeeinrichtungen“ haben wir Mitarbeiter_innen in Altenpflegeeinrichtungen (ganz ähnlich auch in Kindertagesstätten) mit der unten vorgestellten „Checkliste kulturelle Vielfalt“ befragt, begleitet von qualitativen Interviews. Die meisten Mitarbeiter_innen zeigten sich zunächst einmal offen gegenüber Vielfalt und begrüßten sie, äußerten aber gleichzeitig auch – ohne dass ihnen das unbedingt selbst bewusst war – das ein oder andere fremdenfeindliche Vorurteil. Rund ein Drittel war der Auffassung, die Integrationsanstrengungen sollten primär von migrantischen Kolleg_innen geleistet werden. Mitarbeiter_innen ohne eigenen Migrationshintergrund bevorzugten Kolleg_innen ebenfalls ohne Migrationshintergrund. Als Grund führten sie u.a. unterschiedliche Vorstellungen und Herangehensweisen bei der Pflege an, was aus ihrer Sicht die Arbeit erschweren würde. Während „unterschiedliche Religionen“ in der Mitarbeiterschaft von einigen eher als Problem betrachtet wurden, waren sie jedoch froh darüber, wenn muslimische Kolleg_innen die Schicht an Weihnachten übernahmen.

Die Ebene der Institution/Organisation

Auf der Ebene einer Institution/Organisation geht es um explizite und implizite Regelungen, also solche, die offen und klar formuliert sind, aber auch jene, die unterschwellig gelten, die systematisch den einen das Leben erleichtern, das der anderen aber erschweren. Es geht hier auch um harte Fakten – wie bunt gemischt ist die Mitarbeiterschaft, wer hat welche Stelle, arbeitet auf welcher Position und in welchem Arbeitsbereich (wer hat die „besseren/schlechteren" Stellen etwa im Sinne von unbefristet/befristet, mit mehr/weniger Befugnissen und Entscheidungsfreiheit und -macht ausgestattet, arbeitet in einem Arbeitsbereich mit höherem/niedrigeren Ansehen). Hier ist auch das Leitbild einer Organisation interessant, was lässt sich daraus für die bewusste Gestaltung von Vielfalt ableiten und inwieweit beeinflusst es tatsächlich das Alltagshandeln? Vielfach ist das Leitbild eher abstrakt und wird selten auf konkretes Handeln heruntergebrochen (manchmal liegt es auch in der Schublade und die Mitarbeiter_innen kennen es gar nicht so genau, so unsere Erfahrung), doch es kann eigentlich als gute Grundlage für praktische Umsetzungen dienen. In der oben schon erwähnten Befragung betonten einige Mitarbeiter_innen, es sei gut, wenn in einer Einrichtung nur Deutsch gesprochen würde und einige Einrichtungen hatten sogar die explizite Regelung, nach der Mitarbeiter_innen nur Deutsch sprechen sollten. Während dies den deutsch-/muttersprachlichen Kolleg_innen nicht abverlangt wird, bedeutet diese Regelung für die Kolleg_innen mit anderer Muttersprache beispielsweise auch in der Pause größte Anstrengung. Ihre Mehrsprachigkeit wird eher als Problem erachtet, weil sie z.B. mit Akzent Deutsch sprechen oder schriftlich bei der (deutschsprachigen) Dokumentation nicht so flüssig sind. Zugleich waren die Sprachkompetenzen der migrantischen Mitarbeiter_innen aber bei der Kommunikation mit den betreuten Senior_innen mit nicht-deutscher Muttersprache dann aber doch gefragt. Ein Blick auf die Mitarbeiterschaft machte zudem deutlich, dass die kulturelle Vielfalt im Küchenbereich höher war als in der Pflege. Migrantische Kolleg_innen hatten häufiger die nicht so gut bezahlten und weniger entscheidungsmächtigen Stellen inne, die Leitungsstellen waren nahezu ausschließlich mit nicht-migrantischen Personen besetzt.

Die strukturelle Ebene

Auf der strukturellen Ebene geht es um die Frage, welche Strukturen wo und wie vorhanden sind und inwieweit sie systematisch die einen bevorzugen bzw. die anderen benachteiligen: Beispielsweise wo ist eine Einrichtung, für wen ist sie gut, für wen weniger gut erreichbar, welche Angebote werden für wen gemacht, wer fühlt sich von der Art und Weise der Angebote angesprochen und eingeladen, für wen ist die Hürde höher? So wird zwar häufig gesagt, „wir sind für alle offen", es fehlen aber Anstrengungen, diese *alle* dann auch gleichermaßen anzusprechen und abzuholen. Das gilt etwa auch für so manches Schulfest oder Freizeit- und Sportangebote. Ein klassisches Problem vieler Angebote in der Sozialen Arbeit und verwandten Feldern sind „Komm-Strukturen", d.h. man muss irgendwo hingehen, um ein Angebot wahrzunehmen, was den einen leichter fällt, für die anderen aber eine hohe Hürde sein kann. Für Geflüchtete, die keine freie Wahl des Wohnorts haben und je nach Aufenthaltsstatus an die Kommune gebunden sind, kann bereits ein Angebot in der Nachbarkommune unerreichbar sein. Während für die christlichen Kolleg_innen besinnliche Wochenenden angeboten wurden, die dazu beitragen können, einmal zur Ruhe zu kommen, gab es für die nicht-christlichen (oft muslimischen, migrantischen) Kolleg_innen Deutsch-Sprachkurse. In der erwähnten Befragung in Altenhilfeeinrichtungen wünschten sich viele Mitarbeiter_innen mehr Fortbildungen zum Thema Kulturelle Vielfalt und auch Erholungs- und Sprachlernangebote für alle.

In der folgenden Auflistung werden einige ganz konkrete, recht leicht umsetzbare Anregungen für Einrichtungen, Institutionen, Unternehmen zur aktiven Gestaltung von Vielfalt aufgeführt, die bei der betrieblichen Integration nicht nur von Mitarbeiter_innen mit Fluchthintergrund helfen können.

- Werthaltung zur Integration/Inklusion der Einrichtung, des Unternehmens deutlich machen (hier hilft ein Leitbild, heruntergebrochen auf konkrete Alltagssituationen).
- Einen Einarbeitungsplan erstellen, der auch spezifisch auf die ggf. besonderen Bedarfe, Kenntnisse, Unsicherheiten usw. von Geflüchteten abgestimmt ist.
- Ein Mentoring von Person zu Person, das es zulässt, kleine und größere Fragen im Alltag auf einfachem Weg vertrauensvoll zu klären, Tipps zu geben und zu erfragen.
- Immer die Stammbelegschaft miteinbeziehen! Für Transparenz sorgen, für das Mitziehen werben, an die eigenen Stärken und auch an Empathie anknüpfen; es so gestalten, dass alle etwas davon haben und mitnehmen können; Leichtigkeit und Spaß helfen!
- Für Sprachsensibilisierung sorgen. Dies hilft auch, Missverständnisse nicht hochkochen zu lassen.
- Einen interkulturellen Kalender aufhängen. Dies zeugt erstens von Wertschätzung gegenüber Festen und Feiertagen von Personen aus anderen „Kulturkreisen“, hilft aber auch ganz praktisch bei der Planung von Schichtdiensten und Urlaub, nicht zuletzt kann ein interkultureller Kalender auch Neugier wecken und zur Horizonterweiterung beitragen.
- Berufsbezogene Kenntnisse/Zugangsweisen von Geflüchteten im Sinne eines professionellen „internationalen Austauschs“ betrachten und kennenlernen. Dies führt weg von einer Defizit- und Opferperspektive hin zur Rezeption von Geflüchteten in ihren Fähigkeiten und Kenntnissen, die ggf. auch neue Idee für die hiesigen gewohnten Abläufe bieten können.
- Ggf. Unterstützung bei Behördengängen, Wohnungssuche, Kita und Schulfragen, auch wenn die eigene Einrichtung „nur“ für einen Integrationsbereich zuständig ist (z.B. „Arbeit“). Geflüchtete müssen sich ihr ganzes Leben neu aufbauen und vieles hängt nun einmal zusammen. Dazu gehört auch, Geflüchteten die Teilnahme an zusätzlichen Maßnahmen zu ermöglichen oder diese sogar selbst anzubieten (z.B. Sprachkurse).
- Außerbetriebliche Integration (z.B. Sport, Hobbies, Vereine, auch ethnische Netzwerke) einbinden, bei Kontakten unterstützen.

- Ansprechpersonen bei Konflikten und bei Diskriminierung. Diesen müssen auch Geflüchtete vertrauen können. Wichtig zu erinnern ist: Diskriminierung ist kein Konflikt zwischen zwei Personen oder Gruppen, sondern hier geht es immer um Macht. Grundsätzlich ist Diskriminierung ein Problem der Einrichung/des Unternehmens als Ganzes, nicht eines der betroffenen Person!

10.3 Neue Instrumente zur Gestaltung von Vielfalt in Betrieben

Trotz aller guten Vorbereitung und auch bei allem guten Willen kann es im Arbeitsalltag zu Missverständnissen, Kommunikationsschwierigkeiten und Konflikten kommen. Spätestens die Integration geflüchteter Menschen könnte und kann für Unternehmen – die ohnehin mit immer vielfältigeren Belegschaften und Kund_innen zu tun haben – eine Gelegenheit sein, das Miteinander der vielfältigen Belegschaft strategisch zu planen und partizipativ zu gestalten. Um solche Prozesse zu unterstützen, wurden im Rahmen des Projektes „Kulturelle Vielfalt in Betrieben“ drei Instrumente entwickelt, die über marketing-orientierte Diversity Management-Konzepte hinausweisen bzw. als ergänzende Methoden ein Diversity Management bereichern können. So wurde aus der erwähnten quantitativen Befragung von Mitarbeitenden in Altenhilfeeinrichtungen und Kindertagesstätten eine *Checkliste zur Ist-Stand-Analyse* und als Türöffner für das Thema Kulturelle Vielfalt in der eigenen Einrichtung bzw. im eigenen Betrieb erarbeitet. Des Weiteren wurde ein *Selbstbewertungsinstrument* entwickelt. Das Selbstbewertungsinstrument kann auf Grundlage einer Analyse der Abläufe und Vorgehensweisen in der eigenen Einrichtung/im Betrieb die Mitarbeitenden dabei unterstützen, neue Lösungsvorschläge zu entwickeln und einzubringen. Das Instrument zielt auf die Herstellung von Gleichwertigkeit ab, ist partizipativ ausgelegt und fördert durch die Art und Weise der geleiteten Fragestellung die Selbstreflexion über die eigene Person, das eigene Team und die eigene Organisation, ohne konfrontativ zu sein und damit Abwehr zu erzeugen.

Als dritter Baustein wurde eine Plakatreihe gestaltet, die als kleine Fortbildung gedacht ist und Anreize setzt, sich im Arbeitsalltag mit dem Thema kultureller Vielfalt weiter auseinander zu setzen.

10.3.1 Checkliste kulturelle Vielfalt

Zur Nutzung in Sozial- und Pflegeeinrichtungen und Betrieben der Sozialwirtschaft, aber auch darüber hinaus, wurde eine „Checkliste kulturelle Vielfalt" entwickelt, die als Lang- und Kurzversion vorliegt und kostenfrei online abrufbar ist.[4] Die Checkliste basiert auf gängigen und publizierten Befragungsinstrumenten aus dem Bereich Diversity/Integration/Rassismus und der Arbeits- und Betriebspsychologie sowie einigen selbstentwickelten Modulen. Die Checkliste bietet eine Ist-Stand-Analyse für kulturelle Vielfalt in einer Einrichtung/im Betrieb und kann als Einstieg in den Prozess der Gestaltung kultureller Vielfalt hilfreich sein. Mit Hilfe der Checkliste kann das Thema *Kulturelle Vielfalt* in ein Unternehmen hineingetragen werden, es können Verbesserungspotenziale aufgedeckt und darauf aufbauend entsprechende Ziele formuliert bzw. konkrete Projekte und Interventionen geplant werden.

Die Checkliste bietet einen ersten Ansatz zur selbstständigen und eigenverantwortlichen Auseinandersetzung mit dem Thema *Kulturelle Vielfalt* im eigenen Betrieb und kann der Reflexion über die eigenen Einstellungen hierzu dienen. Wir selbst haben sie als Grundlage für Befragungen von Mitarbeitenden in der Altenpflege und in Kindertageseinrichtungen genutzt, getestet und weiterentwickelt. Die Befragten beschäftigten sich jeweils erstmals mit dem Thema *Kulturelle Vielfalt* in der eigenen Einrichtung und begannen sich über die Fragen auszutauschen und so ins Gespräch zu kommen und das Thema als solches wahrzunehmen und ihm Wert zuzuordnen.

Die Checkliste kann als Ganzes oder in Teilen auch in regulären Befragungen von Mitarbeitenden integriert werden. Sie umfasst drei Analyseebenen zur Betrachtung der Umsetzung kultureller Vielfalt im Betrieb: das vorhandene Leitbild des Betriebs, eine Auswahl messbarer Fakten und Kennzahlen von Vielfalt und die Erfahrungen und subjektive Einschätzung der Mitarbeiter_innen in Bezug auf Vielfalt bzw. ihrer Umsetzung. Dazu gehören auch Grundhaltungen zu Diversity, Befürchtungen und Vorbehalte bei der interkulturellen Zusammenarbeit und Wünsche nach konkreten Maßnahmen, einschließlich Fortbildungen. Abb. 10.1 zeigt beispielhaft ein Modul der Checkliste zu den subjektiven Einschätzungen der Mitarbeitenden in Bezug auf die Belegschaft der eigenen Einrichtung. Die beiden abgebildeten Fragen wurden in Anlehnung an gängige Fragen zur Erfassung der Befürwortung von kultureller Diversität formuliert, wie sie u.a. im European Social Survey[5] verwendet werden.

---

4 Die Kurz- und Langversion ist online unter: https://www.hs-niederrhein.de/socon/ unter Publikationen und Instrumente. Des Weiteren ist die Kurzversion im Online-Anhang nachlesbar.

5 Der European Social Survey (ESS) ist eine großangelegte repräsentative Bevölkerungsbefragung, die regelmäßig in inzwischen fast allen europäischen Ländern durchgeführt

Denken Sie jetzt an die Einrichtung, in der Sie tätig sind. Was ist Ihre persönliche Meinung?

Ich stimme der folgenden Aussage:	*überhaupt nicht zu* (1)	*eher nicht zu* (2)	*teils-teils zu* (3)	*eher zu* (4)	*voll und ganz zu* (5)
Es ist besser für eine Einrichtung, wenn es dort viele Mitarbeiter_innen mit unterschiedlichen Kulturen und Religionen gibt.	☐	☐	☐	☐	☐
Ich freue mich, wenn unsere Einrichtung noch vielfältiger und bunter wird (bezogen auf die kulturelle Herkunft der Mitarbeiter_innen).	☐	☐	☐	☐	☐

Abb. 10.1: Beispiel aus der Checkliste Kulturelle Vielfalt (eigene Darstellung)

Die Checkliste *Kulturelle Vielfalt* besteht aus einem standardisierten Fragebogen mit ankreuzbaren Antworten und nimmt daher sowohl beim Ausfüllen, als auch bei der Auswertung einen überschaubaren Zeitraum in Anspruch. Allein in der ersten und zweiten Analyseebene zum Leitbild und den Fakten und Kennzahlen der aktuellen Gestaltung der kulturellen Vielfalt in der Einrichtung/im Betrieb ist Raum für eigene Bemerkungen gegeben, damit spontane Gedanken, d.h. insbesondere erste Ideen und Überlegungen für eine mögliche Verbesserung oder zu treffende Maßnahmen, nicht verloren gehen. Grundsätzlich wird jedoch in diesen beiden Ebenen allein Zutreffendes angekreuzt, z.B. ob es interkulturelle Maßnahmen für Mitarbeitende wie Informationsveranstaltungen oder Trainings gibt. In der Auswertung kann somit eine einfache Ist-Stand-Erhebung durchgeführt werden und ein Abgleich zwischen der Wahrnehmung der Mitarbeitenden und den tatsächlichen Angeboten bzw. Leitlinien stattfinden. Dabei haben wir beispielsweise feststellen können, wie bekannt das Leitbild in Bezug auf Vielfalt unter den Mitarbeiter_innen ist oder ob sie von den angebotenen Fortbildungen zum Thema überhaupt wissen. Dies gibt Hinweise darauf, wie das Thema Vielfalt in der Einrichtung kommuniziert wird.

Auch die dritte Analyseebene wurde für eine einfache Auswertung gestaltet. Hier kreuzen die Mitarbeiter_innen auf einer Skala von „1 = trifft überhaupt nicht zu“ bis „5 = trifft voll und ganz zu“ ihre eigene Zustimmung zu einer Aussage wie in Abb. 10.1. an. Je höher dabei der Wert der Zustimmung ist, desto offener und positiver ist die Einstellung der Mitarbeitenden. Daher kann die Auswertung der Checkliste durch unterschiedliche Mitarbeiter_innen erfolgen, z.B. im Rahmen einer Mitarbeiter_innen-Befragung durch die Personalabteilung.

Es macht nach unserer Erfahrung Sinn, die Ergebnisse der Befragung in der Einrichtung/im Betrieb vorzustellen und gemeinsam zu besprechen. So kann eine erste Themensetzung erfolgen bzw. erste Verbesserungsprojekte

wird. Erhoben werden Einstellungen der europäischen Bevölkerung zu verschiedenen Themen, u.a. auch zu Migration und Integration: https://www.europeansocialsurvey.org/ [Zugriff: 08.02.2020] identifiziert werden, die im Anschluss erarbeitet werden. Um eine Entwicklung nachvollziehen zu können, bietet es sich an, die Befragung in regelmäßigen Zeitabständen zu wiederholen.

10.3.2 Selbstbewertungsinstrument „Kulturelle Vielfalt in Betrieben“

Um die Gestaltung kultureller Vielfalt in Unternehmen und Einrichtungen umfassend analysieren zu können und gleichzeitig Möglichkeiten der Verbesserung auszuloten, haben wir ein „Selbstbewertungsinstrument Kulturelle Vielfalt“ (SBI) entwickelt. Das SBI lehnt sich in der Vorgehensweise an das EFQM Excellence Modell 2013 der European Foundation for Quality Management (EFQM) (Moll/Kohler 2013) an. Inhaltlich ist es von der oben skizzierten Checkliste, Expertengesprächen und mit Blick auf interkulturelle Öffnung formulierten Kriterien inspiriert (u.a. von Schröer 2007).

Das EFQM-Modell als Referenzrahmen eignet sich insofern, als es auf einem Selbstbewertungsansatz und selbst gesteckten Zielen basiert.[6] Der Unternehmenserfolg wird an diesen Zielen gemessen. Über den Selbstbewertungsansatz wird der Betrieb ganzheitlich und umfassend in den Blick genommen. Erreicht werden soll eine kontinuierliche Verbesserung der Einrichtung oder des Unternehmens.

Durch die Anlehnung an dieses Modell soll das Selbstbewertungsinstrument den Prozess der Gestaltung kultureller Vielfalt unterstützen. Durch eine Reihe von Fragen wird ein Themenraster an die Hand gegeben, das jeder Betrieb für sich definieren und interpretieren kann, um die eigene Organisation weiter und dabei ihren jeweiligen Weg selbst zu entwickeln. Durch diese strukturierte und geforderte inhaltliche Selbstbeschreibung passt sich das Instrument den jeweiligen Strukturen und Prozessen des Betriebs an. Die Mitarbeiter_innen werden als Expert_innen ihres eigenen Betriebs verstanden, da sie ein jeweils organisationsspezifisches, detailliertes Wissen über die Abläufe im Betrieb haben. Um Entwicklungen festzustellen, neue anzustoßen und eine erfolgreiche Durchführung der Selbstbewertung zu etablieren, sollte der Prozess ca. alle 2-3 Jahre wiederholt werden.

---

6 Eine Selbstdarstellung des EFQM-Models findet sich hier: http://www.deutschlands-kundenchampions.de/files/dkc_efqm_grundkonzepte_2003.pdf [Zugriff: 08.02.2020]. Wir sehen die neoliberale Grundhaltung, die u.E. nach das EFQM-Model prägt, durchaus kritisch. Als Grundlage für die Analyse von Prozessen in Unternehmen und Einrichtungen ist das Instrument aus unserer Sicht aber durchaus hilfreich.

Aufbau des Selbstbewertungsinstruments

Das Selbstbewertungsinstrument umfasst neun strukturelle Module, sogenannte Kriterien, die den Betrieb in seiner Gesamtheit betrachten (siehe Abb. 10.2). Die ersten fünf Kriterien beschreiben dabei, was im Betrieb getan wird bzw. was also den Betrieb befähigt zu arbeiten (Befähigerkriterien). Dem gegenüber beschreiben die anderen vier Kriterien (Ergebniskriterien), welche Ergebnisse das Handeln des Betriebs hat und welche Entwicklungen aus diesen Ergebnissen ablesbar sind.

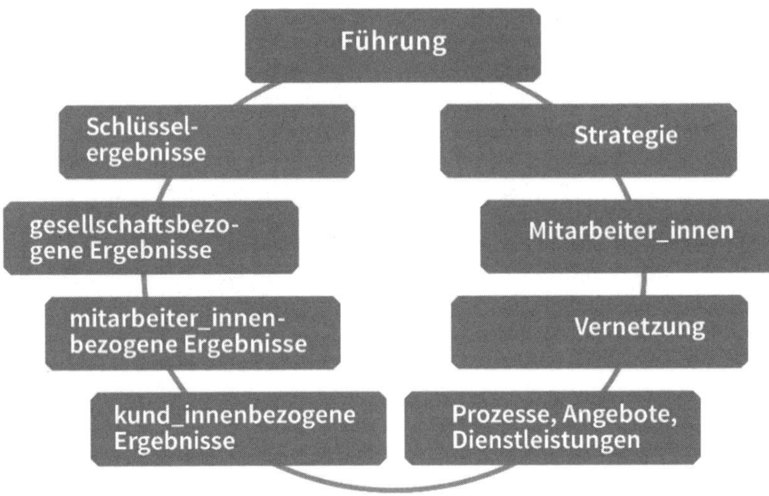

Abb. 10.2: Kriterien nach EFQM (eigene Darstellung)

Erfolgt eine Bearbeitung des Selbstbewertungsinstruments aufgrund dieser Struktur, so ist es empfehlenswert, mit dem Kriterium Strategie zu beginnen, da dieses die Grundlage für das Vorgehen in allen weiteren Kriterien bildet. Die nach dem EFQM Excellence Ansatz formulierten Kriterien wurden für ein besseres Verständnis und eine aktive Einbeziehung der Mitarbeitenden in Fragen umgewandelt. Um das Ziel einer Prozessbeschreibung beizubehalten, wurde bei der Formulierung zumeist die Frage mit „Wie“ begonnen. Die einzelnen EFQM Kriterien bzw. Teilkriterien wurden an das Thema *Kulturelle Vielfalt* angepasst, in mehrere Fragen aufgeteilt oder zusammengefasst. Ein besonderes Augenmerk erhielt die Überarbeitung nach einfacher Sprache, so dass das Selbstbewertungsinstrument auch für Mitarbeitende mit weniger guten Deutschkenntnissen zugänglich ist. Auch das Bewertungsschema wurde für eine einfachere Anwendung für die Zielgruppe angepasst.

Das Selbstbewertungsinstrument ist modular aufgebaut. Es kann zum einen systematisch nach den Kriterien des EFQM Excellence Modells bearbeitet werden, zum anderen können auch einzelne Aspekte bearbeitet werden, die sich jeweils mit spezifischen Themen beschäftigen (die zusammengenommen aber die Kriterien des EFQM-Modells abdecken), wie z.B.: Strategische Ausrichtung, Führungskultur, Interkulturelle Sensibilisierung, Kommunikation und Sprache, Personalbeschaffung, Personalentwicklung, Mitarbeitendenbeteiligung, Arbeitszufriedenheit, Angebotsgestaltung, Öffentlichkeitsarbeit und Partnerschaften sowie Ressourcen.

Abb. 10.3: Module bzw. Kriterien nach inhaltlichen Aspekten (eigene Darstellung)

Wichtig bei der Bearbeitung des Selbstbewertungsinstruments ist es, den Umfang der Arbeit an den *Reifegrad* des Betriebs anzupassen. Mit Reifegrad ist hierbei gemeint, welche Erfahrungen der Betrieb bzw. die einzelnen Mitarbeiter_innen mit der Arbeit mit Qualitätsmanagementsystemen im Allgemeinen und im speziellen Fall auch mit dem Selbstbewertungsinstrument selbst haben. Um sich mit der Arbeits- und Funktionsweise des Instruments auseinanderzusetzen und keine Überforderung, Frustration und ziellosen Aktionismus zu forcieren, sollten Betriebe mit wenig Erfahrung beispielsweise bevorzugt mit den inhaltlichen Themenmodulen starten und immer nur eins nach dem anderen bearbeiten.

Funktionsweise

Der Selbstbewertungsinstrument (SBI) läuft in drei Schritten ab:

1. Beschreibung der Prozesse: Wie wird kulturelle Vielfalt in der Organisation gestaltet?
2. Bewertung der bisherigen Abläufe: Wie gut funktioniert das, was in der Organisation schon umgesetzt ist?
3. Gemeinsames Überlegen von Verbesserungen: Was könnte man noch tun, um kulturelle Vielfalt in der Organisation umzusetzen?

Frage 1 **Wie wird sichergestellt, dass Informationen für alle Mitarbeiter*innen in Ihrem Betrieb zwischen allen Ebenen und Arbeitsbereichen verständlich weitergegeben werden?**

Antwort:

Bearbeitet am:

Schauen Sie sich Ihre Antwort bitte noch einmal an. Inwieweit treffen folgende Aussagen zu?	1	2	3	4	5
A. Es gibt eine (mündliche oder schriftliche) Grundlage/ Anweisung.					
B. Die Art der Durchführung ist sinnvoll.					
C. Die Wirksamkeit der Durchführung wird überprüft.					
D. Anweisung und Durchführung werden überarbeitet und verbessert.					

1= trifft überhaupt nicht zu 2= trifft eher nicht zu 3=trifft teils-teils zu 4= trifft eher zu 5= trifft voll und ganz zu

Abb. 10.4: Beantwortung und Bewertung einer Frage des SBI Kulturelle Vielfalt (eigene Darstellung)

Im ersten Schritt der Arbeit mit dem SBI erfolgt die Beantwortung einer ausgewählten Frage des zu bearbeitenden Moduls/Kriteriums (Abb. 10.4). Jede Frage ist so formuliert, dass die Antwort eine Beschreibung einer Vorgehensweise oder eines Ablaufs erfordert. Die Fragen sind als „Wie-Fragen" formuliert, um zunächst das Denken in Beschreibungen anzuregen und über Prozesse nachzudenken. Erst anschließend geht es um die Bewertung, wie gut diese Prozesse bereits ablaufen. Auf einer Skala von 1 bis 5, von „trifft überhaupt nicht zu" bis „trifft voll und ganz zu", wird jede Antwort bei den Befähigerkriterien nach vier Bewertungskriterien bewertet. Dabei wird der Blick darauf gerichtet, inwiefern es ein geregeltes Vorgehen gibt, dieses umgesetzt, überprüft und verbessert wird. Für die Ergebniskriterien wird bewertet, inwieweit die passenden Ergebnisse erhoben werden, inwieweit die Ergebnisse aussagekräftig sind und positive Entwicklungen aus ihnen abgelesen werden können.

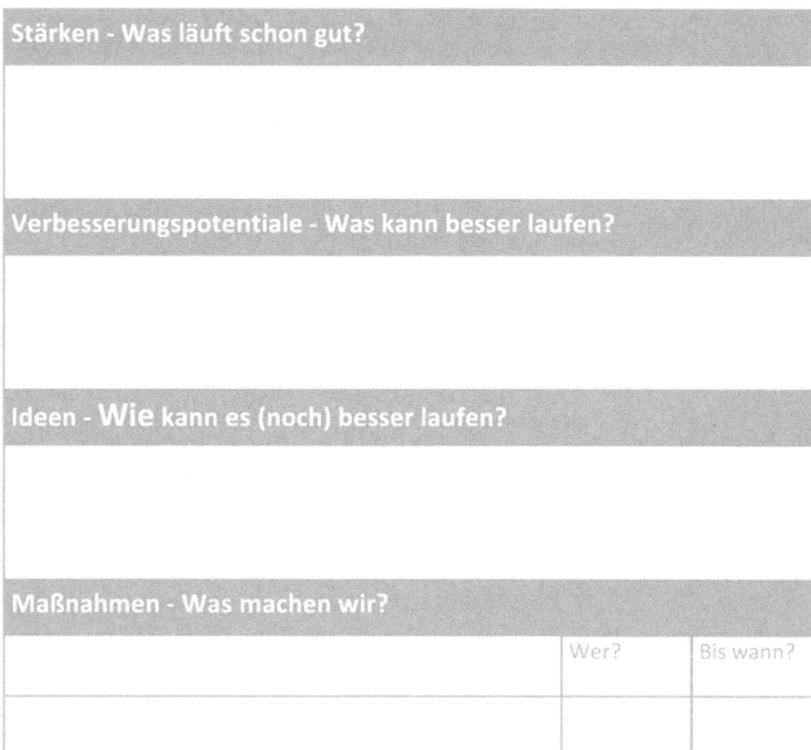

Abb. 10.5: Dritter Schritt: Identifikation von Stärken und Verbesserungspotenzialen (eigene Darstellung)

Alle gemeinsamen Bewertungen zu den beantworteten Fragen werden in einer Bewertungsübersicht zusammengetragen, sowohl für die einzelnen Bewertungskriterien als auch die Gesamtbewertung aller Fragen. Mit Hilfe dieser Übersicht können zum einen die Fragen innerhalb eines Moduls gegeneinander abgewogen und für die Analyse von Stärken und Verbesserungspotentialen genutzt werden. Zum anderen können auch die einzelnen Bewertungskriterien – Vorgehen/Planung, Umsetzung, Prüfung oder Verbesserung bzw. Erhebung, Aussagekraft, Trends – mit ihrem jeweiligen Durchschnitt betrachtet werden. Insgesamt ergibt sich aus der Übersicht eine Gesamtbewertung für das Modul, um verschiedene Module miteinander vergleichen zu können.

In Schritt drei werden nun die Beschreibungen und Bewertungen genutzt, um die Stärken und Verbesserungspotentiale des Betriebs zu identifizieren (Abb. 10.5). Diese wiederum bilden die Grundlage für die in Schritt vier zu entwickelnden Ideen zur konkreten Maßnahmenplanung. Die Maßnahmenplanung sollte nach dem SMART-Prinzip[7] der Formulierung von Zielen erfolgen, d.h. hier sollte festgelegt werden, wer bis wann, was, wie macht und wie festgestellt wird, dass die Ziele erreicht wurden.

Die Funktionsweise des Selbstbewertungsinstruments kann auch auf ein (ursprünglich mit Blick auf das Handeln in Notfallsituationen skizzierten) 5-Stufen-Modells zur aktiven Gestaltung kultureller Vielfalt zurückgeführt werden (siehe Kapitel 2). Das Modell erklärt wie durch die Wahrnehmung einer Situation, die Interpretation dieser Situation, die Übernahme von Verantwortung, das Kennen von Handlungsoptionen und schließlich die Umsetzung einer dieser Handlungsoptionen die Gestaltung der kulturellen Vielfalt im eigenen Betrieb/in der eigenen Einrichtung vorangebracht werden kann.

Auch in der Selbstbewertung geht es darum, durch die Beschreibung der Situation zunächst die Wahrnehmung für diese zu schärfen. Der zweite Schritt, die Bewertung der Beschreibung, unterstützt die Teilnehmer_innen dabei, ihre Beschreibung zu deuten. Ein zusätzlicher Schritt in der Interpretation ist die Sammlung von Stärken und Verbesserungspotentialen. Sobald nun in der Bearbeitung Ideen entwickelt werden, wie eine Situation verbessert werden kann, sind die Stufen „Verantwortungsübernahme“ und „Kennen von Handlungsoptionen“ erreicht. Dabei wird die Verantwortung implizit durch die aktive Teilnahme an den Überlegungen zu Verbesserungen übernommen. Am Schluss steht nur noch die Umsetzung der entwickelten Maßnahmen.

---

7 SMART ist ein übliches Verfahren im Projektmanagement; die Abkürzung steht für: spezifisch, messbar, attraktiv, realistisch und terminiert. Diese Kriterien sollten bei der Planung eines Projekts berücksichtigt werden.

Kritik

Das Selbstbewertungsinstrument hat sich in Workshops in längerer und auch ganz kurzer Version bewährt, dennoch gibt es auch Verbesserungspotenziale. Wie bei allen Methoden des Qualitätsmanagements geht es auch hier nicht um den Gegenstand selbst, sondern um die Prozesse und Wirkungsweisen innerhalb einer Organisation (kritisch dazu Gucanin 2003). In jedem Fall bietet das Instrument immer nur ein Handwerkszeug, das es Organisationen und Teams erleichtern kann, über die eigenen Vorgehensweisen und Strukturen nachzudenken und Verbesserungen zu entwickeln. Der Erfolg steht und fällt mit der Umsetzung und strukturellen Verankerung.

Gefahr besteht, Prozesse zu beschönigen und eingefahrene Verhaltensweisen fortzuführen – sei es aus fehlender Sensibilität, mangelndem Veränderungswillen oder geringen Kenntnissen im Bereich Interkulturalität. Hier bietet es sich an, fachlichen Input von externen Kräften einzuholen.

Das ursprüngliche EFQM-Modell ist hochkomplex und sehr abstrakt, so dass es ohne eine geschulte Moderation nicht durchgeführt werden kann. Obwohl wir das Modell deutlich heruntergebrochen und vereinfacht haben, ist nach unserer Erfahrung dennoch eine Moderation hilfreich. Im besten Fall wird diese von einer_m Moderator_in übernommen, die/der bereits im Umgang mit der Denkweise von Qualitätsmanagementsystemen und im Besonderen dem EFQM-Modell vertraut ist, um ein Verständnis für die Funktionsweise des Selbstbewertungsinstruments zu entwickeln. In einigen Fällen wird dafür ein externe_r Moderator_in benötigt, da der Betrieb diese Ressource nicht zur Verfügung hat. Einer/einem externen Moderator_in fällt es zudem leichter, einen neutralen Standpunkt einzunehmen und zwischen den unterschiedlichen Hierarchieebenen vermitteln zu können, ohne selbst eingebunden zu sein. Die gemeinsame, konstruktive und gleichberechtigte Bearbeitung des Selbstbewertungsinstruments von Mitarbeitenden aus allen Arbeitsbereichen und Hierarchieebenen ist wichtig, um tatsächlich Veränderungsprozesse in Gang zu setzen und für deren Akzeptanz in der gesamten Mitarbeiter_innenschaft.

Die Praxis hat gezeigt, dass das Instrument in Teilen aber auch in Teamsitzungen genutzt wird und zum konstruktiven Nachdenken über Veränderungen anregen kann. Hier kann dann ein/e Kolleg_in mit Moderationserfahrung den Ablauf begleiten und im besten Fall die Umsetzung der Vorschläge nachverfolgen. Für kleine Workshopmodule nutzen wir einzelne ausgewählte „Wie-Fragen“, lassen ggf. aus Zeitgründen den Schritt der Bewertung aus, gehen aber unbedingt den dritten Schritt der Entwicklung von Ideen zur Verbesserung.

10.3.3 Alltagsfortbildungen: Plakatreihe „Espresso Wissen – eine Minute interkulturell“

(Arbeits-)Zeit ist ein knappes Gut besonders in Branchen, die mit dem Fachkräftemangel zu kämpfen haben. Dabei werden fachspezifische Themen wichtiger als Soft Skills gewertet (DIHK 2016: 5). Im Arbeitsalltag führt dies wiederum dazu, fachlichen Fortbildungen den Vorrang einzuräumen.

Eine Möglichkeit neues Wissen im Arbeitsalltag zu vermitteln, ist die Methode der „One Minute Wonder“-Plakate bzw. Lerntafeln, auf denen auf eine kurze, anschauliche Art neues Wissen vermittelt wird. Das ursprünglich aus Großbritannien stammende Konzept wird bislang überwiegend in der Pflege verwendet – in Deutschland zunächst vom Herz- und Diabeteszentrum NRW. Dabei werden regelmäßig anfallende Wartezeiten während der Arbeitszeit genutzt, um mit Hilfe von Plakaten bzw. Lerntafeln neues Wissen zu vermitteln. Die Plakate sollen dabei innerhalb einer Minute zu lesen sein und eben an jenen Orten aufgehängt werden, an denen kurze Ruhephasen entstehen wie beispielsweise im Aufzug, in der Küche oder an Analysegeräten. In einer Evaluation der One Minute Wonder konnten sich 44 Prozent der Befragten in der Praxis an Inhalte einer Lerntafel erinnern.[8]

Diese Idee wurde im Projekt „Kulturelle Vielfalt in Betrieben“ aufgegriffen und als Neuheit für den interkulturellen Bereich adaptiert. Bei der Plakatreihe „Espresso Wissen – eine Minute interkulturell“ handelt es sich demnach um kleine Alltagsfortbildungen zur Sensibilisierung von Mitarbeiter_innen zu interkulturellen Themen. Der neue Name spielt dabei auf die mögliche Verwendung in Kaffeeküchen an und stellt einen Bezug zum Thema her. Weitere Orte, an denen Wartezeiten entstehen oder Blicke immer wieder hinwandern, sind zum Beispiel Toilettentüren, Aufzüge oder Kopierer.

Ziel der Plakatreihe ist es, Toleranz, Respekt und Kollegialität unter den Mitarbeiter_innen zu fördern. Ein wertschätzender Umgang mit allen Mitarbeitenden wirkt sich besonders positiv auf die Motivation und Arbeitszufriedenheit der gesamten Belegschaft aus und ist schlussendlich ein Ausdruck einer anerkennenden Unternehmenskultur. Dies verringert Fehlzeiten und ist ein Gewinn für die Personalbeschaffung und -bindung (IQ Fachstelle Interkulturelle Kompetenzentwicklung und Antidiskriminierung 2015).

Es liegen Plakate zu den Themen Migrationsgeschichte, Vorurteile, Religion, Interkulturelle Kommunikation und Einfache Sprache vor. Diese Themen hatten sich in der Projektarbeit mit Betrieben als wiederkehrende und zentrale Fragestellungen herausgestellt. Dazu existiert ein Flyer mit Informationen zur Verwendung, weiterführenden Literaturhinweisen und hilfreichen

8 Nähere Informationen dazu: http://omw.hdz-nrw.de/ [Zugriff: 08.02.2020]

Kontaktadressen. Ein Beispiel für ein „Espresso Wissen“-Plakat wird in Abb. 10.6 gezeigt, dieses und alle weiteren sind kostenlos online abrufbar.[9]

Abb. 10.6: „Espresso Wissen“-Stereotype (eigene Darstellung)

9 Nähere Informationen unter: https://www.hs-niederrhein.de/socon/ unter Publikationen und Instrumente

Die Illustrationen von Szenen aus dem Arbeitsalltag im oberen Bereich führen dabei auf humorvolle und/oder irritierende Weise auf das Plakatthema hin. Sie wecken das Interesse der Betrachter_innen und verbinden das Thema mit dem Arbeitsalltag. Die Illustration auf dem Plakat zum Thema *Vorurteile* zeigt vier Personen, eine davon ist José, der eine Brille trägt und eher schüchtern auftritt und der von einer weiteren Person als neuer Mitarbeiter aus Spanien vorgestellt wird. Aus den Hinterköpfen der beiden anderen Personen sind Schubladen ausgezogen, die mit Hilfe von Sprechblasen Stereotype bzw. Vorurteile darstellen. Die Frage im Anschluss richtet sich direkt an die Betrachter_innen und regt an, über eigene Erfahrungen, Meinungen, unbewusste Denkmuster oder Vorwissen nachzudenken. Diese Selbstreflexion setzt die Betrachter_innen in einen persönlichen Bezug zum Thema. Eine kurze, prägnante Einführung in das gewählte Thema setzt die illustrierten Situationen in einen größeren Zusammenhang und ordnet ihre Relevanz für das alltägliche Miteinander in der Gesellschaft und im konkreten Arbeitsleben ein. Im Beispiel erläutert der Text, was Stereotype sind und wie sie zu einem Vorurteil werden, welche Funktionen Vorurteile haben (um Hemmungen abzubauen, sich eigene Vorurteile einzugestehen) und warnt aber auch vor Diskriminierungen aus vorurteilsbasierten Handlungen. Um den/der Betrachter_in praktische Hilfestellung an die Hand zu geben, schließen sich konkrete Handlungsempfehlungen für den Arbeitskontext an die thematische Einführung an. Auf dem Plakat zu Vorurteilen wird beispielsweise darauf hingewiesen, wie wichtig die Reflexion der eigenen Gedanken und Handlungen für einen wertschätzenden Umgang miteinander ist und wie durch Kommunikation miteinander eventuelle Vorbehalte abgebaut werden können. Abgeschlossen und abgerundet wird jedes Plakat durch eine letzte Frage, die zu einem Gespräch mit Kolleg_innen anregen und damit das Thema weiter in den (Arbeits-)Alltag tragen soll.

Auch die anderen vier Plakate beschäftigen sich mit alltäglichen Konflikten oder Irritationen und versuchen vor allem für mehr gegenseitiges Verständnis zu werben und zum gemeinsamen Austausch anzuregen. „Migrationsgeschichte“ stellt die bekannte Frage „Woher kommst du?“, geht auf die Auswirkungen für die Gefragten ein und regt an über den Sinn der Frage zu reflektieren. „Einfache Sprache“ setzt bei missverständlichen Redewendungen an und gibt Tipps zum einfacheren Sprachgebrauch. Mit der Frage, ob Pausen auch zur Religionsausübung genutzt werden können, startet das Plakat zum Thema „Religion“ und beschäftigt sich mit unterschiedlichen Bedürfnissen von Religionsausübung und von außen zugewiesener Religionszugehörigkeit. Das vierte Plakat mit dem Thema „Interkulturelle Kommunikation“ setzt sich mit unterschiedlichen Erwartungen an Verhalten und Umgangsformen sowie Gewohnheiten der Körpersprache, wie Haltung, Gestik und Mimik, auseinander.

Kritisch anzumerken ist, dass die von uns entworfenen Plakate anders als die in der Pflege entwickelten, streng genommen kein „Wissen“ transportieren“, sondern zur Reflexion anregen wollen, dafür aber zunächst stereotypes

„Scheinwissen" über soziale Gruppen aktivieren. Dies ist eigentlich kein gutes Vorgehen, zementiert dies doch zunächst Stereotype. Sie könnten zum *Fremdmachen* beitragen und auch paternalistisch wirken. Die darunter stehenden Texte greifen dies dann auf und versuchen, zum Nachdenken über die eignen Vorurteile und Alltagsrassismen anzuregen. Die Frage ist, wie gut dies gelingt, eine Evaluation hierzu steht noch aus.

10.4 Fazit

Mithilfe dieser Instrumente zur Gestaltung der kulturellen Vielfalt wie der Checkliste, dem Selbstbewertungsinstrument und den Espresso-Wissen-Plakaten können gegenseitige Barrieren abgebaut werden und die erfolgreiche Integration in Arbeit und somit auch in die Gesellschaft vorangebracht werden. Sie zeigen jedoch auch, dass Integration keine Einbahnstraße und Aufgabe der Geflüchteten ist, sondern ein gemeinsamer Weg von Betrieben und alten und neuen Mitarbeitenden, den es Schritt für Schritt zu erkunden gilt. Auch wenn dies nicht selten als eine Art Rezept nachgefragt wird, gibt es für die Gestaltung kultureller Vielfalt in Betrieben keinen allgemeingültigen goldenen Weg. Wie die Instrumente zeigen, müssen die Gestaltungsprozesse an die jeweiligen Gegebenheiten vor Ort angepasst werden, um zu gelingen. Gelingen bedeutet dabei nicht nur die erfolgreiche Beschäftigung Geflüchteter, sondern auch die eventuelle Anpassung der Organisationsstrukturen und eine Belegschaft, die das mitträgt. Letztlich kann es ein Gewinn für die gesamte Unternehmenskultur sein, Prozesse erleichtern und die Zufriedenheit fördern. Der Hinweis darauf kann in der Praxis helfen, Einrichtungen/Betriebe und die Mitarbeiter_innen davon zu überzeugen, sich auf die aktive Gestaltung kultureller Vielfalt einzulassen, diese nicht nur als ein „das auch noch", sondern als eine Chance zu begreifen.

Neben der möglichen positiven Wirkung muss zugleich kritisch gefragt werden, inwieweit die Thematisierung von Gruppenzugehörigkeiten – selbst identifiziert oder von außen zugewiesen – nicht gerade erst die Aufmerksamkeit darauf lenken und damit ungewollt bestehende Differenzlinien verschärfen. Dies gilt sowohl für etliche Fragen der „Checkliste Diversity" und umso mehr für die Wiederholung von Stereotypen, wie wir sie z.T. bei den Plakaten zum „Espresso Wissen – eine Minute interkulturell" finden. Dieses Dilemma teilen die entwickelten Instrumente mit vielen anderen Trainingsmodulen zur Aufklärung, Sensibilisierung und Selbstreflexion im Bereich von Diversity und Anti-Rassismus. Letztlich kommen auch im Selbstbewertungsinstrument Ungleichwertigkeiten entlang tief eingegrabener Dimensionen von ethnischer, kultureller, religiöser usw. Gruppenzuweisung auf den Tisch und dieser Tisch steht in dem jeweils gegebenen Kontext strukturell ungleich verteilter Macht.

So reden in einem Team Mitarbeiter_innen, die in der deutschen Gesellschaft (auch weltweit) einen privilegierten Status haben, daher über mehr Macht und Einflussmöglichkeiten verfügen und einfach selbstverständlicher so sein können, wie sie sind, mit Mitarbeiter_innen, die unmittelbar und direkt, mal offen, mal subtiler von Rassismus und Diskriminierung betroffen sind (siehe dazu Kapitel 3). Es wäre naiv, hier von einem Gespräch auf Augenhöhe auszugehen – für die, die als Angehörige z.B. von Minderheiten in der schwächeren Position sind, ist die Situation und die Themen, über die gesprochen werden, emotional viel näher, sie sind ungeschützter, ihnen wird nicht selten „übertriebene Empfindlichkeit“ vorgeworfen, die anderen können sich leichter distanzieren, fühlen sich aber ggf. angegriffen und rutschen dann leicht in eine Verteidigungshaltung. Über diese gegebenen gesellschaftlichen Machtpositionen zu reden, ist zwar einerseits wichtig und öffnet auch die Augen, andererseits trägt es nicht unbedingt zum Finden von konkreten alltagsnahen und umsetzbaren Lösungen für Einrichtungen und Betriebe bei. Denn nichtsdestotrotz gilt es für alle Personen – unabhängig von ihrer identifizierten oder zugewiesenen Gruppenzugehörigkeit – in dem gegebenen Kontext der Einrichtung oder des Unternehmens Haltungen, Regelungen, Zugänge, Angebote und Umgangsweisen miteinander zu entwickeln, die für alle Würde und gleichwertige Teilhabe ermöglichen. Die ungleichen Machtpositionen, die eben weit über das eigene Team, die eigene Einrichtung oder Unternehmen hinausgeht, müssen dabei mit einbezogen werden. Eine zugewandte, gemischte Sitzordnung, klare Vereinbarungen zum gegenseitigen Umgang bei Redebeiträgen, eine Moderation, die darauf achtet, dass alle zu Wort kommen und auch ein empathisches Spiegeln von Redebeiträgen können hierbei helfen.

→ Alle hier aufgeführten Materialien sind auch im Online-Anhang des Verlages abrufbar!

Kapitel 11: Zugewanderte Akademiker_innen

Ariane Schulz und Stefanie Wolgast

Viele zugewanderte und geflüchtete Akademiker_innen streben in Deutschland nach bildungsadäquaten Tätigkeiten, da sie ihre erworbenen Kompetenzen anwenden und somit aus ihrer Sicht einen sinnvollen Beitrag für die Gesellschaft leisten möchten. Auch der Status, den sie mit einer höherwertigen Tätigkeit verbinden, ist ein wichtiger Punkt: aus ihren Herkunftsländern kennen sie häufig nur die Unterscheidung zwischen angelernter Hilfstätigkeit und akademischem Beruf. Alternative Möglichkeiten wie eine Berufsausbildung sind ihnen weitestgehend unbekannt. Bei der Realisierung ihrer beruflichen Ziele stoßen sie in Deutschland jedoch auf viele Hürden. Nicht selten verlieren die Zugewanderten in dieser ungewissen Zeit ihren Mut und gehen schließlich doch einer Hilfstätigkeit nach, bei der der Einstieg in den Arbeitsmarkt aufgrund geringerer Anforderungen unkomplizierter ist. Vor diesem Hintergrund ist es erforderlich, die Menschen dabei zu unterstützen, die Hürden zu überwinden und einen qualifikationsadäquaten Arbeitsmarkteinstieg zu schaffen. Da auf dem deutschen Arbeitsmarkt ohnehin ein hoher Fachkräftemangel herrscht, entsteht somit eine Win-win-Situation. Es gilt also, Beratungsstrukturen aufzubauen und Instrumente zu entwickeln, die auf zielgruppenspezifische Bedarfe eingehen und passende Qualifizierungswege aufzeigen und anbieten.

Praxisbeispiel: Die Brückenmaßnahme OnTOP|HN des Förderprogramms „Integration durch Qualifizierung“ (IQ) unterstützt zugewanderte Akademiker_innen dabei, eine bildungsadäquate Beschäftigung zu finden. In der Förderphase 2015-2018 hat OnTOP|HN insgesamt 112 Teilnehmende intensiv beraten, begleitet und nachqualifiziert.

In diesem Kapitel erfahren Sie mehr darüber, welche Herausforderungen die zugewanderten und geflüchteten Akademiker_innen auf dem Weg in den deutschen Arbeitsmarkt bewältigen müssen und wie sie dabei unterstützt werden können. Nach einem kurzen Blick auf die Zielgruppe erhalten Berater_innen und Praktiker_innen ausführliche Informationen über das akademische und das berufliche Anerkennungsverfahren in Deutschland sowie über mögliche Qualifizierungswege an deutsche Hochschulen. Zum Schluss werden Anregungen für die konkrete Beratungstätigkeit gegeben, die sich auf die Erfahrungen der Brückenmaßnahme OnTOP stützen.

11.1 Zielgruppe

Im Jahr 2012 besaßen 10 Prozent aller erwerbsfähigen Akademiker_innen in Deutschland einen ausländischen Hochschulabschluss, das sind in absoluten Zahlen über 900.000 Personen (vgl. Geis et al. 2015: 10). Dabei ist der Anteil von Zugewanderten unter allen Personen mit einem Hochschulabschluss stetig angestiegen, von 16 Prozent im Jahr 2000 auf 31% im Jahr 2012, während der Anteil der Deutschen mit einem Hochschulabschluss mit 17,5% im Jahr 2017 deutlich niedriger war (vgl. Statistisches Bundesamt 2018: 59). Auch unter den Personen, die als Geflüchtete nach Deutschland kommen, haben 17 Prozent eine Hochschule in ihrem Herkunftsland besucht (vgl. Brücker et. al., 2018: 27). Dies gilt nicht nur für Menschen aus Kriegs- und Krisengebieten, sondern vermutlich auch für die wachsende Zahl von Personen, die derzeit aus der Türkei fliehen. Seit 2017 stellen Türk_innen vermehrt Asylanträge in Deutschland, sodass (nach sechs Jahren) nun die Türkei wieder zu den zehn zugangstärksten Staatsangehörigkeiten zählt (vgl. Bundesamt für Migration und Flüchtlinge 2019c: 16ff.).

Zugewanderte Akademiker_innen sind demnach u.a. für den deutschen Arbeitsmarkt eine größenmäßig relevante und in Zukunft voraussichtlich weiter anwachsende Gruppe (vgl. Graevskaia et al. 2018: 6). Gerade mit Blick auf den Fachkräftemangel und den populärer werdenden Diversity-Gedanken ist es verwunderlich, dass Migrant_innen mit einem ausländischen Abschluss auf dem Arbeitsmarkt gleich mehrfach benachteiligt werden. Sie haben nicht nur ein höheres Arbeitslosigkeitsrisiko als Migrant_innen mit einem inländischen Abschluss oder deutsche Akademiker_innen, sondern sie erhalten auch seltener eine Vollzeitstelle, besetzen weniger Fach- und Führungstätigkeiten und arbeiten wesentlich häufiger in nicht bildungsadäquaten Stellen (vgl. Geis et al. 2015:14,16,18,20).

Die Ursachen für den erschwerten Arbeitsmarktzugang können vielfältig sein (vgl. u.a. Voswinkel/Kontos 2010: 238f.; Nohl/Weiß 2009: 17f.). Eine fehlende formale Anerkennung des ausländischen Bildungsabschlusses kann natürlich eine wichtige Rolle spielen, aber sie ist nicht das alleinige Problem. Hinzu kommt die Benachteiligung durch Arbeitgeber_innen, die den ausländischen Qualifikationen leicht misstrauen, da sie deren Qualität nicht immer einschätzen können. Vorhandene Vorurteile und Stereotype, die Angst vor interkulturellen Konflikten und (noch) mangelnde Sprachkenntnisse können diese Skepsis weiter verstärken und in diskriminierendem Verhalten enden. Auch ist es heutzutage in Deutschland noch üblich, vorrangig Personen mit einer lückenlosen Berufsbiografie einzustellen. Dies ist bei Zugewanderten häufig nicht der Fall, denn durch den Migrationsprozess (Auswanderung/Flucht, Integrations-/Sprachkurse, Anerkennungsverfahren, Aufbau neuer Netzwerke usw.) entstehen zwangsläufig Unterbrechungen im Lebenslauf. Je größer diese sind, desto geringer ist die Wahrscheinlichkeit eine Beschäftigung zu finden. Dies gilt umso mehr für Geflüchtete, da sie zum Teil durch diverse Zwischenstationen während der Flucht und aufenthaltsrechtliche Hürden besonders davon betroffen sind.

11.2 Anerkennungsverfahren

Geflüchtete mit akademischen Abschlüssen erleben, wie beschrieben, häufig einen enormen Bruch in ihrer Biografie, geprägt von Unsicherheit und Verlust des sozialen Status. Daher ist die formale Anerkennung vorhandener Abschlüsse oftmals ein erster Schritt in die richtige Richtung – auch wenn die faktische Anerkennung auf dem Arbeitsmarkt noch in weiter Ferne liegt.

Aufgrund der Komplexität des Themas sollte im Rahmen eines Beratungssettings zunächst geklärt werden, welcher Abschluss zu welchem Zweck anerkannt werden soll. Prinzipiell gibt es zwei Ausgangssituationen: Geht es dem/der Ratsuchenden um die Frage des Zugangs zum Studium oder um den Zugang zum Arbeitsmarkt? Beide Situationen werden wir nun näher betrachten.

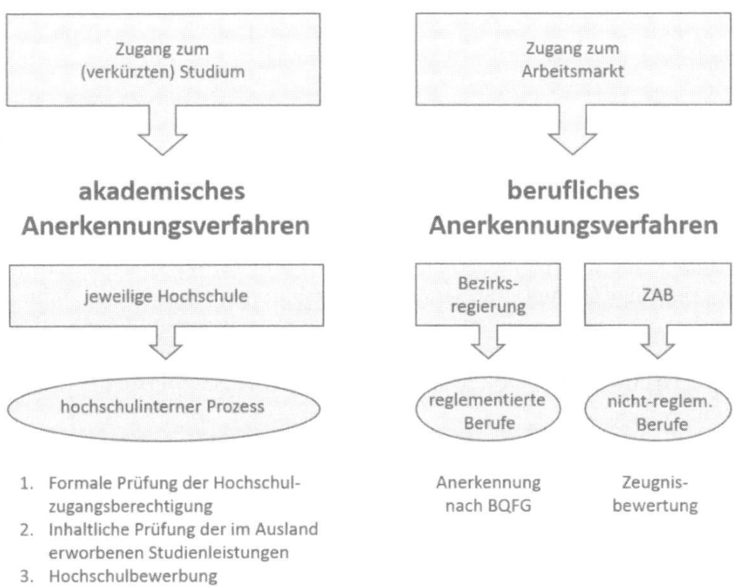

Abb. 11.1: Übersicht der Anerkennungsverfahren (eigene Darstellung)

Situation 1: Zugang zum Studium

Der/Die Ratsuchende möchte seinen/ihren akademischen Abschluss zum Zweck eines *verkürzten Studiums* anerkennen lassen. Hierbei handelt es sich um ein *akademisches Anerkennungsverfahren*, welches von den Hochschulen selbstständig organisiert wird. Welche Motive hinter einer solchen Entscheidung stecken können, zeigt das folgende Beispiel.

Praxisbeispiel

Im Rahmen des Projektes „OnTOP – Studienprogramm für zugewanderte Akademikerinnen und Akademiker" entschied sich Herr S. für ein verkürztes Bachelorstudium an der Hochschule Niederrhein. Sein in Kirgisistan erworbener Abschluss als Betriebswirt wurde in Deutschland zwar formal anerkannt, auf dem Arbeitsmarkt blieben seine Bewerbungsaktivitäten jedoch erfolglos. Oftmals kam es gar nicht erst zu einem Vorstellungsgespräch und selbst wenn, wurden seine Qualifikationen nicht richtig wahrgenommen. Als Flüchtling kam er mehrfach einer Helfertätigkeit nach, die nur eine geringe Qualifikation erforderte. Die für ihn unbefriedigende Zukunftsperspektive veranlasste ihn, ein Studium in Deutschland zu beginnen. Da die Mindestnote für ein Masterstudium angesichts der Umrechnungspraxis nicht ausreichte, ließ er seine erworbenen Studienleistungen hochschulintern anerkennen. Bedingt durch die geringe inhaltliche Übereinstimmung wurden lediglich zwei Semester anerkannt. Nach Einstufung in das dritte Fachsemester vergingen weitere zwei Jahre bis zum Erreichen des Bachelor-Abschlusses.

Für ein *verkürztes Studium* erfolgt die Anerkennung der im Ausland erworbenen Studienleistungen an der Wunschhochschule. Dies ist ein komplexer Prozess bei dem der/die Ratsuchende erfahrungsgemäß auf engmaschige Unterstützung durch Berater_innen der Hochschule (z.B. Flüchtlingskoordinator_innen des International Office, Studiengangsberater_innen/Koordinator_innen) angewiesen ist. Sowohl Bachelor- als auch Masterstudiengänge können verkürzt studiert werden. Die Aufnahme eines verkürzten Studiums auf Masterebene ist sprachlich sowie inhaltlich sehr anspruchsvoll und sollte daher gründlich abgewogen werden.

Die hochschulinterne Anerkennung[1] von Studienleistungen läuft wie folgt ab:

1. Formale Prüfung der Hochschulzugangsberechtigung

Das Akademische Auslandsamt der Wunschhochschule überprüft, ob es sich bei dem vorliegenden Studienabschluss um einen akkreditierten Studiengang handelt und somit die Hochschulzugangsberechtigung vorliegt. Hierfür wird das Infoportal zu ausländischen Bildungsabschlüssen *anabin*[2] der Kultusministerkonferenz (Zentralstelle für ausländisches Bildungswesen) hinzugezogen. Darüber hinaus werden die Noten der Fächer umgerechnet und die Stundenumfänge ins ECTS[3]-System übertragen. Bei der Umrechnung unberücksichtigt bleibt die Praxis der Notenvergabe in den jeweiligen Herkunftsländern. Dies hat zur Folge, dass gute Noten von Bewerber_innen, z.B. aus Syrien – in diesem Land wird äußerst selten die beste Note vergeben –, in Deutschland lediglich als befriedigend eingestuft werden. Hieraus ergibt sich ein schlechterer Notendurchschnitt als ursprünglich im Herkunftsland vergeben. Für die Überprüfung werden folgende Unterlagen benötigt: Diplomzeugnis, Transcript of Records (Leistungs- und Notenübersicht) sowie Diploma Supplement (Studiengangserläuterung inkl. ECTS Nachweis/Credit Points).

2. Inhaltliche Prüfung

Der/Die Prüfungsausschussvorsitzende (PAV) eines Fachbereiches begutachtet die Anforderungen des erworbenen Abschlusses mit den Inhalten des angestrebten Studiengangs. Die hieraus resultierenden Übereinstimmungen sind Grundlage für die Anerkennung der Credit Points und die Einstufung in ein höheres Fachsemester. Ein persönliches Gespräch zwischen PAV und Bewerber_in kann bei Bedarf Fragen zu bestimmten Studieninhalten klären. Der hochschulinterne Anerkennungsprozess von erworben Studienleistungen erfordert eine dezidierte Vorarbeit auf Seiten des Bewerbers/der Bewerberin. Da dieser einige Monate in Anspruch nehmen kann, ist es ratsam, sich frühzeitig vor Studienbeginn an die jeweilige Hochschule zu wenden.

Erfahrungsgemäß ist die Einstufung in z.B. das dritte Fachsemester trotz fünfjährigem Studium nicht selten. Grund dafür ist die geringe inhaltliche

---

1 Als gesetzliche Grundlage dient hier das Hochschulgesetz des Landes NRW. Neben den dort genannten Regelungen für die Anerkennung von Prüfungsleistungen und Studienabschlüssen (Antrag, Frist, usw.) obliegt es der jeweiligen Hochschule, die Abläufe der Anerkennung auszugestalten. (vgl. Justizportal NRW o.J.:o.S.). Auch in den anderen Bundesländern sind die Hochschulen für die Anerkennung von im Ausland erworbenen Studienleistungen zuständig.

2 Informationsystem zur Anerkennung und Bewertung ausländischer Bildungsnachweise

3 ECTS-Credits drücken den Umfang des Lernens auf Basis definierter Lernergebnisse und den damit verbundenen Arbeitsaufwand aus (vgl. Europäische Kommission 2015: 10).

Übereinstimmung mit dem Studiengang an einer deutschen Hochschule. In einem solchen Fall muss genau abgewogenen werden, ob der zeitliche und finanzielle Aufwand, der mit einem erneuten Studium einhergeht, den gewünschten Benefit bringt. In einem Beratungsgespräch sollten auch Alternativen zum Studium z.B. Aus- und Weiterbildung sowie dessen Vor- und Nachteile erörtert werden.

3. Hochschulbewerbung

Nicht EU-Bürger müssen sich, sofern die Hochschule diese Art des Bewerbungsverfahrens verlangt, über das Portal *uni-assist*[4] für das entsprechende Fachsemester bewerben. Uni-assist ist ein Dienstleister für deutsche Hochschulen zur Überprüfung der Hochschulzugangsberechtigung. Die Bewerbung ist umfangreich und kostenpflichtig. Daher wird empfohlen, die Unterlagen mindestens acht Wochen vor Beendigung des hochschulinternen Bewerbungsschlusses einzureichen.

Die nachfolgende Ausgangssituation skizziert eine weitere Möglichkeit der Anerkennung.

Situation 2: Zugang zum Arbeitsmarkt

Der/Die Ratsuchende möchte seinen/ihren *akademischen Abschluss* zum Zweck des Arbeitsmarktzugangs anerkennen lassen. Hierbei handelt es sich um ein *berufliches Anerkennungsverfahren*, welches je nach Art des Abschlusses von unterschiedlichen Behörden betreut wird. Grundlage des Verfahrens bildet das im Jahr 2012 in Kraft getretene Anerkennungsgesetz.

Das Berufsqualifikationsfeststellungsgesetz (BQFG), [5] kurz Anerkennungsgesetz, bezieht sich auf über 600 Berufe, die durch Bundes- und Länderrecht geregelt sind. Für den Arbeitsmarktzugang ist relevant, welcher Abschlusstyp vorliegt. Handelt es sich bei dem Berufsabschluss um einen *reglementierten* Studienberuf wie z.B. Arzt/Ärtzin, Ingenieur_in, Sozialarbeiter_in etc., so ist die formale Anerkennung zur Berufsausübung oder Führung der Berufsbezeichnung *zwingend* erforderlich. In der Regel findet diese bei der Verwaltungsbehörde der jeweiligen Bezirksregierung statt. Da das Anerkennungsverfahren je nach Berufsbild variiert, ist die Darstellung der jeweiligen Prozesse an dieser Stelle nicht möglich. Im Unterschied zu reglementierten Studienberufen kann bei *nicht-reglementierten,* wie z.B. Betriebswirt_in und Mathematiker_in, keine formale Anerkennung nach BQFG erfolgen. In diesen Fällen ist folglich ein direkter Zugang zum Arbeitsmarkt möglich, der durch

---

4 Siehe https://www.uni-assist.de

5 Siehe https://www.anerkennung-in-deutschland.de/html/de/anerkennungsgesetz_des_bundes.php

eine Zeugnisbewertung der Zentralstelle für ausländisches Bildungswesen (ZAB)[6] unterstützt werden kann.

Die Zeugnisbewertung ist ein offizielles Dokument, welches die Hochschulqualifikation beschreibt und die beruflichen/akademischen Verwendungsmöglichkeiten bescheinigt. Im Rahmen des Verfahrens wird die im Ausland erworbene Hochschulqualifikation mit dem deutschen Abschluss verglichen. Das Schreiben enthält u.a. Informationen über die Abschlussebene (z.B. Bachelor oder Master). Es handelt sich um eine vergleichende Einstufung, *nicht* jedoch um eine Anerkennung. Welche Beweggründe trotzdem für die Zeugnisbewertung eines akademischen Abschlusses sprechen, zeigt das nachfolgende Beispiel:

Praxisbeispiel

Herr M. kam mit seiner schwangeren Frau als Flüchtling nach Deutschland. Als Betriebswirt hatte Herr M. bereits vielfältige Erfahrungen im Bereich Marketing international agierender Unternehmen sammeln können. Aufgrund seiner familiären Situation strebte er einen zeitnahen Wiedereinstieg in das Berufsleben an. Die Ausübung einer bildungsadäquaten Tätigkeit bedeutete für ihn die Aufrechterhaltung des sozialen Status. Schließlich wurde mit Unterstützung des Projekts „OnTOP – Studienprogramm für zugewanderte Akademikerinnen und Akademiker“ der Kontakt zu einem Unternehmen hergestellt. Das Vorstellungsgespräch für ein bezahltes Praktikum verlief angesichts seiner guten Fach- und Sprachkenntnisse sowie seiner aufgeschlossenen Art sehr erfolgreich. Im Verlauf des Praktikums wurde Herrn M. eine Anstellung im Unternehmen in Aussicht gestellt, vorausgesetzt, dass sein akademischer Abschluss nachgewiesen werden konnte. Daraufhin stellte er einen Antrag auf Zeugnisbewertung bei der ZAB. Mit Erhalt des Dokuments wurde er in Teilzeit angestellt.

Die Durchführung der vergleichenden Einstufung ist also dann sinnvoll, wenn hierdurch erwartbar der Zugang zum Arbeitsmarkt erleichtert wird. Erfahrungsgemäß können deutsche Unternehmen einen akademischen Abschluss aus dem Ausland mithilfe des Dokumentes deutlich besser einschätzen, wodurch sich die Chancen auf eine Einladung zum Bewerbungsgespräch verbessern können. Daher ist es ratsam, die Kurzfassung des Dokumentes den Bewerbungsunterlagen beizulegen.

Der Antrag auf Zeugnisbewertung erfolgt in einem zweistufigen Verfahren, online und postalisch. Dokumente müssen in einfacher, beglaubigter Form an die ZAB gesendet werden. Sobald die Gebühren von derzeit 200 Euro entrichtet wurden, wird der Antrag bearbeitet. Es muss mit einer Bearbeitungs-

6 siehe https://www.kmk.org/zab/zentralstelle-fuer-auslaendisches-bildungswesen/

dauer von etwa drei Monaten gerechnet werden. Die Gebühren für die Antragstellung und Beglaubigungen der Kopien können u.U. von der Bundesagentur für Arbeit bzw. dem Jobcenter übernommen werden.

11.3 Qualifizierungswege an Hochschulen

An Hochschulen gibt es im Allgemeinen zwei Wege der Nachqualifizierung, mit denen zugewanderte und geflüchtete Akademiker_innen ihre bereits erworbenen Fähigkeiten und Kenntnisse anwenden, auffrischen sowie ergänzen können, um auf diese Weise *zeitnah* bessere Chancen auf eine bildungsadäquate Beschäftigung zu haben. Für viele ist dies ein wichtiger Faktor, da sie aufgrund des Alters und finanzieller Verpflichtungen (Lebensunterhalt in Deutschland und Unterstützung der Familie im Herkunftsland) möglichst schnell Geld verdienen wollen.

1. Gasthörerschaft (GH)

Die Gasthörerschaft ist ein Angebot der Hochschulen an externe Personen, die gegen die Zahlung einer Gebühr an ausgewählten Lehrveranstaltungen für ein Semester teilnehmen dürfen. Da Gasthörer_innen meist von Prüfungsleistungen ausgeschlossen sind und keine Anwesenheit kontrolliert wird, erhalten sie weder eine Note noch eine Teilnahmebescheinigung. Die GH dient den zugewanderten Akademiker_innen folglich eher einem persönlichen Zweck, wie etwa der Vorbereitung auf ein geplantes Studium. Im Rahmen der GH können sie Abläufe und Inhalte eines Studiums sowie die deutsche/hochschulinterne Studienkultur ohne Zeit- und Leistungsdruck kennenlernen. Auch die Vorbereitung auf den deutschen Arbeitsmarkt ist durch eine GH möglich, da die Aktualität der eigenen Fachkenntnisse überprüft, fachliches Wissen aufgefrischt und die Fachsprache erlernt oder verbessert werden kann. Gerade für Geflüchtete, deren Aufenthaltsstatus häufig noch unsicher ist, kann eine GH durchaus eine Möglichkeit sein, die Wartezeit sinnvoll zu nutzen.

2. Verkürztes Studium

Durch die hochschulinterne Anerkennung von im Ausland erworbenen Prüfungsleistungen ist die Einstufung in ein höheres Semester an einer deutschen Hochschule und somit ein verkürztes Studium möglich. Im Vergleich zu einem regulären Studium können zugewanderte Akademiker_innen auf diese Weise zeitnah einen Abschluss erlangen. Mit dem deutschen Hochschulabschluss können sie aktuelle Fach- und fundierte Sprachkenntnisse belegen, was erfahrungsgemäß die Chancen auf dem deutschen Arbeitsmarkt wesentlich verbessert.

Der Entscheidungsprozess: Der Entschluss für einen Qualifizierungsweg hängt mit diversen Faktoren zusammen: Um einen Abbruch und weitere Lücken im Lebenslauf der zugewanderten und geflüchteten Akademiker_innen zu vermeiden, sollte bei beiden Qualifizierungswegen vorher unbedingt eine Beratung erfolgen, in der die individuellen Vor- und Nachteile abgewogen werden. Aber auch die Begleitung und Unterstützung während einer Qualifizierung sollte im Idealfall berücksichtigt werden. Im Folgenden finden Fachkräfte eine Zusammenfassung der wichtigsten Hinweise für die Beratung. Das Alter, die familiäre und finanzielle Situation, das Sprachniveau, die Anschlussfähigkeit der mitgebrachten Fachkenntnisse etc. Zu Beginn sollte über die Rahmenbedingungen (Beginn, Dauer, Kosten, zeitlicher Aufwand, Finanzierung, Fristen, Bewerbungs-/Anmeldeprozess,) aufgeklärt werden. Dann folgt die Betrachtung der konkreten Erwartungen und Zielsetzungen der Interessierten und die realistische Einschätzung, ob die Nachqualifizierung zur Erfüllung dieser beitragen kann. Interessierte für das verkürzte Studium können häufig in diesem Entscheidungsprozess nur schwer einschätzen, welche fachlichen und sprachlichen Voraussetzungen für ein Studium ab einem höheren Semester notwendig sind. Daher ist es sinnvoll, dass sie z.B. durch ein *Student Shadowing* (Begleitung eines/einer Studierenden für mehrere Stunden) einen Einblick in den deutschen Hochschulalltag erhalten. Weiter sollte im Entscheidungsprozess die aktuelle Lebenssituation (z.B. Haupt-/Nebentätigkeit, Kinderbetreuung, Sprachkurs, Ehrenamt) und die damit zusammenhängende zeitliche Flexibilität näher betrachtet werden. Abschließend folgt die Unterstützung beim Bewerbungs-/Anmeldeprozess.

Das Sprachniveau: Für die Nachqualifizierungen sind unterschiedliche sprachliche Voraussetzungen notwendig. Für die Aufnahme eines Studiums wird i.d.R. das Sprachniveau C1 (GER[7]) mittels festgelegter Sprachtestformate[8] gefordert. Dies muss bei Immatrikulation nachgewiesen werden. Bei der GH wird im Allgemeinen kein Sprachniveau von den Hochschulen vorgegeben. Um eine Überforderung zu vermeiden, werden Deutschkenntnisse auf dem B2-Niveau (GER) empfohlen.

Die Finanzierung: In diesem Punkt unterscheiden sich die beiden Nachqualifizierungen massiv. Mit der Aufnahme eines Vollzeitstudiums entfällt der Leistungsbezug durch das Jobcenter/die Bundesagentur für Arbeit. Der Lebensunterhalt muss von nun an selbstständig oder über die Studienfinanzierung „BAföG" sichergestellt werden. Beim BAföG ist zu bedenken, dass das Alter beim Eintritt ins Studium eine Rolle spielt. Studierende in einem Bachelorstudium werden i.d.R. nur bis zum 30. Lebensjahr, in einem Masterstudium bis

---

7 Gemeinsamer Europäischer Referenzrahmen für Sprachen

8 Es wird von den Hochschulen festgelegt, welche Sprachtestformate akzeptiert werden. Die gängigsten sind: Test Deutsch als Fremdsprache (Test DaF), Deutsche Sprachprüfung für den Hochschulzugang (DSH-2), telc Deutsch C1 Hochschule und das Goethe-Zertifikat C2.

zum Alter von 35 Jahren gefördert. Der Antrag kann ggf. abgelehnt werden, wenn es sich um ein Zweitstudium handelt. Es ist ratsam, die finanzielle Situation vor Studienbeginn zu klären, um somit Versorgungslücken zu vermeiden. Um Aufschluss über die Studienfinanzierung zu erhalten, kann ein Vorabantrag beim zuständigen Studierendenwerk gestellt werden. Der Antrag auf BAföG sollte schließlich mindestens drei Monate vor Studienbeginn beim Amt eingehen. Übergangszeiträume zwischen Leistungsbezug durch das Jobcenter/Bundesagentur für Arbeit und dem BAföG können nach Absprache durch erstere übernommen und bei positivem Bescheid zurückgezahlt werden. Die Aufnahme eines Studiums setzt auch voraus, dass ein gesetzlicher Krankenversicherungsschutz vorliegt. Studieninteressierte über 30 Jahre müssen sich freiwillig versichern und die Kosten selbst tragen (der Studierendentarif entfällt aufgrund der Altersgrenze).

Eine Gasthörerschaft hingegen ist kein Ausschlusskriterium für die finanzielle Förderung durch das Jobcenter/die Agentur für Arbeit. Dennoch ist es vor dem Beginn der GH sinnvoll, das zuständige Amt über die Qualifizierung zu informieren, um Missverständnissen vorzubeugen. Die richtige Formulierung ist hier sehr wichtig, da das Wort „Hochschule“ meist mit „Studium“ gleichsetzt wird, wodurch eine Förderung entfallen würde.

Der Einstieg: Um einen guten Einstieg zu gewährleisten, ist ein begleiteter Rundgang über den Campus sehr hilfreich, in dem auch die Nutzung hochschulinterner Einrichtungen, wie Bibliothek und Mensa, erklärt wird. Diese Aufgabe eignet sich hervorragend für (ehrenamtlich engagierte oder bezahlte) Studierende. Außerdem sollten hochschulinterne Unterstützungsangebote für ausländische Studierende, wie Mentoring-Programme, vorgestellt und ggf. geklärt werden, und auch, ob Gasthörer_innen daran teilnehmen können.

Während der Nachqualifizierung: Eine kontinuierliche Begleitung ist sinnvoll, um Fragen zu organisatorischen Themen, zur Fachlichkeit und zum Sprachverständnis schnell zu klären. Vor allem beim verkürzten Studium können sich durch den Einstieg in ein höheres Semester und dem Überspringen der Orientierungsphase diverse Herausforderungen ergeben, wie etwa der soziale Anschluss, der sich aufgrund von Sprachhürden, Altersunterschieden und Migrationshintergrund schwierig gestalten kann. Auch die Zusammenstellung des Stunden-/Studienplans gestaltet sich komplex, da meist neben den Modulen aus den höheren Semestern auch einzelne Module aus den ersten Semestern nachgeholt werden müssen. Das erfordert eine gewissenhafte Planung unter Berücksichtigung der unterschiedlichen Teilnahmevoraussetzungen. Zugewanderte Akademiker_innen stehen außerdem vor der Herausforderung, die deutsche/hochschulinterne Studienkultur kennenzulernen.

Aufgrund all dieser Faktoren wird nicht selten die geplante Studienzeit verlängert oder gar das Studium abgebrochen. Berater_innen können auf fachliche und sprachliche Zusatzangebote der Hochschule hinweisen, wie Deutsch-, Debattier- und Rhetorikkurse sowie Tutorien. Auch der Verweis auf die psychosoziale Beratungsstelle und die Studienverlaufsberatung ist sinnvoll. Um den sozialen Anschluss zu erleichtern, ist es ratsam Angebote und Ansprechpartner_innen des Hochschulsports, des Allgemeinen Studierendenausschusses (AStA), des International Office und der ggf. vorhandenen Mentoring-Programme vorzustellen.

11.4 Jenseits des Formalen – Anregungen für die konkrete Beratungstätigkeit

Die berufliche Orientierung ist ein komplexer Prozess, insbesondere dann, wenn Zugewanderte durch Flucht einen enormen Bruch in ihrer Biografie erlebt haben. Neben der wohl größten Herausforderung des Spracherwerbs stehen sie vor der Situation, sich ein neues Leben in einer fremden Kultur aufbauen zu müssen. Dies erfordert Mut und Beharrlichkeit, um die Hürden zu überwinden, mit denen sie bei ihrer Integration in den Arbeitsmarkt und in die Gesellschaft konfrontiert werden.

Die Mitarbeiterinnen des Projekts OnTOP der Hochschule Niederrhein wurden innerhalb von vier Jahren Teil des Prozesses. Insgesamt konnten 112 zugewanderte Akademiker_innen aus 28 unterschiedlichen Ländern erfolgreich nachqualifiziert werden. Dabei wurden die vorhandenen Regelangebote der Hochschule Niederrhein (Gasthörerschaft, verkürztes Studium) genutzt und durch zielgruppenspezifische Ergänzungsangebote ausgebaut:

- Fachliche Unterstützung durch studentische Mentoren
- Sprachliche Unterstützung durch Sprachcoaches in Deutsch und Englisch
- Überfachliche Unterstützung durch z.B. Interkulturelle Trainings, Workshops zum wissenschaftlichen Arbeiten in Deutschland und Bewerbungstrainings.

Die individuelle Beratung und Bildungsbegleitung erwies sich als wichtiger Bestandteil der Qualifizierungsmaßnahme, denn die Frage nach der beruflichen Perspektive war bereits im Erstgespräch ein zentrales Thema und erforderte individualisierte Orientierungs- und Entscheidungshilfen. Da die Teilnehmenden sich in Bezug auf persönliche Merkmale, Ausgangsqualifikationen und angestrebte Ziele stark unterschieden, war es hilfreich die individuellen Kompetenzen der einzelnen Personen früh sichtbar zu machen. Mit einem Kompetenzrad konnten sich die Teilnehmenden in fünf Bereichen selbst einschätzen: fachlich, sprachlich, methodisch, persönlich und sozial. Insgesamt bewerteten sie 29 Kompetenzbegriffe anhand von vier Kriterien (von „Das kann ich gar nicht." bis zu „Das kann ich sehr gut."). Passend dazu erklärten Kompetenzkarten kurz und knapp die Bedeutung der jeweiligen Begriffe.

Nach dem Ausfüllen des Kompetenzrads markierten die Teilnehmenden, welche Kompetenzen sie zeitnah bzw. mit Hilfe von OnTOP ausbauen wollten. Durch eine anschließende Besprechung konnten die Berater_innen gezielte Nachfragen stellen und so mehr über die Bildungsbiografie und Selbstwahrnehmung der Teilnehmenden erfahren. Mit diesen Informationen als Grundlage konnten Unterstützungsbedarfe identifiziert und (Lern-) Ziele und Prioritäten bestimmt werden, was im Idealfall die Auswahl des passenden Qualifizierungswegs beeinflusste. Sinnvoll war es außerdem, die geplante Nachqualifizierung schriftlich festzuhalten, z.B. in einem individuellen Qualifizierungsplan. Dieser kann den Teilnehmenden als Orientierungs- und Strukturierungshilfe dienen, denn der Weg bis zur qualifikationsadäquaten Beschäftigung kann sich unübersichtlich und langwierig gestalten. Die Erfahrungen aus OnTOP zeigen, dass viele zugewanderte Akademiker_innen auf diesem Weg verloren gehen können, weil sie ohne kontinuierliche Ansprechparter_innen den Mut und die Kraft verlieren bis zum Ende durchzuhalten.

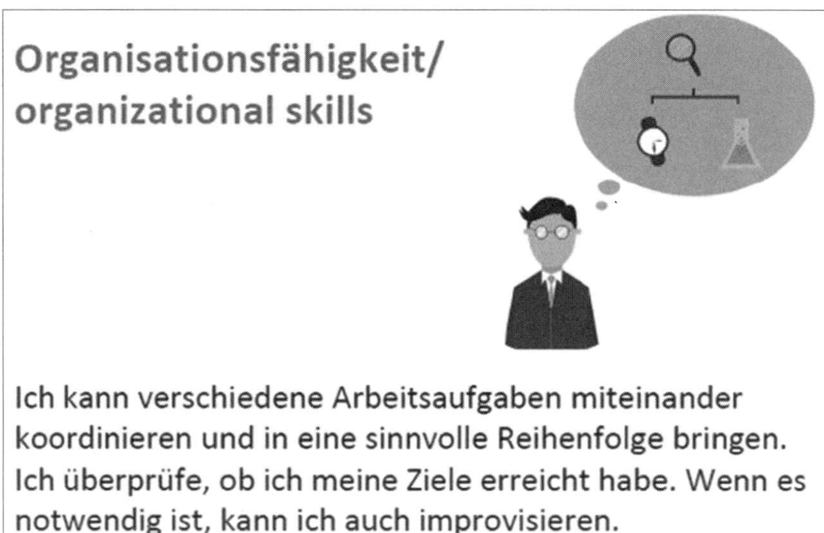

Abb. 11.2: Beispiel einer OnTOP-Kompetenzkarte

In Anbetracht der Vielschichtigkeit der Beratungsthemen ist es ratsam, eine gute Vernetzung zu kommunalen Akteuren der Migrations-, Flüchtlings- und Bildungsarbeit herzustellen. Sinnvollerweise werden Studien- und Karriereberatung miteinander verknüpft. Diese Vorgehensweise dient der ganzheitlichen Betrachtung komplexer Problemlagen sowie der eigenen Entlastung.

Eine positive Beziehung zwischen Berater_innen und Ratsuchenden, denen im Sinne von Carl Rogers mit Wertschätzung, Empathie und Echtheit begegnet wird, ist die Basis einer individuellen Beratung. Folgende Beratungsgrundlagen sind zusammenfassend aus unserer Sicht empfehlenswert:

- Kontinuität sowie leichter Zugang zu Beratungsangeboten
- Ressourcenorientierung und Mobilisierung zur Bewältigung aktueller Anforderungen (siehe *Situation 2*: Sprachkompetenz als Stärke ansehen und z.B. für Bewerbungsgespräche einsetzen)
- Klientelorientierung sowie Berücksichtigung des lebensweltlichen Kontextes bei der Auswahl von Beratungs- und Unterstützungsangeboten (siehe *Situation 2*: Die familiäre Situation ist bei der Entscheidung *pro* berufliche Anerkennung maßgeblich gewesen)
- Sensibilität für Diversität sowie Anerkennung von Individualität und Unterschiedlichkeit
- Sprachsensible Beratung durch Schaffung einer angenehmen, stressfreien Atmosphäre, Einsatz von Fremdsprachen, Verwendung von einfacher Sprache ggf. mit Einsatz von Visualisierungshilfen

→ Weitere Informationen und der OnTOP|HN-Abschlussbericht mit vielen Tipps für die Praxis sind hier zu finden: https://www.iq-netzwerk-nrw.de/socon-ontop und im Online-Anhang dieses Buches.

Kapitel 12: Transfer und Verstetigung als Kriterien erfolgreicher Projektarbeit

Flavia Nebauer

Für viele Träger und Einrichtungen im Sozialbereich gehört die Projektarbeit mittlerweile zum Tagesgeschäft. Vor dem Hintergrund der Finanzmittelknappheit in den Kommunen und der daraus folgenden Budgetkürzungen gewinnt die Akquise zusätzlicher Mittel – vor allem über spezielle Förderprogramme – an Bedeutung. Projekte sind dabei nicht nur ein Weg der Mittelbeschaffung, sie ermöglichen auch die für Organisationen notwendigen Lern- und Innovationsprozesse (Ibert 2003).

Das gilt auch und gerade für die Arbeit mit geflüchteten Menschen. Sie ist in der Regel projektförmig organisiert, da sie nicht als Daueraufgabe, sondern als punktuelle und phasenhafte Aufgabe verstanden wird. Aufgrund des dringenden Handlungsbedarfs wurden nach dem Sommer 2015 zahlreiche Förderprogramme aufgelegt, die Träger der Sozialen Arbeit in ihrer Innovationsfähigkeit herausforderten und dies immer noch tun. Es gilt zu zeigen, dass man als Projektträger in der Lage ist, ohne großen Vorlauf neue bzw. an die Bedarfe von Geflüchteten angepasste Angebote zu entwickeln und den Aufbau entsprechender Beratungs-, Begleitungs- und Qualifizierungsstrukturen voranzutreiben. Die im Rahmen von Projekten entwickelten Ansätze können die Migrationsarbeit insgesamt bereichern. Dazu ist es notwendig, dass Transfer und Verstetigung als Teil der Projektarbeit konsequent verfolgt werden.

Dieses Kapitel wirft einen Blick auf das Spannungsverhältnis zwischen der Zielsetzung von Nachhaltigkeit und der üblichen Projektlogik und bietet Empfehlungen für ein planvolles und zugleich handhabbares Vorgehen für den Transfer von Projektergebnissen. Diese lassen sich für Projekte im Bereich der Geflüchtetenarbeit, aber auch für Projekte in anderen Themenfeldern anwenden. Dargestellt wird der Transferprozess zerlegt in acht Arbeitsschritte, die als Blaupause für das eigene Vorgehen beim Projekttransfer dienen können. Diese basieren auf eigenen Überlegungen und Entwicklungen im Rahmen des Projekts OnTOP (siehe dazu Kapitel 11).

OnTOP ist eine Qualifizierungsmaßnahme für zugewanderte Akademikerinnen und Akademiker mit und ohne Fluchthintergrund im Rahmen des Förderprogramms „Integration durch Qualifizierung (IQ)“[1], das derzeit in der

1 Das Förderprogramm IQ wird durch das Bundesministerium für Arbeit und Soziales (BMAS) und den Europäischen Sozialfonds (ESF) gefördert.

zweiten Förderphase seit 2015 am Institut SO.CON der Hochschule Niederrhein durchgeführt wird. Das Projekt zielt mit der individuellen Beratung, Begleitung und Nachqualifizierung von zugewanderten bzw. geflüchteten Akademiker_innen darauf ab, ihnen den bildungsadäquaten Einstieg in den deutschen Arbeitsmarkt zu erleichtern.

An dem oben vorgestellten Projekt soll nun im Folgenden das Vorgehen beim Transfer beispielhaft skizziert werden.

12.1 Begriffsbestimmung: Transfer, Verstetigung, Nachhaltigkeit

Von öffentlich geförderten Projekten wird erwartet, die gewonnenen Erkenntnisse und Ergebnisse der Allgemeinheit zugänglich zu machen, damit sie auch nach Projektende verwertet werden können. In diesem Zusammenhang werden häufig die folgenden Begriffe verwendet:

Transfer. Im Kontext des hier diskutierten Themas geht es um einen Ergebnistransfer, wobei zwischen einem internen und externen Transfer unterschieden werden kann. Während es in dem einen Fall um die Weitergabe von Ergebnissen innerhalb der beteiligten Institution oder Organisation geht, findet bei einem externen Transfer eine Weitergabe zu einem externen Transfernehmer statt. Ergebnisse werden unverändert übernommen, in ähnlichen oder unähnlichen Kontexten verwendet oder weiterentwickelt. Man spricht auch von Ergebnisverwertung (Exploitation). Ein Ergebnistransfer beinhaltet Aktivitäten der Öffentlichkeitsarbeit, durch die die Ergebnisse der wissenschaftlichen und nicht-wissenschaftlichen Öffentlichkeit bekannt gemacht werden.

Verstetigung. Ein Ergebnistransfer findet zum Zwecke der Verstetigung der Projektergebnisse statt. Auf Verstetigung zielende Projektarbeit bemüht sich um eine institutionelle Verankerung (Implementierung) erfolgreicher Ansätze, Konzepte, Instrumente, Verfahren etc. und/oder den Aufbau sich selbst tragender Strukturen. Eine Verstetigung setzt unter Umständen eine Anpassung und Weiterentwicklung der Transferprodukte voraus. Verstetigung ist ein Aspekt von Nachhaltigkeit.

Nachhaltigkeit. Neben der zeitlichen Perspektive beinhaltet Nachhaltigkeit auch eine Verantwortlichkeit für den dafür erforderlichen Ressourceneinsatz und etwaige Folgekosten. Nachhaltigkeit ist eines der Querschnittsziele von öffentlich geförderten Projekten und wurde von der Politik auf nationaler, europäischer und internationaler Ebene zum Leitprinzip erklärt, welches konsequent in allen Bereichen anzuwenden ist (vgl. Bundesregierung o. Jahr in

Bezug auf die Agenda 2030 für nachhaltige Entwicklung der Vereinten Nationen).[2] Ziel der Nachhaltigkeitsstrategie ist eine in ökonomischer, ökologischer und sozialer Hinsicht ausgewogene Entwicklung.

12.2 Herausforderung Transfer

Projekte sollen helfen, gesellschaftliche Herausforderungen zu bewältigen. Diese Erwartungen an Projekte finden sich in den zugehörigen Förderrichtlinien und -kriterien wieder. Bereits im Antrag soll erläutert werden, welche Aktivitäten des Ergebnistransfers geplant und welche Verwertungsmöglichkeiten zu erwarten sind. Antragstellende greifen hier häufig auf Formulierungen zurück, die gerne auch als „Antragslyrik“ bezeichnet werden. Dies ist dem Umstand geschuldet, dass Projekte typischerweise zwar ein klares Projektziel haben, der Weg der Zielerreichung aber noch relativ offen ist. Projektverlauf und -ergebnisse sind zum Zeitpunkt der Antragstellung noch nicht konkret abzusehen, Transferpartnerschaften müssen erst noch aufgebaut werden. Die für Projekte charakteristischen Beschränkungen im Hinblick auf den Zeithorizont und die zur Verfügung stehenden Ressourcen stellen eine zusätzliche Erschwernis dar. Transfer- und Verstetigungsprozesse benötigen einen langen Vorlauf und einen langen Atem. Aufgrund des verdichteten Arbeitspensums besteht jedoch die Tendenz, Aktivitäten im Kontext des Transfers in die Abschlussphase des Projekts zu verlagern. Zudem ist es den Projektdurchführenden in der Regel nicht möglich, solche Prozesse über die Projektlaufzeit hinaus zu begleiten.

Trotz der genannten Schwierigkeiten sollten Projekte sich jedoch die Forderung nach Transfer und Verstetigung zu eigen machen und als Anspruch an sich selbst formulieren. Denn von Projekten können wichtige Impulse für Innovationen und Weiterentwicklungen ausgehen, die sich auf die Regelstrukturen niederschlagen. Diese Chance wird im Sozialbereich oftmals nicht genutzt (Nüß/Schubert 2004: 44).

12.3 In acht Schritten zu Transfer und Verstetigung

Obwohl dem Transfer und der Verstetigung von Projektergebnissen als Teil des Projektauftrags eine sehr hohe Bedeutung zukommt, gibt es hierzu in der Regel keine Handreichungen von Seiten der Fördergeber. Auch findet man zu

---

2 Zu den Querschnittszielen gehören zudem die Gleichstellung von Frauen und Männern und der Beitrag zur Integration und Nichtdiskriminierung einzelner Gruppen.

diesem Thema nur sehr wenig in der Literatur. Das vorliegende Kapitel macht den Versuch, einen Transferprozess in seine Einzelteile zu zerlegen und durch eine idealtypische Darstellung als Vorlage für das eigene Handeln anzubieten. Dabei geht es nicht um eine Eins-zu-eins-Umsetzung, vielmehr soll das hier vorgeschlagene Vorgehen als Anregung für die Entwicklung einer eigenen Transferstrategie verstanden werden.

In den Bereich der Planung gehören die Formulierung von *Transferzielen* und die Erstellung eines *Transferplans*. Des Weiteren stellen sich Aufgaben, die zum einen die Erstellung der *Transferprodukte*, die aus den Projektergebnissen entwickelt werden, zum anderen – im Rahmen der Netzwerk- und Öffentlichkeitsarbeit – deren *Vermittlung und Verbreitung* betreffen. Die in Tabelle 12.1. dargestellten Arbeitsschritte bzw. Arbeitspakete stehen nicht isoliert nebeneinander, sondern sind – teilweise sogar stark – aufeinander bezogen. In der Praxis erfolgen die Arbeitsschritte nicht zwingend nacheinander, sondern zumindest teilweise parallel. Des Weiteren verläuft der Transferprozess nicht für alle Transferprodukte synchron, manche Arbeitsschritte werden auch mehrfach durchlaufen.

<table>
<tr><th>Planung des Transfers</th><th>Transferprodukte erstellen</th><th>Netzwerkarbeit
Öffentlichkeitsarbeit</th></tr>
<tr><td rowspan="2">4.1 Transferziele bestimmen</td><td>4.3 Projektergebnisse sammeln</td><td>4.6 Projektergebnisse und Transferprodukte verbreiten</td></tr>
<tr><td>4.4 Für Transfer geeignete Projektergebnisse auswählen</td><td>4.7 Transferadressaten und -partner identifizieren/finden</td></tr>
<tr><td>4.2 Transferplan erstellen</td><td>4.5 Projektergebnisse adressatengerecht aufbereiten</td><td>4.8 Transferprozess begleiten</td></tr>
</table>

Tabelle 12.1: Transferschritte im Überblick (eigene Entwicklung, hier erstmals skizziert)

12.3.1 Transferziele bestimmen

Bei den Überlegungen zu den Transferzielen kann es hilfreich sein, sich noch einmal die Zielsetzung des Projekts insgesamt vor Augen zu führen (vgl. auch Kurz/Kubek 2018: 28):

- Was wollen wir durch unser Projekt bei unserer Zielgruppe bewirken?
- Was wollen wir im Interesse unserer Zielgruppe bei wichtigen Akteuren bewirken?
- Wozu wollen wir auf gesellschaftlicher Ebene mit unserem Projekt beitragen?

Beispiele für Transferziele bezogen auf das Projekt OnTOP:

1. Die Zielgruppe "zugewanderte Akademiker_innen" sollen bestärkt werden, auf ihrer akademischen Qualifikation aufzubauen. Ihnen sollen Informationen zu den diesbezüglichen Möglichkeiten zur Verfügung gestellt werden.
2. ochschulen sollen für die Hürden der Zielgruppe "zugewanderte Akademiker_innen" im Zusammenhang mit der Aufnahme eines Studiums sensibilisiert werden und
3. Beratende sollen für die Beratung de Zielgruppe mit dem dafür notwendigen Wissen und Informationsgehalt ausgestattet werden.

12.3.2 Transferplan erstellen

Es muss im Team Klarheit und Einigkeit über Ziele, Aufgaben, Verantwortlichkeiten und Terminierung bestehen. Ein Transferplan (beispielhaft in Tabelle 12.2) enthält die entscheidenden Informationen und verdeutlicht, dass ein erfolgreicher Transfer ohne ausreichende zeitliche und personelle Ressourcen nicht umsetzbar ist. Der Transferplan sollte in Teamtreffen regelmäßig auf den aktuellen Stand gebracht werden.

Projekt-bereich **Transfer-gegenstand**	**Potentielle Transfer-adressaten/ -partner_innen**	**Adressaten-gerechte Aufbereitung**	**To do**	**Be-teiligte**	**Frist**
Mentoring Schulungs-/ Reflexions-konzept	Hochschule Niederrhein intern: • Tutorenprogramm (Pers.X, Pers.Y) • Flüchtlingskoor-dinatorin (Pers.Z) Extern: • Andere Hochschulen?	1. Handreichung • Verfahren • Handout für Mentor_innen neu • Schulungskonzept (Baukastenprinzip); Themen und praktische Übungen 2. Produkt gemeinsam mit Projekt-partner Y?	1. Überarbeitung des Konzepts in 4 Meetings; Erprobung im SoSe und ggf. erneute Ände-rung 2. Handreichung erstellen 3. Projektpartner Y zum Aus-tausch treffen	S.W. (Team-mitar-beiterin)	Ende Aug. 2018
...	...	...	...	...	...

Tabelle 12.2: Auszug aus Transferplan des Projekts OnTOP (eigene Darstellung)

Im Sinne eines agilen Projektmanagements findet eine regelmäßige Überprüfung und ggf. Anpassung des Plans unter Berücksichtigung der neuen Erkenntnisse statt. Ein frühzeitiger und enger Austausch mit Transferadressaten (Personen bzw. Einrichtungen o.ä.) hilft, Anpassungserfordernisse schneller zu erkennen. Zu den Charakteristika eines agilen Projektmanagements gehört auch eine klare Benennung von Hindernissen (Preußig 2018: 13ff.).

12.3.3 Projektergebnisse sammeln

In diesem Schritt geht es um die Frage: Was wurde und was wird im Laufe des Projekts erarbeitet und produziert? Um zu einer möglichst vollständigen Sammlung zu gelangen, können die Mitarbeitenden die vorhandenen und zu erwartenden Projektergebnisse, in dem Bereich für den sie verantwortlich sind, zusammenstellen.

Beispiele für Projektergebnisse, die ggf. bereits als Transferprodukt genutzt werden können bzw. als Transferprodukt aufbereitet werden:

- Wissen über Zielgruppe (Lebenslage, spezifische Hürden, etc.)
- Datenmaterial, Statistiken
- Konzepte (Qualifizierungs-/Weiterbildungskonzept, Beratungskonzept, etc.)
- Curriculum, Unterrichtsmaterial, Unterrichtsmethoden
- Methoden und Instrumente
- Prozessbeschreibungen
- Veranstaltungsformate
- Produkte der Öffentlichkeitsarbeit: Informationsbroschüren, Internetauftritte

Ein systematisches Vorgehen wird erleichtert, wenn man sich die Projektergebnisse entlang der Prozesskette vor Augen führt. Mit Prozesskette ist eine Verknüpfung und chronologische Abfolge der zentralen Prozesse innerhalb eines Projekts gemeint. Abb. 12.1 stellt eine solche Prozesskette beispielhaft für das Projekt OnTOP dar.

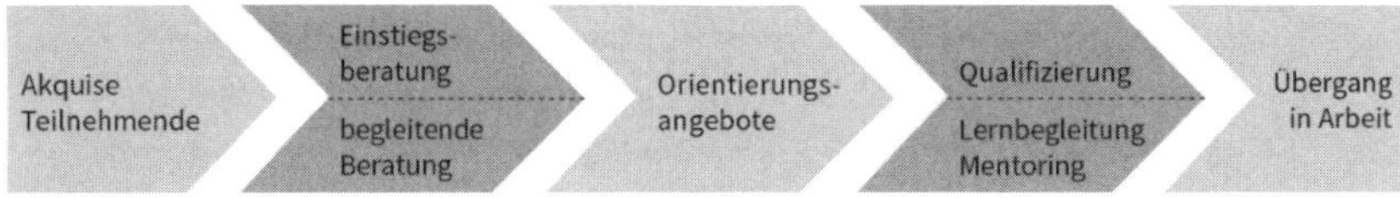

Abb. 12.1: Prozesskette des Projekts OnTOP (eigene Darstellung)

Die zu dem OnTOP-Projektbaustein „Einstiegsberatung“ gehörenden Projektergebnisse sind in Abb. 12.2 aufgeführt.

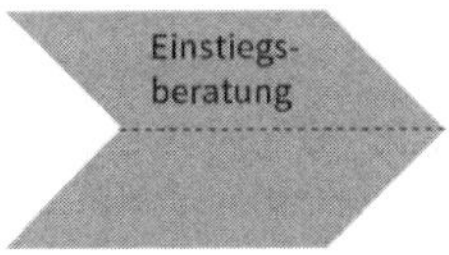

- Wissen über zielgruppenspezifische Hürden
- Übersicht über Ansprechpartner für Verweisberatung
- Lessons Learned in der Beratung
- Beratungskonzept
- Know-how ›Sprachsensible Kommunikation‹

Abb. 12.2: Projektergebnisse im Kontext der Einstiegsberatung aus dem Projekt On-TOP (eigene Darstellung)

12.3.4 Für den Transfer geeignete Projektergebnisse auswählen

Nicht alle Projektergebnisse eignen sich für den Transfer. Folgende Fragen können bei der Entscheidung helfen:

Liegt innovatives Potential vor?

Die Beantwortung dieser Frage setzt voraus, dass man sich intensiv mit den im Projekt bearbeiteten Themen auseinandergesetzt hat. Hierzu gehören die Beschäftigung mit dem aktuellen Forschungsstand und themenbezogenen Fachdiskursen. Wichtig sind zudem die Reflexion und Selbstevaluation im Team sowie der fachliche Austausch in Netzwerken, um eine kritische Einschätzung zu den Projektergebnissen durch andere Fachleute einzuholen.

Liegt Praxisrelevanz und Praxistauglichkeit vor?

Bedingung für die Verbreitung eines Projektergebnisses ist, dass es einen Bedarf dafür gibt. Aufgabe des Projekts kann auch sein, auf einen solchen Bedarf aufmerksam zu machen. Auch wenn man – angesichts der gegebenen Projektlaufzeit – nicht davon ausgehen kann, dass Konzepte oder Materialien immer ausgereift sind, so sollten sie sich dennoch in der Praxis bewährt haben.

Ist eine Übertragung (auf andere Kontexte und Zielgruppen) möglich?

Unrealistisch wird eine Übernahme und Umsetzung von Projektergebnissen, wenn die dafür notwendigen Ressourcen über das mögliche Maß gehen. Je spezieller die Rahmenbedingungen für ein Projekt sind, desto schwieriger wird der Transfer. Können Projektergebnisse auf andere Kontexte und Zielgruppen übertragen werden, steigert dies die Möglichkeit für Transferprozesse.

12.3.5 Projektergebnisse adressatengerecht aufbereiten

Die Frage, ob Projektergebnisse transferfähig und verwertbar sind, hängt auch eng mit der Form der Aufbereitung zusammen. Ergebnis- und Erfahrungsberichte, welche die Aktivitäten und Ergebnisse zusammenfassen, reichen hier nicht unbedingt aus. Besser ist es, die Projektergebnisse mit Blick auf konkrete Transfernehmer_innen aufzubereiten. Auf diese Weise entstehen Transferprodukte, mit denen eine Transferfähigkeit der Projektergebnisse hergestellt wird. Dieses Arbeitspaket ist eng mit dem nächsten verknüpft, in dem es um die Suche nach Transferadressaten und -partnern geht.

Die Darstellungsform kann – so wie auch die Adressaten – durchaus vielfältig sein. Wenn die Möglichkeit besteht, sollte man sie direkt fragen, was am besten für sie geeignet ist, welche Form und welchen Umfang sie bevorzugen. Im Projekt OnTOP wurde beispielsweise das in den vier Projektjahren ausgearbeitete Mentoringkonzept[3] ausführlich beschrieben, um eine Übernahme durch Dritte, die im „operativen Geschäft" tätig sind, zu erleichtern. Es wurde eine Handreichung für die Schulung und Anleitung der Mentor_innen erstellt, die neben den konzeptionellen Überlegungen auch Übungen, Arbeitsblätter und Vorlagen (z. B. Mentoring-Vereinbarung) enthält. Für Entscheidungsträger innerhalb der Hochschule hingegen war eine knappe Aufbereitung wichtig, z. B. Prozessbeschreibungen in Form von Flussdiagrammen sowie Handlungsempfehlungen.

Zum Thema sprachsensible Beratung bzw. Kommunikation entstanden in OnTOP drei Grafiken, die wichtige Grundsätze auf anschauliche Art und anhand von Beispielen verdeutlichen. OnTOP hat sich bei der Erstellung dieser Grafiken an der Veröffentlichung „Sprachsensibel beraten" (2016) der IQ-Fachstelle ‚Berufsbezogenes Deutsch' orientiert und eine Anpassung an den Hochschulkontext vorgenommen. Es handelt sich hier also um ein Transferprodukt, das auf den Ergebnissen Dritter basiert und hohes Transferpotential besitzt. Die Beschreibung des jeweiligen Transferkontextes erleichtert und stimuliert die Übernahme von Transferprodukten durch weitere Akteure.

3 Für das Mentoring der Teilnehmenden wurden Student_innen als studentische Hilfskräfte im Projekt beschäftigt, für ihre Aufgabe geschult und kontinuierlich durch eine Projektmitarbeiterin begleitet.

12.3.6 Projektergebnisse und Transferprodukte verbreiten

Für die Veröffentlichung und Verbreitung von Projektergebnissen bzw. Transferprodukten wird auch hierzulande häufig der englische Begriff *Dissemination* verwendet. Neben der klassischen Presse- und Medienarbeit spielt jedwede zielgerichtete Kommunikation gegenüber externen und internen Teilöffentlichkeiten eine Rolle. Für eine auf Verstetigung zielende Projektarbeit ist darüber hinaus die Kommunikation mit Politik und Verwaltung wichtig. Eine nicht zu vernachlässigende Frage ist, wie der Zugang zu den Projektergebnissen und Transferprodukten auch nach Ablauf des Projekts bestehen bleibt (vgl. XENOS Panorama Bund o.J.).

Eine Verbreitung der Projektergebnisse erfolgt vor allem durch Veröffentlichungen und Präsentationen auf Tagungen, in Gremien und/oder Internetplattformen sowie im Dialog mit einzelnen Akteuren. Ziel ist es, wesentliche Erkenntnisse zu vermitteln, für bestimmte Themen, Problemfelder und Bedarfe zu sensibilisieren und für eine Übernahme von Transferprodukten zu werben.

12.3.7 Transferadressaten identifizieren und Transferpartner finden

Wohin sollen Projektergebnisse konkret transferiert werden?[4] An den diesbezüglichen Überlegungen kann sich das gesamte Team beteiligen. Ebenso können Vorgesetzte und Kooperationspartner mit einbezogen werden, um alle Möglichkeiten auszuschöpfen. Für die Ideensammlung können folgende Fragen hilfreich sein:

- Wer könnte an den Projektergebnissen interessiert sein?
- Wen möchte man dafür interessieren?
- Wer sind die potentiellen Nutzer_innen der einzelnen Transferprodukte, innerhalb sowie außerhalb der eigenen Organisation?
- Wer beschäftigt sich in besonderer Weise mit der betreffenden Zielgruppe (aber bisher nicht mit dem Schwerpunktthema)?
- Wer beschäftigt sich in besonderer Weise mit den im Projekt bearbeiteten Themen (aber bisher nicht mit der Zielgruppe)?
- Wer sind die relevanten Schlüsselpersonen, wer trifft die Entscheidungen in der jeweiligen Organisation?
- Wer eignet sich als Türöffner_in?

---

4 Dieses Kapitel ist Ergebnis eines kollegialen Austausches zum Thema Transfer mit Julia Siebert vom IQ-Projekt ActNow!

- Wen spricht man an: Geschäftsführung/Leitung oder Mitarbeitende im operativen Geschäft?
- Welche Organisation/Institution verfügt über dauerhafte Strukturen, Ressourcen und/oder einen großen Wirkungsradius?
- Wer eignet sich in besonderer Weise als Transferpartner aufgrund bereits bestehender Kooperationsbeziehungen?
- Welche übergeordnete Organisation, welches Netzwerk oder welcher Verband kann das Thema weiterverfolgen und für die Verbreitung der Projektergebnisse auch nach Ende des Projekts sorgen?

Die Akquise von Transferpartnern ist nicht ausschließlich die Aufgabe der Projektleitung, vielmehr empfiehlt es sich diejenigen Mitarbeitenden einzubinden, die über gute Netzwerkbeziehungen verfügen. Gemeinsam mit den Transferpartnern können Transfermöglichkeiten besprochen sowie über unterstützende Maßnahmen nachgedacht werden (siehe Punkt 12.3.8). Eine Transferpartnerschaft funktioniert dann gut, wenn beide Seiten davon profitieren, also eine Win-win-Situation entsteht. Wer sich selbst ein Bild machen möchte, sollte die Möglichkeit zu einer Hospitation oder zu persönlichen Begegnungen mit der Zielgruppe erhalten.

12.3.8 Transferprozess begleiten

Im Idealfall findet ein reger Austausch zwischen den Transferpartnern dazu statt, wie sich die Projektergebnisse und Transferprodukte in die Praxis übernehmen und anwenden lassen. Wichtige Voraussetzung ist eine transparente Darstellung, um eine realistische Einschätzung des Transfervorhabens zu ermöglichen. Herausforderungen und Umsetzungsschwierigkeiten, die man selbst erlebt hat, ebenso wie der Ressourcenaufwand müssen klar benannt werden.

Den Transferprozess zu begleiten kann bedeuten, gemeinsam zu diskutieren, welche Anpassungen ggf. notwendig sind, weil es z. B. um eine etwas andere Zielgruppe oder einen anderen institutionellen Kontext geht. Zudem kann man die Transferpartner dabei unterstützen, neue und vertiefte Kenntnisse zum Thema zu erwerben sowie fachliche, eventuell durch Fakten und Daten untermauerte Argumente für die Umsetzung neuer Ideen zu finden. In der Projektpraxis werden allerdings nur selten die für eine sehr enge Begleitung notwendigen zeitlichen und personellen Ressourcen zur Verfügung stehen. Und nur wenn frühzeitig mit dem Transfer begonnen wird, besteht die Chance, den Transferprozess zu beobachten bzw. sich berichten zu lassen, ob die Umsetzung gelingt, sowie eine gemeinsame Bewertung vorzunehmen.

Transfervorhaben können auch scheitern. Verantwortlich dafür sind beispielsweise offenkundige oder verdeckte Hemmnisse auf Seiten der Transfernehmer, die mit der Geschlossenheit von Systemen, Mittel- und Ressourcenknappheit, Zuständigkeitsproblemen oder Widerständen gegenüber Veränderungen zu tun haben können. Wichtig ist daher, sich der Möglichkeiten und Grenzen der Nachhaltigkeitssicherung bewusst zu werden und sich zu fragen, wie weit das eigene Engagement gehen kann und soll (vgl. Regiestelle Weiterbildung 2012: 8).

12.4 Wie lassen sich die Transferchancen erhöhen?

Das bisher Gesagte lässt sich – als Antwort auf diese Frage – wie folgt zusammenfassen:

Transfer als Projektziel ernst nehmen

Der Erfolg eines Projekts entscheidet sich nicht nur an der Frage, ob es während seiner Laufzeit gute Arbeit geleistet hat, sondern maßgeblich auch an der Frage, was es über die Laufzeit hinaus zu bewirken vermag. Transfer als Projektziel ernst zu nehmen bedeutet auch genügend Ressourcen dafür einzuplanen.

Realistische Transferziele formulieren

Ambitionierte Ziele setzen im besten Fall Energie frei. Dennoch: Man sollte realistisch bleiben, was in der gegebenen Projektlaufzeit und mit den zur Verfügung stehenden Ressourcen machbar ist. Unrealistische Transferziele erhöhen unnötig den Erfolgsdruck. Die Messlatte für einen erfolgreichen Transfer sollte also nicht zu hoch gehängt werden.

Im Projektteam Konsens herbeiführen

Die Planung der Transferaktivitäten gehört in die Verantwortung der Projektleitung, erfordert aber unbedingt den Rückhalt im Team. Es hilft, wenn alle im Team die Auffassung teilen, dass Transfer und Verstetigung wichtige Projektziele darstellen. Im Team werden durch die gemeinsame Reflexion der Arbeit transferwürdige Projektergebnisse identifiziert.

Transfer planen

Nicht selten gerät der Projektauftrag „Transfer und Verstetigung" im arbeitsintensiven Projektalltag aus dem Blick und wird erst zu einem sehr späten Zeitpunkt, in der letzten Phase des Projekts, bearbeitet. Um dies zu verhindern, muss man sich frühzeitig Gedanken zur Zielsetzung der Transferbemühungen machen und in die Planung einsteigen. Die Planung sollte schriftlich fixiert werden, kann aber im Projektverlauf auch verändert werden.

Die Projektergebnisse und Transferprodukte müssen überzeugen

Für den Transfer eignen sich Projektergebnisse bzw. Transferprodukte, die sich in der Projektpraxis bewährt haben und von denen Transfernehmer begründet annehmen können, dass diese für den „Echtbetrieb“ geeignet sind, zur Lösung von Problemen beitragen oder einen anderweitigen Nutzen haben (z. B. Imagegewinn durch Übernahme gesellschaftlicher Verantwortung).

Hemmende Faktoren für nachhaltige Verstetigung kennen

Nicht nur förderliche Faktoren, auch hemmende Faktoren sollte man sich vergegenwärtigen. Welchen Zwängen und Beschränkungen unterliegen die Transferadressaten? Stellt die Finanzierung ein Problem dar? Fehlen womöglich die für die Übernahme und Umsetzung neuer Maßnahmen notwendigen Kompetenzen? Da bei Veränderungsprozessen immer auch Widerstände von Seiten der davon Betroffenen zu erwarten sind, sind Kenntnisse des Change Managements[5] hilfreich.

Kein Transfer ohne Netzwerkarbeit

Transferadressaten müssen für den Transfer gewonnen werden. Ein Transfer „hinein“ in eine andere Organisation funktioniert nicht, vielmehr geht es um ein „Herein“-Holen von Transferprodukten durch die Transfernehmer selbst. Netzwerkarbeit ist hierfür die Voraussetzung. Nach Möglichkeit sollten Kooperationsbeziehungen von Projektbeginn an angestrebt und verankert werden. Man sollte aufmerksam sein für Gelegenheitsfenster, da hier die Chancen auf Interesse zu stoßen, besonders groß sind. Ein solches Gelegenheitsfenster ist z. B. die Notwendigkeit von Hochschulen oder Unternehmen, ihre Aktivitäten im Rahmen des Diversity-Managements zu verstärken.

Schlussbemerkung

Der Aufwand, der in Überlegungen und Anstrengungen zum Transfer gesteckt werden muss, zahlt sich aus. Es wird dadurch nicht nur ein wichtiger Teil des Projektauftrags erfüllt, man kann auch zur Weiterentwicklung der Strukturen und Prozesse der eigenen Organisation beitragen. Und nicht zuletzt ist es wichtig, dass Projektmitarbeitende sehen, dass ihre Projektarbeit Früchte trägt und sich somit ein engagierter Einsatz lohnt.

---

5 Das Change Management beschäftigt sich mit den sog. „Fähigkeitsbarrieren“ (z.B. Überforderung aufgrund von Qualifizierungsdefiziten) und „Bereitschaftsbarrieren“ (z.B. Ablehnung infolge von Motivationsdefiziten) und wie diese überwunden werden können (Reiß/von Rosenstil/Hoffmann 1997: 17ff.).

Infoblatt

Einige Informationsportale rund um das Thema Geflüchtete

In den vergangenen Jahren sind etliche Programme und dazu gehörige Internetportale aufgebaut worden, die immer wieder aktualisierte Information rund um das Thema Geflüchtete bieten. Einige wichtige sind:

UNHCR Deutschland – UN Refugee Agency und die UNO Flüchtlingshilfe: Der UNHCR ist die weltweit größte Organisation mit Unterorganisationen in vielen Ländern, die sich für Geflüchtete sowie Binnenvertriebene, Staatenlose und Rückkehrende einsetzt. Sie selbst beschreibt sich als „Hüterin der Genfer Flüchtlingskonvention" mit Mandat durch die Vereinten Nationen (UN). Das Internetportal stellt Informationen u.a. zu Asyl und rechtlichen Bedingungen, Aufnahme von Geflüchteten und Trauma sowie Lehr- und Lernmaterial kostenlos zur Verfügung: https://www.unhcr.org/dach/de/. Die UNO Flüchtlingshilfe sammelt Spenden für Geflüchtete und bietet in dem Zusammenhang Information zu einigen Regionen und Fallbeispielen: https://www.uno-fluechtlingshilfe.de/

Pro Asyl e.V.: Pro Asyl ist die bekannteste Organisation in Deutschland mit weltweiter Vernetzung, die mit einer klaren menschenrechtlichen Positionierung für die Interessen von geflüchteten Menschen eintritt. Auf der Internetseite von Pro Asyl finden sich viele Fakten, Dokumentationen und Stellungsnahmen zum Thema: https://www.proasyl.de/

European Resettlement Network und das damit verknüpfte SHARE Network: Das Europäische Netzwerk, teilweise von der Europäischen Union über den Asylum, Migration and Integration Fond (AMIF) finanziert, verknüpft diverse politische und praxisnahe Akteure rund um das Thema Integration von Geflüchteten in Kommunen. Im Fokus stehen Geflüchtete, die auf ihrer Route im Nahen Osten und Afrika gestrandet sind und nun durch europäische Länder aufgenommen und dort angesiedelt werden: http://www.resettlement.eu/page/about-network; http://resettlement.eu/page/welcome-share-network

Flucht: Forschung und Transfer. Das Forschungsnetzwerk bündelt Forschung zum Thema Geflüchtete in Deutschland. Hier finden sich wissenschaftliche Publikationen/Studien rund um das Thema: https://flucht-forschung-transfer.de/

Bundesamt für Migration und Flüchtlinge: Das Bundesamt informiert über viele Aspekte zum Thema Asylsuchende, Asylantrag, Ankommen und

Integration und stellt hierzu monatlich aktualisierte Zahlen, Fachpublikationen, rechtliche Vorschriften und spezielle Informationen u.a. für Lehrkräfte und Dolmetscher_innen zur Verfügung: http://www.bamf.de/DE/Startseite/startseite-node.html

IQ-Netzwerk Deutschland/Bundesländer: Das Bundesprogramm „Integration durch Qualifizierung“, gefördert vom Bundesministerium für Arbeit und Soziales, von der Arbeitsagentur und in Teilen auch dem Europäischen Sozialfonds, bietet Informationen insbesondere zum Thema „Arbeiten in Deutschland“ für Migrant_innen und Geflüchtete bzw. in dem Bereich professionell und ehrenamtlich Tätige, Arbeitsagenturen/Job Center und Unternehmen. Es finden sich Informationen und Angebote für die Bereiche Anerkennung ausländischer Berufsabschlüsse, Integrations- und Sprachkurse sowie Sprach- und Kulturmittler_innen, Unterstützungsangebote für arbeitssuchende Personen und Unternehmen, Vielfalt gestalten, Migrantenökonomie. Das IQ-Netzwerk hat eine gut vernetzte Struktur in allen Bundesländern. https://www.netzwerk-iq.de/

Stichwort Flüchtlingshilfe: Unter diesem Stichwort finden sich im Internet Webseiten vieler lokaler Flüchtlingshilfen für diejenigen, die sich selbst engagieren wollen und Kontakt vor Ort suchen.

Abkürzungen und Glossar

Abkürzungen

ADS	Antidiskriminierungsstelle des Bundes
advd	Antidiskriminierungsverband Deutschland
AGG	Allgemeines Gleichbehandlungsgesetz
anabin	Infoportal zur Anerkennung und Bewertung ausländischer Bildungsnachweise
BAMF	Bundesamt für Migration und Flüchtlinge
BIBB	Bundesinstitut für Berufsbildung
BMAS	Bundesministerium für Arbeit und Soziales
BQFG	Berufs-Qualifikations-Feststellungs-Gesetz
CSR	Corporate Social Responsibility
DESI	Institut für Demokratische Entwicklung und Soziale Integration
ECTS	European Credit Transfer and Accumulation System
EFQM	European Foundation for Quality Management
ESF	Europäischer Sozialfonds
ESS	European Social Survey
GER	Gemeinsamer Europäischer Referenzrahmen für Sprachen
GMF	Gruppenbezogene Menschenfeindlichkeit
IHK	Industrie- und Handelskammer
INQA	Initiative Neue Qualität der Arbeit
LSBTTIQ*	lesbische, schwule, bisexuelle, Trans, transsexuelle, intersexuelle und queere Menschen
OECD	Organisation für wirtschaftliche Zusammenarbeit und Entwicklung
RBSG	Robert Bosch Stiftung GmbH
SMART	spezifisch, messbar, attraktiv, realistisch und terminiert
SVR	Sachverständigenrat deutscher Stiftungen für Integration und Migration
ZAB	Zentralstelle für ausländisches Bildungswesen

Glossar

Aktivierende Befragung

„Ziel ist es, Bewohner_innen eines Gemeinwesens (meist ein Stadtteil oder ein ländlicher Raum) dabei zu unterstützen, sich für die eigenen Interessen zu organisieren, einzusetzen und sich zu solidarisieren. Ausgangspunkt dabei sind die lebensweltlichen Interessen, die aufgespürt werden sollen.“ (Christoph Stoik: Aktivierende Befragung / Aktivierendes Gespräch. In: sozialraum.de (1) Ausgabe 2/2009, unter: https://www.sozialraum.de/aktivierende-befragung-aktivierendes-gespraech.php [Zugriff: 10.02.2020])

Akkulturation

Unter Akkulturation versteht man Anpassungsprozesse, die als Reaktion auf langfristige Kontaktsituationen zwischen Mitgliedern verschiedener Kulturen entstehen und bestimmte Veränderungen für die Beteiligten mit sich bringen. Dabei sind bewusste und unbewusste (strategische) Positionierungen zu beobachten, die sich entweder an der Herkunftskultur oder an der Aufnahmekultur orientieren. Diese Vorgänge des Aushandelns zwischen fremder und eigener Kultur können individuell stattfinden oder eine Gruppe kollektiv betreffen. Hierbei ist auch der jeweilige Rahmen des Auslandskontakts zu berücksichtigen, also ob es sich um eine befristete Auslandsentsendung, einen längeren Aufenthalt oder Migration handelt.

Aufenthaltsstatus / Aufenthaltserlaubnis

Das Bundesamt für Migration und Flüchtlinge unterscheidet prinzipiell vier verschiedene Schutzarten: Asylberechtigung, Flüchtlingsschutz, subsidiärer Schutz und Abschiebungsverbot. Im Asylverfahren wird über die Schutzart und den damit verbundenen Status entschieden. Wird positiv über den Antrag entschieden, erhält die jeweilige Person eine Aufenthaltserlaubnis von einem bis drei Jahren. Mit diesem Status ist die Beschäftigung auf dem Arbeitsmarkt uneingeschränkt bzw. mit Genehmigung der Ausländerbehörde (beim nationalen Abschiebungsverbot) möglich. Auf dem Ausweisdokument ist der Aufenthaltstitel/-status vermerkt. (Quelle: https://www.bamf.de/DE/Themen/AsylFluechtlingsschutz/AblaufAsylverfahrens/Schutzformen/schutzformen-node.html [Zugriff: 10.02.2020])

Bleibeperspektive

Beschreibt die Aussicht und Chancen von Asylbewerber_innen auf einen dauerhaft rechtmäßigen Aufenthalt, ist allerdings kein Rechtsbegriff. Das Bundesamt für Migration und Flüchtlinge (BAMF) macht die Aussicht auf eine gute oder schlechte Bleibeperspektive insbesondere von den jeweiligen Herkunftsstaaten abhängig, was durchaus kritisch betrachtet werden kann.

Diskriminierung

Diskriminierung ist eine Ungleichbehandlung, die in allen Lebensbereichen eines Menschen oder Menschengruppen negativ eingreift. Sie betrifft das soziale, kulturelle, politische, wirtschaftliche und öffentliche Leben und findet auf individueller, diskursiver, institutioneller und struktureller Ebene statt. Diskriminierung trifft Menschen häufig aufgrund mehrerer (zugeschriebener) Merkmale. Dazu gehören Merkmale wie ethnische Herkunft, Nationalität, Sprache, Aufenthaltsstatus, Hautfarbe oder äußere Erscheinung, Gender, Alter, Religionszugehörigkeit oder Weltanschauung, sexuelle Orientierung und Identität, Behinderung, Familienstand oder sozialer Status und weitere (unveränderliche) Aspekte von Zuschreibungen und/oder Identität von Menschen, auch Armut bzw. die Zuweisung zu einer „unteren Klasse“ oder zum sogenannten Prekariat (im Sinne von Classism) kann darunter gefasst werden.

Diversity

Diversity (engl.) bedeutet die Vielfalt von Menschen und Lebensformen. Diversity zielt auf die Anerkennung und Wertschätzung aller Menschen unabhängig von ihrer sozialen oder ethnischen Zugehörigkeit, ihrem Geschlecht, ihrer sexuellen Orientierung, ihrer Religionszugehörigkeit oder Weltanschauung, ihrem Lebensalter, ihren physischen oder psychischen Fähigkeiten oder anderen Merkmale.

Empowerment

Der Kern des englischen Begriffs „Empowerment“ ist „power“ (Kraft, Stärke und Macht) und wird am ehesten mit „Selbstbemächtigung” oder „Stärkung der Eigenmacht” übersetzt.

Flüchtling

Die Genfer Flüchtlingskonvention (Artikel 1), die für Deutschland völkerrechtlich bindend ist, definiert einen Flüchtling als Person, „die sich außerhalb des Landes befindet, dessen Staatsangehörigkeit sie besitzt oder in dem sie ihren ständigen Wohnsitz hat, und die wegen ihrer Rasse, Religion, Nationalität, Zugehörigkeit zu einer bestimmten sozialen Gruppe oder wegen ihrer politischen Überzeugung eine wohlbegründete Furcht vor Verfolgung hat und den Schutz dieses Landes nicht in Anspruch nehmen kann oder wegen dieser Furcht vor Verfolgung nicht dorthin zurückkehren kann“ (UNHCR 2000-2020, unter: https://www.unhcr.org/dach/de/services/faq/faq-fluechtlinge [Zugriff: 10.02.2020]).

Gruppenbezogene Menschenfeindlichkeit

Allgemein gesprochen bedeutet Gruppenbezogene Menschenfeindlichkeit (GMF) die Abwertung bestimmter, meist schwächerer Gruppen aufgrund zugewiesener oder gewählter Merkmale. GMF wird durch eine Ideologie begründet, nach der Menschen ungleich und ungleichwertig betrachtet werden. Neben Fremdenfeindlichkeit und Rassismus umfasst GMF die Abwertung aufgrund einer bestimmten Religionszugehörigkeit (Antisemitismus, Islamophobie), die Herabsetzung sexuellen Andersseins (Homophobie, Sexismus), die Demonstration von etablierten Vorrechten sowie die Abwertung aufgrund körperlicher Merkmale (bei Behinderten) oder sozialer Kriterien (bei Obdachlosen oder Langzeitarbeitslosen).

Hassrede (Hate Speech)

Hassrede, im Englischen Hate Speech, ist die menschenverachtende verbale Abwertung von Einzelpersonen als Mitglied sozialer Gruppen bzw. ganzer sozialer Gruppen, die sich auf die Herkunft, Religion, Hautfarbe, Geschlecht, Alter, Sexualität oder Behinderung beziehen, manchmal gekoppelt mit Bedrohung und dem Aufruf zu Hass und Gewalt. Sie drückt sich in rassistischen, fremdenfeindlichen, antisemitischen, muslimfeindlichen, homophoben, sexistischen oder auf das Aussehen einer Person bezogenen Äußerungen aus, oft auch einer Mischung daraus. Hassrede nutzt und bedient Stereotype und Vorurteile, verbreitet Falschaussagen und Verschwörungsmythen und tarnt sich manchmal auch als Humor. Geäußert wird Hassrede vorzugsweise im Internet und Social-Media-Räumen.

Integration

Der Begriff Integration geht von zwei oder mehreren Entitäten aus, die in irgendeiner Form zusammengeführt werden bzw. sich zusammenfinden. Im Kontext von Migration besteht die Grundidee darin, eine neu hinzukommende Gruppe von Menschen, hier Personen mit Flucht- bzw. Migrationsgeschichte, in die alteingesessene, in diesem Fall in die deutsche Gesellschaft aufzunehmen (vgl. Georgi 2015: 26). Dies unterstellt zunächst einmal die Unterscheidbarkeit von Angehörigen dieser beiden sozialen Gruppen – der Neuankommenden und der Alteingesessenen – und eine gewisse innere Homogenität beider Gruppen. (siehe ausführlich zu Integration in Kapitel 2 unter 2.1)

Inklusion

Inklusion wird verstanden als das Bestreben „Teilhabe für alle Menschen in sozialen Verhältnissen der Differenz und sozialen Ungleichheiten zu realisieren und die Beteiligten dabei nicht auf einen gemeinsamen Nenner homogener Normalitätsvorstellungen bringen zu müssen“ (Spatscheck/Thiessen 2017: 11)

Interkulturalität

Eine „Interkultur" entsteht durch den Prozess des Aufeinandereinwirkens verschiedener, mindestens zweier Kulturen, die in Interaktion oder Kommunikation miteinander stehen. Die Interkultur ist somit stark variabel und dynamisch. Sie beschreibt kein statisches Abhängigkeits- oder Dominanzverhältnis der Kulturen. Die beteiligten Kulturen oder Teile dieser werden in diesem Prozess nicht nur addiert, sondern bilden, sich gegenseitig beeinflussend, eine neue „Kultur", eine Interkultur. Der Begriff wird positiv verwendet und umschreibt einen konstruktiven Interaktionsprozess.

Interkulturelle Sensibilität

Beschreibt die Fähigkeit, rücksichts- und verständnisvoll mit kulturgeprägten Werten und Verhaltensmustern umzugehen und kann als eine wichtige Basis von interkultureller Kompetenz verstanden werden.

Interkulturelle Öffnung (von Betrieben)

Unternehmerische Strategie, die durch den Abbau von Zugangsbarrieren und die Erhöhung von Teilhabegerechtigkeit anstrebt, auf die kulturelle Vielfalt einer Gesellschaft angemessen zu reagieren.

Intersektionalität

Intersektionalität (engl. *intersection*: Kreuzung, Schnittpunkt) beschreibt die integrative Analyse des Zusammenwirkens unterschiedlicher Formen und Dimensionen von Ungleichheit, Differenz und Herrschaft. Die in der Intersektionalitätsforschung verwendeten Differenzkategorien (die meist genannten sind *race, class, gender*), in denen Machtverhältnisse wirken, die einige Eigenschaften privilegieren und andere diskriminieren, werden dabei gesellschaftlich konstruiert.

Klassischer Attributionsfehler

Der klassische Attributionsfehler beschreibt den empirisch gut belegten Effekt, nach dem Individuen dazu neigen, positives Verhalten bei ihnen selbst auf internale Ursachen zurückzuführen, also auf Eigenschaften die in ihrer eigenen Person liegen (ihre Persönlichkeit, Fähigkeiten). Hingegen wird positives Verhalten einer anderen Person in externalen Ursachen begründet (die Situation, Zufall/Glück). Umgekehrt wird negatives Verhalten der eigenen Person vorzugsweise auf externale Ursachen, negatives Verhalten einer anderen Person auf internale Ursachen zurückgeführt. Diese selbstdienliche Verzerrung bei der Ursachenzuschreibung von Verhalten lässt sich auch auf der gruppalen Ebene als „ultimativer" Attributionsfehler beobachten, wenn es um Verhalten der eigenen sozialen Gruppe geht, mit der man sich selbst identifiziert (z.B. „den Deutschen") bzw. um Verhalten einer Fremdgruppe, mit der man sich selbst nicht identifiziert (z.B. „den Ausländern", „den Geflüchteten"). Negatives Verhalten (z.B. eine Gewalttat) von Mitgliedern der eigenen Gruppe wird, wenn es sich nicht externalisieren lässt, auf ein einziges Mitglied geschoben, das irgendwie anders ist, nicht wirklich so ist wie die Gruppe (z.B. ver*rückt* ist), negatives Verhalten von Mitgliedern einer Fremdgruppe wird auf (tatsächliche oder vermeintliche) der Gruppe inhärente Merkmale geschoben (z.B. ihre Kultur, Religion).

Kultur

Kultur ist ein „Orientierungssystem", das Fühlen, Denken, Handeln und Bewerten bestimmt; davon Abweichendes wird als „unnormal" empfunden. Kultur ist fließend und verändert sich ständig. Sie wird von vielen Mitgliedern einer Gesellschaft geteilt, zugleich ist jeder Mensch eine jeweilige Mischung unterschiedlicher kultureller Einflüsse und außer von Kultur auch durch diverse andere Einflussfaktoren bzw. -bedingungen geprägt. (siehe ausführlich zu dem Begriff „Kultur" Kapitel 2)

Migration

Migration beschreibt die Wanderung, räumliche Bewegung bzw. Mobilität von Individuen oder Gruppen in Form eines relativ dauerhaften Wechsels des Wohn- bzw. Lebensortes.

LSBTTIQ*

Diese Abkürzung steht für lesbische, schwule, bisexuelle, Trans, transsexuelle, intersexuelle und queere Menschen. Der Stern (*) am Ende soll berücksichtigen, dass sich manche Menschen in ihrer Geschlechtsidentität nicht ausschließlich auf einen der Begriffe festlegen lassen möchten.

Monolinguale Mehrheitsgesellschaft

Mehrsprachigkeit ist ein charakteristisches Merkmal von Migrationsgesellschaften. Nichtsdestotrotz sind Bildungseinrichtungen, Behörden und politische Vertretungen in diesen Gesellschaften so organisiert, als wären ihre Mitglieder einsprachig. Stimmen, die darauf drängen, den dominanten Sprachen in Gesellschaften einen höheren Stellenwert einzuräumen und sprachliche Verschiedenheit nur begrenzt und nur in ganz bestimmten Kontexten zuzulassen, haben in Migrationsgesellschaften Konjunktur.

Qualitatives Interview

„Beim qualitativen Interview werden die Teilnehmer (z.B. Kunden, Experten etc.) von einem geschulten Interviewer zu einem bestimmten Themengebiet befragt. Im Vergleich zu quantitativen Methoden der Befragung, wie beispielsweise dem Fragebogen oder dem standardisierten quantitativen Interview, zeichnet sich der Ansatz des qualitativen Interviews durch wesentlich größere Offenheit und Flexibilität aus. Dem Interview liegt ein grober thematischer Leitfaden zugrunde, wobei auf einengende Vorgaben soweit möglich verzichtet wird: Sowohl die Reihenfolge und Gestaltung der Fragen ist flexibel, als auch die Antwortmöglichkeiten der Gesprächspartner unbeschränkt.“ (Stefanie Winter: Qualitatives Interview. 15. Mai 2000, unter: http://nosnos.synology.me/MethodenlisteUniKarlsruhe/imihome.imi.uni-karlsruhe.de/nqualitatives_interview_b.html [Zugriff: 10.02.2020])

Rassismus

Biologistische Rassentheorien, die von der Existenz von „Menschenrassen“ ausgehen, sind nach dem Ende des Zweiten Weltkriegs in Europa offiziell diskreditiert. Doch verschwanden keinesfalls rassistische Denk- und Handlungsweisen, die Menschen kategorisieren und diese Kategorien mit unterschiedlichen Wertungen versehen. Im Alltagsrassismus, wie auch auf der strukturellen Ebene, spielen Ausgrenzungsmechanismen aufgrund der Hautfarbe weiterhin eine zentrale Rolle. Das soziale und politische Konstrukt der „Rasse“ wirkt implizit fort und ist mittlerweile untrennbar mit kulturellen und religiösen Zuschreibungen verbunden. Zugleich wird seit mindestens zwei Jahrzehnten unter dem Schlagwort vom „Rassismus ohne Rassen“ (Étienne Balibar/Stuart Hall) eine zunehmende Verschiebung vom biologistisch argumentierenden Rassismus zu einem Neo- beziehungsweise Kulturrassismus diskutiert. Dieser lässt sich als eine Modernisierungsstrategie verstehen, mit deren Hilfe die Inhalte des biologistischen Rassismus weitertransportiert werden können, ohne den „Rasse“-Begriff zu bemühen.

Stereotype

Ein Stereotyp beinhaltet eine Eigenschaft oder eine Verhaltensweise durch bestimmte kulturelle, nationale, ethnische, religiöse Merkmale, die Personen aufgrund ihrer Zuordnung zu bestimmten Gruppen zugeschrieben wird, um bestimmte Eigenschaften karikierend hervorzuheben und falsch zu verallgemeinern. Eine Person kann Ziel von Stereotypen sein, ohne tatsächlich die zugewiesenen Merkmale zu haben und unabhängig von ihrer eigenen Identifikation mit der sozialen Gruppe, der sie zugeordnet wurde.

Subsidiärer Schutz

Der subsidiäre Schutz greift ein, wenn weder der Flüchtlingsschutz noch die Asylberechtigung gewährt werden können und im Herkunftsland ernsthafter Schaden droht. Subsidiär schutzberechtigt sind Menschen, die stichhaltige Gründe dafür vorbringen, dass ihnen in ihrem Herkunftsland ein ernsthafter Schaden droht und sie den Schutz ihres Herkunftslands nicht in Anspruch nehmen können oder wegen der Bedrohung nicht in Anspruch nehmen wollen. Ein ernsthafter Schaden kann sowohl von staatlichen als auch von nichtstaatlichen Akteuren ausgehen: die Verhängung oder Vollstreckung der Todesstrafe, Folter, unmenschliche oder erniedrigende Behandlung/Bestrafung, eine ernsthafte individuelle Bedrohung des Lebens oder der Unversehrtheit einer Zivilperson infolge willkürlicher Gewalt im Rahmen eines internationalen oder innerstaatlichen bewaffneten Konflikts.

Trauma

Ein Trauma ist eine emotionale Reaktion auf ein Ereignis von extrem bedrohlicher oder entsetzlicher Natur, das sich etwa in Bürgerkriegsgebieten auch summieren kann. Als besonders belastend gelten langandauernde oder wiederholte traumatische Situationen (etwa durch Lagerhaft mit für die Person unkontrollierbaren Bedrohungen, Übergriffen und Folter). Längerfristige mögliche Reaktionen können u.a. sein: unerwartete emotionale oder auch gewalttätige Ausbrüche, überzeugt zu sein selbst schwach und wertlos zu sein, Gefühle von Scham und Schuld sowie Schwierigkeiten, Beziehungen aufrecht zu erhalten oder sich anderen nah zu fühlen, Feindseligkeit und Misstrauen. Auch körperliche Symptome wie Schlafstörungen, Kopfschmerzen oder Übelkeit können auftreten.

Vorurteil

Eine verfestigte, vorgefasste Einstellung gegenüber verschiedenen sozialen Gruppen, die durch die Einbeziehung kognitiver (Stereotypen), emotionaler (Gefühle von z.B. Angst, Wut, Hass, Ekel, Gier) und verhaltensbezogener intentionaler Komponenten (z.B. Unterstützung von negativem Verhalten/Aktion gegenüber einer Outgroup) definiert ist. Vorurteile sind nicht nur Bewertungen, die zu schnell, sondern auch relativ faktenresistent erfolgen. Sie können positiv oder negativ sein und offen/explizit (offen, direkt, heiß) oder subtil/implizit (versteckt, indirekt, kalt) ausgedrückt werden (z.B. Kite/Whitley 2016).

Literaturverzeichnis

Ager, Alastair/Strang, Alison (2008): Understanding Integration: A Conceptual Framework. In: Journal of Refugee Studies 21, 2, S. 166–191.

Ager, Alastair/Strang, Alison (2004): Indicators of Integration. Final Report. Development and Practice Report 28. London: Home Office.

Ahrends, Petra-Angela (2016): Skepsis oder Zuversicht? Erwartungen der Bevölkerung zur Aufnahme von Flüchtlingen zwischen November 2015 und August 2016. Studie des Sozialwissenschaftlichen Instituts der Evangelischen Kirche in Deutschland.

Akhtar, Salman (2014): Immigration und Identität. Psychosoziale Aspekte und kulturübergreifende Therapie. Bibliothek der Psychoanalyse. Gießen: Psychosozial-Verlag.

Allport, Gordon W. (1954): The Nature of Prejudice. Cambridge: MA.

Antidiskriminierungsstelle des Bundes (2016): Diskriminierungsrisiken für Geflüchtete in Deutschland. Eine Bestandsaufnahme der Antidiskriminierungsstelle des Bundes. https://www.antidiskriminierungsstelle.de/SharedDocs/Downloads/DE/publikationen/Expertisen/Diskriminierungsrisiken_fuer_Gefluechtete_in_Deutschland.pdf?__blob=publicationFile&v=4 [Zugriff: 10.02.2020].

Antidiskriminierungsverband Deutschland (advd) (2015): Antidiskriminierungsberatung in der Praxis. Die Standards für eine qualifizierte Antidiskriminierungsberatung ausbuchstabiert. https://static1.squarespace.com/static/57ea5d2920099e3d1d3c150b/t/57fcddd6e6f2e1c88f2a27bc/1476189659707/AD_in_der_Praxis_advd.pdf [Zugriff: 10.02.2020].

Antidiskriminierungsverband Deutschland (advd) (2017): Antidiskriminierungsberatung umsetzen. 10 Fragen und Antworten zum Wie und Warum. https://static1.squarespace.com/static/57ea5d2920099e3d1d3c150b/t/5a0c4ae6652dea776ac2f249/1510755050182/Antidiskriminierungsberatung+%28um%29setzen+Online.pdf [Zugriff: 10.02.2020].

Arant, Regina/Dragulov, Georgi/Boehnke, Klaus (2017): Sozialer Zusammenhalt in Deutschland 2017. Bertelsmann Stiftung.

Arant, Regina et al. (2019): Zusammenhalt in Vielfalt. Das Vielfaltsbarometer der Robert-Bosch-Stiftung 2019.

Aretz, Hans-Jürgen/Hansen, Katrin (2002): Diversity und Diversity-Management im Unternehmen. Eine Analyse aus systemtheoretischer Sicht. Münster: LIT-Verlag.

ARIC-NRW e.V./Kompass F – Kompetenzentwicklung im Diskriminierungsschutz für Flüchtlinge (2018a): Diskriminierungsschutz in der Sozialen Arbeit mit geflüchteten Menschen. Prävention und Interventionen. Arbeitshilfe. https://www.kompass-f.de/fileadmin/public/Redaktion/Dokumente/PDF/Kompass_F-Arbeitshilfe_Web.pdf [Zugriff: 10.02.2020].

ARIC-NRW e.V./Modellprojekt Kompass F – Kompetenzentwicklung im Diskriminierungsschutz für Flüchtlinge (2018b): Praxisstudie Diskriminierungsrisiken & Diskriminierungsschutz für geflüchtete Menschen in NRW. https://www.kompass-f.de/fileadmin/public/Redaktion/Dokumente/PDF/Kompass_F-Praxisstudie_fin-web.pdf [Zugriff: 10.02.2020].

Aumüller, Jutta (2016): Arbeitsmarktintegration von Flüchtlingen: bestehende Praxisansätze und weiterführende Empfehlungen. Bertelsmann-Stiftung (Hrsg.). https://www.bertelsmann-stiftung.de/fileadmin/files/Projekte/28_Einwanderung_und_Vielfalt/Studie_IB_Arbeitsmarktintegration_Fluechtlingc_2016.pdf [Zugriff: 10.02.2020].

Aumüller, Jutta (2009): Assimilation. Kontroversen um ein migrationspolitisches Konzept. Bielefeld: transcript Verlag.

Bähr, Sebastian/Beste, Jonas/Wenzig, Claudia (2017): Hemmnisse abbauen und Potenziale nutzen. Arbeitsmarktintegration von Geflüchteten im SGB II. IAB-Kurzbericht 23/2017. http://doku.iab.de/kurzber/2017/kb2317.pdf [Zugriff: 10.02.2020].

Bambach, Marco/Kuhn-Fleuchaus, Christine (2011): Diversity Management. Unsichtbare Potenziale fördern. 4. Auflage. Stuttgart: Steinbeis-Edition.

Bartel, Daniel: Positioniertheit von Berater_innen und Beratungsangeboten. In: Antidiskriminierungsberatung in der Praxis. Die Standards für eine qualifizierte Antidiskriminierungsberatung ausbuchstabiert.

Basis woge e.V. (2018a): Diskriminierung ansprechbar machen. In: ARIC-NRW e.V./Modellprojekt Kompass F – Kompetenzentwicklung im Diskriminierungsschutz für Flüchtlinge (Hrsg.): Diskriminierungsschutz in der Sozialen Arbeit mit geflüchteten Menschen. Prävention und Intervention. Arbeitshilfe. Köln, S. 38–41.

Basis woge e.V. (2018b): Unterstützung kennt viele Wege…! Handlungsmöglichkeiten bei Diskriminierung von Geflüchteten. Hamburg, S. 18ff.

Bauer, Anja/Weber, Enzo (2017): Einschätzung des IAB zur wirtschaftlichen Lage. Aktuelle Berichte. http://doku.iab.de/arbeitsmarktdaten/KonjunkturUpdate.pdf [Zugriff: 10.02.2020].

Becker, David (2014): Die Erfindung des Traumas. Verflochtene Geschichten. 2. Auflage. Gießen: Psychosozial-Verlag.

Behrensen, Birgit/Groß, Verena (2004): Auf dem Weg in ein „normales Leben"? Eine Analyse der gesundheitlichen Situation von Asylsuchenden in der Region Osnabrück. Osnabrück: Universität Osnabrück.

Berg, Wilhelmine/Leinecke, Rita (2014): „Deutsch habe ich im Betrieb gelernt". IQ-Netzwerk Niedersachsen (Hrsg.). https://www.netzwerk-iq.de/fileadmin/Redaktion/Downloads/IQ_Publikationen/Thema_Sprachbildung/Deutsch_habe_ich_im_Betrieb_gelernt__2_.pdf [Zugriff: 10.02.2020].

Bergknapp, Andreas (2016): Systemische Haltung zwischen Theorie und Praxis. In: Systhema 30, 1, S. 5–19.

Berry/John W. (2003): Conceptual approaches to acculturation. In: Chun, Kevin M./Organista, Pamela B./Marín, Gerardo (Hrsg.): Acculturation. Advances in theory, measurement, and applied research. Washington: American Psychological Association, S. 15–37.

Bethscheider, Monika/Kaufmann, Susan/Wullenweber, Karin (2017): Sprachliche Hürden in der Ausbildung … und wie man sie überwinden kann. Ein Leitfaden für die Praxis. Bonn: Bundesinstitut für Berufsbildung.

Bhabha, Homi K. (2000): Die Verortung der Kultur. Tübingen: Stauffenburg Verlag.

BMFSFJ – Bundesministerium für Familie, Senioren, Frauen und Jugend (2017): Engagement in der Flüchtlingshilfe. Ergebnisbericht einer Untersuchung des Instituts für Demoskopie Allensbach. https://www.bmfsfj.de/blob/122010/d35ec9bf4a940ea49283485db4625aaf/engagement-in-der-fluechlingshilfe-data.pdf [Zugriff: 10.02.2020].

Bohn, Irina/Alicke, Tina (2016): Wie kann Integration von Flüchtlingen gelingen, damit die Stimmung nicht kippt? Eine Expertise. Schwalbach/Ts.: Wochenschau Verlag.

Bolay, Raphael (2013): Die Öffnung geht an alle. In: neue caritas 16, S. 30–32.

Bommes, Michael (2011): Migration in der modernen Gesellschaft. Eine Aufsatzsammlung. In: IMIS-Beiträge 38, S. 53–72.

Brähler, Elmar/Decker, Oliver (Hrsg.) (2018): Flucht ins Autoritäre. Rechtsextreme Dynamiken in der Mitte der Gesellschaft. Die Leipziger Autoritarismus-Studie 2018. Gießen: Psychosozial-Verlag.

Bretl, Carolin/Kraft, Kristina (2008): Kommunale Flüchtlingsintegration in München. In: Aumüller, Jutta/Bretl, Carolin (Hrsg.): Lokale Gesellschaften und Flüchtlinge: Förderung von sozialer Integration. Die kommunale Integration von Flüchtlingen in Deutschland. Berlin: Ed. Parabolis, S. 48–75.

Brinck, Christine: Wenn Deutschlernen als Zeitverschwendung erscheint. In: Welt online vom 22.08.2017. https://www.welt.de/debatte/kommentare/article167899516/Wenn-Deutschlernen-als-Zeitverschwendung-erscheint.html [Zugriff: 10.02.2020].

Broden, Anne (2009): Verstehen der Anderen? Rassismuskritische Anmerkungen zu einem zentralen Topos interkultureller Bildung. In: Scharathow, Wiebke/Leiprecht, Rudolf (Hrsg.): Rassismuskritik. Band 2: Rassismuskritische Bildungsarbeit. Schwalbach/Ts: Wochenschau Verlag, S. 119–134.

Brost, Marc/Pinzler, Petra (2016): Vorsicht vor diesen Wörtern. Interview mit Elisabeth Wehling. In: DIE ZEIT, 10/2016.

Brücker, Herbert et al. (2019): IAB-Kurzbericht 03/2019. Zweite Welle der IAB-BAMF-SOEP-Befragung.

Brücker, Herbert et al. (Hrsg.) (2018): IAB-BAMF-SOEP-Befragung von Geflüchteten 2016. Studiendesign und Feldergebnisse sowie Analysen zu schulischer wie beruflicher Qualifikation, Sprachkenntnissen sowie kognitiven Potenzialen. Forschungsbericht, Band 30. Nürnberg: Bundesamt für Migration und Flüchtlinge.

Brücker, Herbert et al. (2016a): IAB-Kurzbericht 15/2016. Geflüchtete Menschen in Deutschland. Warum sie kommen, was sie mitbringen und welche Erfahrungen sie machen.

Brücker, Herbert et al. (Hrsg.) (Dezember 2016b): IAB-BAMF-SOEP-Befragung von Geflüchteten: Überblick und erste Ergebnisse. Forschungsbericht, Band 29. Nürnberg: Bundesamt für Migration und Flüchtlinge.

Bundesagentur für Arbeit/Statistik Arbeitsmarktberichterstattung (2018): Fluchtmigration. Dezember 2018. Berichte: Arbeitsmarkt kompakt. Nürnberg.

Bundesagentur für Arbeit (2017): Statistik Arbeitsmarktberichterstattung. Fachkräfteengpassanalyse. Berichte: Blickpunkt Arbeitsmarkt. Nürnberg: Bundesagentur für Arbeit.

Bundesamt für Migration und Flüchtlinge (BAMF) (2019a): Aktuelle Zahlen zu Asyl. Ausgabe März 2019. Tabellen Diagramme Erläuterungen.

Bundesamt für Migration und Flüchtlinge (BAMF) (2019b): Ablauf des Asylverfahrens. https://www.bamf.de/DE/Themen/AsylFluechtlingsschutz/AblaufAsylverfahrens/ablaufasylverfahrens-node.html [Zugriff: 28.01.2020].

Bundesamt für Migration und Flüchtlinge (BAMF) (2019c): Das Bundesamt in Zahlen 2018. Asyl. Nürnberg: BAMF.

Bundesamt für Migration und Flüchtlinge (BAMF) (2019d): Bericht zur Integrationskursgeschäftsstatistik für das Jahr 2018. Abfragestand: 03.03.2019. https://www.bamf.de/SharedDocs/Anlagen/DE/Statistik/Integrationskurszahlen/Bundesweit/2018-integrationskursgeschaeftsstatistik-gesamt_bund.pdf?__blob=publicationFile&v=3 [Zugriff: 28.01.2020].

Bundesamt für Migration und Flüchtlinge (BAMF) (2018): Aktuelle Zahlen zu Asyl. Ausgabe September 2018. Tabellen Diagramme Erläuterungen.

Bundesamt für Migration und Flüchtlinge (BAMF) (2017): Der Integrationskurs. https://www.bamf.de/SharedDocs/Anlagen/DE/Integration/Integrationskurse/grafische-uebersicht-integrationskurs.pdf?__blob=publicationFile&v=5 [Zugriff: 28.01.2020].

Bundeskriminalamt (2019): Polizeiliche Kriminalstatistik. Bundesrepublik Deutschland Jahrbuch 2018 Band 2. Opfer. 66. Ausgabe V 2.0.

Bundesministerium für wirtschaftliche Zusammenarbeit und Entwicklung (2019): Begriffsbestimmungen und Erläuterungen. Flüchtling, Asylsuchender, Binnenvertriebener, Klimamigrant, UNHCR. https://www.bmz.de/de/themen/Sonderinitiative-Fluchtursachen-bekaempfen-Fluechtlinge-reintegrieren/hintergrund/definition_fluechtling/index.jsp [Zugriff: 10.02.2020].

Bundesregierung (o.J.): Managementkonzept der Nachhaltigkeit. https://www.bundesregierung.de/breg-de/themen/nachhaltigkeitspolitik/eine-strategie-begleitet-uns/managementkonzept [Zugriff: 10.02.2020].

Bundesregierung (2016): Kürzere Verfahren, weniger Familiennachzug. https://www.bundesregierung.de/breg-de/aktuelles/kuerzere-verfahren-weniger-familiennachzug-370360 [Zugriff: 10.02.2020].

Bundeszentrale für Politische Bildung (2019): Zahlen zu Asyl in Deutschland. https://www.bpb.de/gesellschaft/migration/flucht/265707/zahlen-zu-asyl-in-deutschland [Zugriff: 10.02.2020].

Busch, Brigitta (2016): Sprachliche Verletzung, verletzte Sprache: Über den Zusammenhang von traumatischem Erleben und Spracherleben. In: Cölfen, Hermann/Januschek, Franz (Hrsg.): Flucht_Punkt_Sprache. Osnabrücker Beiträge zur Sprachtheorie, Band 89. Duisburg: Universitätsverlag Rhein-Ruhr, S. 85–108.

Büschel, Ulrike et al. (2018): IAB-Forschungsbericht Nr. 2/2018. Betriebe und Geflüchtete. 36 Interviews im vierten Quartal 2016. Institut für Arbeitsmarkt- und Berufsforschung (IAB) der Bundesagentur für Arbeit.

Castro Varela, María do Mar (2013): Ist Integration nötig? Eine Streitschrift. Ettenheim: Lambertus.

Castro Varela, María do Mar/Dhawan, Nikita (2005): Postkoloniale Theorie. Eine kritische Einführung. Bielefeld: Transcript.

Chiriboga, David A. (2004): Some Thoughts in the Measurement of Acculturation among Mexican American Elders. In: Hispanic Journal of Behavioral Sciences 26, 3, S. 274–292.

Cummins, Jim/Swain, Merrill (1986): Bilingualism in education. Aspects of theory, research and practice. Applied linguistics and language study. London, New York: Longman.

Czollek, Leah Carola et al. (2019): Praxishandbuch Social Justice und Diversity. Theorien, Training, Methoden, Übungen. Mit E-Book inside. 2., völlig überarbeitete und erweiterte Auflage. Weinheim: Juventa Verlag.

Czollek, Leah Carola/Perko, Gudrun/Weinbach, Heike (2012): Praxishandbuch Social Justice and Diversity. Theorien, Training, Methoden, Übungen. Weinheim: Beltz Juventa.

Degler, Eva/Liebig, Thomas (2017): Labour market integration of refugees in Germany. OECD Report. https://www.oecd.org/els/mig/Finding-their-Way-Germany.pdf [Zugriff: 10.02.2020].

Deutsche Industrie- und Handelskammer e.V. Berlin (2016): Weiterbildung 2016. Ergebnisse der Online-Umfrage zur Aus- und Weiterbildung 2016. https://www.dqr.de/media/content/DIHK_Aus_und_Weiterbildung_2016.pdf [Zugriff: 10.02.2020].

Deutscher Bundestag (2016): Sachstand – Änderungen des Asyl- und Aufenthaltsrechts seit Januar 2015 mit den Schwerpunkten Asylpaket I und II. https://www.bundestag.de/resource/blob/424122/05b7770e5d14f459072c61c98ce01672/wd-3-018-16-pdf-data.pdf [Zugriff: 10.02.2020].

Deutscher Caritasverband e.V. (2008): Miteinander leben. Perspektiven des Deutschen Caritasverbandes zu Integrations- und Migrationspolitik.

Deutscher Städtetag (2017): Sicherheit und Ordnung in der Stadt. Positionspapier des Deutschen Städtetags. http://www.staedtetag.de/imperia/md/content/dst/veroeffentlichungen/mat/positionspapier_sicherheit_und_ordnung_2017.pdf [Zugriff: 10.02.2020].

Die ZEIT (2018): Nur die Hälfte schafft auf Anhieb den Deutschtest. In: Zeit Online vom 29.04.2018. https://www.zeit.de/politik/deutschland/2018-04/integration-deutschkurse-fluechtlinge-bestehen-deutschtest-niveau-b1 [Zugriff: 10.02.2020].

Dietze, Gabriele (2016): Ethnosexismus. Sex-Mob-Narrative um die Kölner Silvesternacht. In: movements 2, 1, S. 177–185.

Dufeu, Bernard (2003): Wege zu einer Pädagogik des Seins. Ein psychodramaturgischer Ansatz zum Fremdsprachenerwerb. Mainz: Éditions Psychodramaturgie.

El-Mafaalani, Aladin (2018): Das Integrationsparadox. Warum gelungene Integration zu mehr Konflikten führt. 4. Auflage. Köln: Verlag Kiepenheuer & Witsch.

Eppstein, Thomas (2017): „Geflüchtete" als Bildungsaspiranten und Flucht als Gegenstand für eine Bildung in der Weltgesellschaft. In: Ghaderi, Cinur/Eppstein, Thomas (Hrsg.): Flüchtlinge. Multiperspektivische Zugänge. Wiesbaden: Springer VS, S. 147–168.

Esser, Friedrich Hubert/Granato, Mona/Neises, Frank (2017): Zusammenfassung und Schlussfolgerungen: Geflüchtete in berufliche Bildung integrieren. In: Granato, Mona/Neises, Frank (Hrsg.): Geflüchtete und berufliche Bildung. Wissenschaftliche Diskussionspapiere, Heft 187. Bonn: Bundesinstitut für Berufsbildung, S. 120–129.

Esser, Hartmut (2001): Integration und ethnische Schichtung. Arbeitspapiere – Mannheimer Zentrum für europäische Sozialforschung, Band 40.

Esser, Hartmut (1980): Aspekte der Wanderungssoziologie. Assimilation und Integration von Wanderern, ethnischen Gruppen und Minderheiten. Eine handlungstheoretische Analyse. Darmstadt: Luchterhand.

Esses, Victoria/Medianu, Stelian/Lawson, Andrea (2013): Uncertainty, threat, and the role of the media in promoting the dehumanization of immigrants and refugees. In: Journal of Social Issues 69, 3, S. 518–536.

Europäische Kommission (2015): ECTS Leitfaden. Luxemburg: Amt für Veröffentlichungen der Europäischen Union. https://ec.europa.eu/education/ects/users-guide/docs/ects-users-guide_de.pdf [Zugriff: 10.02.2020].

Farrokhzad, Schahrzad (2018a): Teilhabe geflüchteter Frauen am Arbeitsmarkt – Ausgangslage, Hürden, Handlungsstrategien. In: Pfeffer-Hoffmann, Christian (Hrsg.): Profile der Neueinwanderung 2018. Spezifische Herausforderungen der Arbeitsmarktintegration geflüchteter Frauen. Profile der Neueinwanderung, Band 2018. Berlin: Mensch und Buch Verlag, S. 19–85.

Farrokhzad, Schahrzad (2018b): Qualifikation und teilhabe geflüchteter Frauen und Männer am Arbeitsmarkt. In: Ceylan, Rauf/Ottersbach, Markus/Wiedemann, Petra (Hrsg.): Neue Mobilitäts- und Migrationsprozesse und sozialräumliche Segregation. Wiesbaden: SpringerVS, S. 157–185.

Farrokhzad, Schahrzad (2018c): Soziale Arbeit als Menschenrechtsprofession. Ein Interview mit Profin. Dr. Schahrzad Farrokhzad der TH Köln. In: ARIC-NRW e.V./Modellprojekt Kompass F – Kompetenzentwicklung im Diskriminierungsschutz für Flüchtlinge (Hrsg.): Diskriminierungsschutz in der Sozialen Arbeit mit geflüchteten Menschen. Prävention und Intervention. Arbeitshilfe. Köln, S. 17–20.

Faus, Rainer/Storcks, Simon (2019): Das pragmatische Einwanderungsland. Was die Deutschen über Migration denken. Bonn: Friedrich-Ebert-Stiftung.

Feltes, Thomas et al. (2018): Opfererfahrungen von Geflüchteten in Deutschland. Übersichtsarbeit zum Stand der Forschung. Arbeitspapier 2, Bochum/Köln. https://flucht.rub.de/images/arbeitspapiere/arbeitspapier02_flucht_als_sicherheitsproblem.pdf [Zugriff: 10.02.2020].

Filsinger, Dieter/Gesemann, Frank (2018): Kommunale Integrationskonzepte. Verbreitung, Funktion und Wirkung. Expertise im Auftrag des Sachverständigenrats deutscher Stiftungen für Integration und Migration. Berlin, Saarbrücken.

Fisch, Andreas (Hrsg.) (2018): Zuflucht – Zusammenleben – Zugehörigkeit? Kontroversen der Migrations- und Integrationspolitik interdisziplinär beleuchtet. Forum Sozialethik, Band 18. Münster: Aschendorff Verlag.

Fiske, Susan T. (2004): Social beings. Core motives in social psychology. Hoboken, NJ: J. Wiley.

Flory, Lea (2017): Traumasensibler und empowernder Umgang mit Geflüchteten. Ein Praxisleitfaden. Bundesweite Arbeitsgemeinschaft der psychosozialen Zentren für Flüchtlinge und Folteropfer, S. 29-31. http://www.baff-zentren.org/wp-content/uploads/2018/11/BAfF_Praxisleitfaden-Traumasensibler-Umgang-mit-Gefluechteten_2018.pdf [Zugriff: 10.02.2020].

Foroutan, Naika (2016): Postmigrantische Gesellschaften. In: Brinkmann, Heinz U./Sauer, Martina (Hrsg.): Einwanderungsgesellschaft Deutschland. Entwicklung und Stand der Integration. Wiesbaden: Springer VS, S. 227–254.

Freytag, Ronald (2016): Flüchtlinge 2016. Eine Studie der HMKW zu Demokratieverständnis und Integrationsbereitschaft von Flüchtlingen 2016. http://www.hmkw.de/fileadmin/media/downloads/pdfs/Publikationen/HMKW_Fl%C3%BCchtlinge_2016_Studie_Ronald_Freytag_20160815.pdf [Zugriff: 10.02.2020].

Frings, Dorothee (2018): Diskriminierungsschutz für Geflüchtete. Praxisnahe juristische Interventionen zum menschenrechtlichen Diskriminierungsschutz für Geflüchtete. https://www.kompass-f.de/fileadmin/public/Redaktion/Dokumente/PDF/Kompass_F-Expertise_web.pdf [Zugriff: 10.02.2020].

Frings, Dorothee (2017): Flüchtlinge als Rechtssubjekte oder als Objekte gesonderter Rechte. In: Ghaderi, Cinur/Eppstein, Thomas (Hrsg.): Flüchtlinge. Multiperspektivische Zugänge. Wiesbaden: Springer VS, S. 95–111.

Gäbel, Ulrike et al. (2005): Prävalenz der Posttraumatischen Belastungsstörung (PTSD) und Möglichkeiten der Ermittlung in der Asylverfahrenspraxis. In: Zeitschrift für Klinische Psychologie und Psychotherapie 35, 1, S. 12–20.

Gaitanides, Stefan (2012): Ist das Konzept der Integration überholt? Eine kritische Bestandsaufnahme in 10 Thesen. Vortragsmanuskript zu einer Tagung der Arbeitsgemeinschaft Migrantinnen, Migranten und Flüchtlinge in Niedersachen am 24.11.2012 in Hannover. https://www.frankfurt-university.de/fileadmin/standard/Hochschule/Fachbereich_4/Kontakte/ProfessorInnen/Stefan_Gaitanides/integrationskonzepte_auf_dem_pruefstand_hannover_11_2012.pdf [Zugriff: 10.02.2020].

Gaitanides, Stefan (2008): Interkulturelle Öffnung von Sozialen Diensten. Visionen und Stolpersteine. In: Rommelspacher, Birgit/Kollak, Ingrid (Hrsg.): Interkulturelle Perspektiven für das Sozial- und Gesundheitswesen. Frankfurt am Main: Mabuse-Verlag, S. 35–38.

Gardenswartz, Lee/Rowe, Anita (2003): Diverse teams at work. Capitalizing on the power of diversity. 2. Aufl. Virginia: Society for Human Resource Management.

Geis, Wido/Kemeny, Felicitas/Plünnecke, Axel (2015): Rendite akademischer Nachqualifizierung für zugewanderte Hochschulabsolventen. Gutachten für die Stiftung Mercator. https://www.iwkoeln.de/fileadmin/publikationen/2015/263795/Gutachten_ProSAL_IW_Koeln.pdf [Zugriff: 10.02.2020].

Georgi, Viola B. (2015): Anmerkungen zu aktuellen Debatten in der deutschen Migrationsgesellschaft. Integration, Diversity, Inklusion. In: DIE – Zeitschrift für Erwachsenenbildung, 2, S. 25–27.

Gerwing, Sarah et al. (2017): Vorurteile im Betrieb. Weniger Sprachlosigkeit, mehr Argumente für ein gutes Betriebsklima. RKW Kompetenzzentrum. https://www.rkw-kompetenzzentrum.de/fachkraeftesicherung/leitfaden/vorurteile-im-betrieb/ [Zugriff: 10.02.2020].

Ghaderi, Cinur/Eppstein, Thomas (Hrsg.) (2017): Flüchtlinge. Multiperspektivische Zugänge. Wiesbaden: Springer VS.

Gies, Hedi (2009): Sekundäre Traumatisierung und Mitgefühlserschöpfung am Beispiel familienähnlicher stationärer Betreuung in der Jugendhilfe. In: Systhema 23, 2, S. 214–288.

Glasersfeld, Ernst von (1985): Konstruktion der Wirklichkeit und des Begriffs der Objektivität. In: Gumin, Heinz/Meier, Heinrich (Hrsg.) (2010): Einführung in den Konstruktivismus. Beiträge von Heinz von Foerster, Ernst von Glaserfeld, Peter M. Hejl, Siegfried J. Schmidt, Paul Watzlawick. 12. Aufl. München: Piper Verlag, S. 9–40

Graevskaia, Alexandra/Klammer, Ute/Knuth, Matthias (2018): Nachqualifizierung als Strategie vorbeugender Sozialpolitik. Eine Untersuchung zu Angeboten, Nutzung und Entwicklungsmöglichkeiten der akademischen Nach- und Weiterqualifizierung zugewanderter Akademiker_innen. Düsseldorf: Forschungsinstitut für gesellschaftliche Weiterentwicklung. http://www.fgw-nrw.de/fileadmin/user_upload/FGW-Studie-VSP-12-Klammer-2018_10_06-komplett-web.pdf [Zugriff: 10.02.2020].

Graf, Gunter (2011): Der Fähigkeitenansatz als neue Grundlage der Armutsforschung? In: SWS-Rundschau 51, 1, S. 84–103.

Grinberg, León/Grinberg, Rebeca (2010): Psychoanalyse der Migration und des Exils. 2. Aufl. Stuttgart: Klett-Cotta.

Groß, Eva/Zick, Andreas/Krause, Daniela (2012): Von der Ungleichwertigkeit zur Ungleichheit: Gruppenbezogene Menschenfeindlichkeit. In: Aus Politik und Zeitgeschichte 62, 16-17, S. 11–18.

Gucanin, Ane (2003): Das EFQM-Modell auf dem Prüfstand. Forschungsergebnisse über Schwächen des EFQM-Modells für Excellence. In: QZ – Qualität und Zuverlässigkeit, 2, S. 109–110.

Gugel, Günther (2004): Zivilcourage lernen. Arbeitsmaterialien unter dem Aspekt eines begrenzten Zeitbudgets. In: Dovermann, Ulrich/Frech, Siegfried/Gugel, Günther (Hrsg.): Zivilcourage lernen. Analysen – Modelle – Arbeitshilfen. Bonn: Bundeszentrale für politische Bildung, S. 322–343.

Gün, Ali Kemal (2018): Interkulturelle therapeutische Kompetenz. Möglichkeiten und Grenzen psychotherapeutischen Handels. Stuttgart: Kohlhammer.

Gürtzgen, Nicole/Kubis, Alexander/Rebien, Martina (2017): IAB-Kurzbericht Nr. 14/2017. Geflüchtete kommen mehr und mehr am Arbeitsmarkt an. Institut für Arbeitsmarkt- und Berufsforschung der Bundesagentur für Arbeit, S. 4.

Haas, Michaela (2015): Am Trauma wachsen. In: DIE ZEIT, Nr. 36/2015.

Handicap international (o.J.): Rollenspiel „Einen Schritt nach vorn". https://handicap-international.de/sites/de/files/pdf/s10_ein-schritt-nach-vorn_lk.pdf [Zugriff: 10. 02.2020].

Handschuck, Sabine/Schröer, Hubertus (2011): Eigennamen in der interkulturellen Verständigung. Handbuch für die Praxis. 2., überarbeitete und erweiterte Auflage. Augsburg: ZIEL.

Hanewinkel, Vera/Oltmer, Jochen (2017): Integration und Integrationspolitik in Deutschland. Kurzdossiers. Zuwanderung, Flucht und Asyl: Aktuelle Themen. Bundeszentrale für politische Bildung. https://www.bpb.de/gesellschaft/migration /kurzdossiers/265044/integration-und-integrationspolitik [Zugriff: 10.02.2020].

Heidenreich, Martin/Zirra, Sascha (2012): Die Herausbildung der Arbeitsgesellschaft. https://www.bpb.de/politik/grundfragen/deutsche-verhaeltnisse-eine-sozialkunde/ 138700/die-herausbildung-der-arbeitsgesellschaft [Zugriff: 10.02.2020].

Heitmeyer, Wilhelm (Hrsg.) (2002-2011): Deutsche Zustände. Folge 1-10. Frankfurt am Main, Berlin: Suhrkamp.

Hemmelmann, Petra/Wegner, Susanne (2016): Flüchtlingsdebatte im Spiegel von Medien und Parteien. In: Communicatio Socialis: Zeitschrift für Medienethik und Kommunikation in Kirche und Gesellschaft 49, 1, S. 21–38.

Hewstone, Miles/Rubin, Mark/Willis, Hazel (2002): Intergroup bias. In: Annual review of psychology 53, S. 575–604.

Hummelsheim-Doss, Dina (2017): Objektive und Subjektive Sicherheit in Deutschland. In: Aus Politik und Zeitgeschichte 67, 32-33, S. 34–39.

Ibert, Oliver (2003): Projekte und Innovation. Projektorientierung in der Entwicklungsplanung als Antwort auf das Problem der Organisation von Innovation. In: Raumforschung und Raumordnung 61, 1-2, S. 3–12.

In Arbeit (2017): Praxistipps zur interkulturellen Zusammenarbeit im Betrieb. Initiative Neue Qualität der Arbeit. https://www.inqa.de/SharedDocs/PDFs/DE/Publikationen/in-arbeit-praxistipps-postkartenset.pdf;jsessionid=B5946258D7B78E47A9D 969D4D60CFAD2?__blob=publicationFile&v=4 [Zugriff: 10.02.2020].

Jambo, Svenja et al. (2017): Handlungsempfehlungen. Praktika für Flüchtlinge. Berlin: Institut der deutschen Wirtschaft Köln. https://www.kofa.de/mitarbeiter-finden-und-binden/nachwuchskraefte-ausbilden/praktika-von-fluechtlingen [Zugriff: 10. 02. 2020].

Jegodtka, Renate et al. (2016): Systemische Traumapädagogik. Traumasensible Begleitung und Beratung in psychosozialen Arbeitsfeldern. Göttingen: Vandenhoeck & Ruprecht.

Johansson, Susanne (2016): Was wir über Flüchtlinge (nicht) wissen. Der wissenschaftliche Erkenntnisstand zur Lebenssituation von Flüchtlingen in Deutschland. Eine Expertise im Auftrag der Robert Bosch Stiftung und des SVR-Forschungsbereichs. Berlin: Forschungsbereich beim Sachverständigenrat deutscher Stiftungen für Integration und Migration (SVR).

Jonas, Klaus/Stroebe, Wolfgang/Hewstone, Miles (Hrsg.) (2014): Sozialpsychologie. Eine Einführung. 6. Auflage. Berlin: Springer.

Jörke, Dirk/Selk, Veith (2017): Theorien des Populismus. Zur Einführung. Hamburg: Junius.

Justizportal NRW (o.J.): §63a HG – Gesetz über die Hochschulen des Landes Nordrhein-Westfalen. Anerkennung von Prüfungsleistungen und Studienabschlüssen. http://www.lexsoft.de/cgi-bin/lexsoft/justizportal_nrw.cgi?xid=7148215,78 [Zugriff: 10.02.2020].

Kalpaka, Anita (2003): Stolpersteine und Edelsteine in der interkulturellen und antirassistischen Bildungsarbeit. In: Stender, Wolfram/Rohde, Georg/Weber, Thomas (Hrsg.): Interkulturelle und antirassistische Bildungsarbeit. Projekterfahrungen und theoretische Beiträge. Frankfurt am Main: Brandes & Apsel, S. 56–79.

Kaplinska-Zajontz, Marta/Ferber-Brull, Rosa/Beune, Andreas (2014): SPRUNQ. Sprachcoaching für berufliche Unterstützung und Qualifizierung. AWO Bielefeld: IQ-Netzwerk Nordrhein-Westfalen. https://www.sprunq.de/ [Zugriff: 10.02.2020].

Kiziak, Tanja/Sixtus, Frederick/Klingholz, Reiner (2019): Von individuellen und institutionellen Hürden. Der lange Weg der Arbeitsmarktintegration Geflüchteter. Berlin-Institut für Bevölkerung und Entwicklung (Hrsg.), S. 6.

Klein, Susanne (2007): 50 Praxistools für Trainer, Berater und Coachs. Überblick, Anwendungen, Kombinationen. Offenbach: GABAL-Verlag.

Kleist, J. Olaf (2018): Flucht- und Flüchtlingsforschung in Deutschland: Akteure, Themen und Strukturen. (Hrsg. von) Institut für Migrationsforschung und Interkulturelle Studien (IMIS) der Universität Osnabrück / Bonn: Internationales Konversionszentrum Bonn (BICC).

Knapp, Barbara et al. (2017): Beratung und Vermittlung von Flüchtlingen. IAB-Forschungsbericht.

Knuth, Matthias (2016): Arbeitsmarktintegration von Flüchtlingen. Arbeitsmarktpolitik reformieren, Qualifikationen vermitteln. WISO Diskurs, 2016, 21. Bonn: Friedrich-Ebert-Stiftung Abteilung Wirtschafts- und Sozialpolitik.

Koall, Iris/Bruchhagen, Verena/Höher, Friederike (Hrsg.) (2007): Diversity Outlooks. Managing Diversity zwischen Ethik, Profit und Antidiskriminierung. Managing diversity, Band 6. Münster: LIT-Verlag.

Kober, Ulrich/Mayer, Matthias (2016): Arbeitsmarktintegration von Flüchtlingen: bestehende Praxisansätze und weiterführende Empfehlungen. Bertelsmann-Stiftung,

S. 6-7. https://www.bertelsmann-stiftung.de/fileadmin/files/Projekte/28_Einwanderung_und_Vielfalt/Studie_IB_Arbeitsmarktintegration_Fluechtlinge_2016.pdf [Zugriff: 10.02.2020].

Koch, Ute (2018): Integrationstheorien und ihr Einfluss auf Integrationspolitik. Kurzdossiers. Zuwanderung, Flucht und Asyl: Aktuelle Themen. Bundeszentrale für politische Bildung. https://www.bpb.de/gesellschaft/migration/kurzdossiers/269373/integrationstheorien?p=all [Zugriff: 10.02.2020].

Kogan, Ilany (2005): Nachwort. In: Bründl, Peter/Kogan, Ilany (Hrsg.): Kindheit jenseits von Trauma und Fremdheit. Psychoanalytische Erkundung von Migrationsschicksalen im Kindes- und Jugendalter. Frankfurt am Main: Brandes & Apsel, S. 288–300.

Koop, Alexander et al. (2016): Koordinationsmodelle und Herausforderungen ehrenamtlicher Flüchtlingshilfe in den Kommunen. Qualitative Studie des Berliner Instituts für empirische Integrations- und Migrationsforschung. Gütersloh: Bertelsmann Stiftung.

Köppel, Petra (2013): Diversity Management in Deutschland 2013. Ein Benchmark unter den DAX 30-Unternehmen. https://www.synergie-durch-vielfalt.de/fileadmin/diverse_PDF/Benchmark_DM_2013.pdf [Zugriff: 10.02.2020].

Köppel, Petra/Yan, Junchen/Lüdicke, Jörg (2007): Cultural Diversity Management in Deutschland hinkt hinterher. Gütersloh: Bertelsmann-Stiftung.

Krewer, Ann Marie et al. (2018): ReKulDH – Resilienzförderndes und kultursensibles Denken und Handeln in der Hilfe für geflüchtete Menschen. Fortbildungsmanual für haupt- und ehrenamtlich Mitarbeitende in der Hilfe für geflüchtete Menschen. Bonn: Eigenverlag der Bundeszentrale für Gesundheitliche Aufklärung.

Kronsteiner, Ruth (2003): Kultur und Migration in der Psychotherapie. Ethnologische Aspekte in psychoanalytischer und systemischer Therapie. Frankfurt am Main: Brandes Apsel Verlag.

Krupop, Frank Stefan (2014): Ein großer SPRUNQ nach vorn. Das IQ-Modellprojekt „Sprachcoaching für berufliche Unterstützung und Qualifizierung". In: G.I.B. INFO, 4, S. 28–41.

Küpper, Beate (2019): Einwanderungspolitik für die pragmatische Mitte. In: Weiterdenken, 2. Diskussionspapier des Landesbüros NRW der Friedrich-Ebert-Stiftung.

Küpper, Beate/Zick, Andreas (2015): Religionen und Vorurteile. empirische Zusammenhänge über individuelle Einstellungsmuster. In: Klöcker, Michael/Twuroschka, Udo (Hrsg.): Handbuch der Religionen. München: OLZOG.

Kurz, Bettina/Kubek, Doreen (2018): Kursbuch Wirkung. Das Praxishandbuch für alle, die Gutes noch besser tun wollen. Berlin: Phineo.

Lado, Robert (1957): Linguistics Across Cultures: Applied Linguistics for Language Teachers. The University of Michigan Press.

Latané, Bibb/Darley, John M. (1970): The Unresponsive Bystander. Why Doesn't He Help? Century Psychology Series. New York: Appleton-Century Crofts.

Leiprecht, Rudolf (Hrsg.) (2011): Diversitätsbewusste soziale Arbeit. Reihe Politik und Bildung, Band 62. Schwalbach/Ts.: Wochenschau-Verl.

Leiprecht, Rudolf (2004): Kultur – was ist das eigentlich? Arbeitspapiere des IBKM. Universität Oldenburg.

Lemmer, Gunnar/Wagner, Ulrich (2015): Can we really reduce ethnic prejudice outside the lab? A meta-analysis of direct and indirect contact interventions. In: European Journal of Social Psychology 45, 2, S. 152–168.

Losche, Helga (2003): Interkulturelle Kommunikation. Sammlung praktischer Spiele und Übungen. 3. Aufl. Augsburg: ZIEL.

Manow, Philip (2018): Die politische Ökonomie des Populismus. Berlin: Suhrkamp.

Matthes, Stephanie et al. (2018): Junge Geflüchtete auf dem Weg in Ausbildung. Ergebnisse der BA/BIBB-Migrationsstudie 2016. Bonn: Bundesinstitut für Berufsbildung (BIBB).

McDonald, Vincent/Olley, Debbie (2002): Aspiring to Inclusion. A handbook for councils and other organisations. Developed from the Index for Inclusion. Ipswich: Sufflok County Council.

Mecheril, Paul (2011): Wirklichkeit schaffen. Integration als Dispositiv. In: Aus Politik und Zeitgeschichte 63, 43, S. 49–54.

Mecheril, Paul (2005): Was sie schon immer über Rassismuserfahrungen wissen wollten. In: Leiprecht, Rudolf/Kerber, Anne (Hrsg.): Schule in der Einwanderungsgesellschaft. Ein Handbuch. Schwalbach/Taunus: Wochenschau-Verlag, S. 442–471.

Mecheril, Paul (2004): Beratung in der Migrationsgesellschaft. Paradigmen einer pädagogischen Handlungsform. In: Cyrus, Norbert (Hrsg.): Handbuch soziale Arbeit in der Einwanderungsgesellschaft. Frankfurt am Main: Brandes und Apsel, S. 371–387.

Mecheril, Paul (2003): Prekäre Verhältnisse. Über natio-ethno-kulturelle (Mehrfach-)Zugehörigkeit. Münster: Waxmann Verlag.

Mediendienst Integration (2016): Wer kommt, wer geht. http://mediendienst-integration.de/migration/wer-kommt-wer-geht.html [Zugriff: 10.02.2020].

Melter, Claus (2006): Rassismuserfahrungen in der Jugendhilfe. Eine empirische Studie zu Kommunikationspraxen in der Sozialen Arbeit. Münster: Waxmann.

Ministerium für Kinder, Familie, Flüchtlinge und Integration des Landes Nordrhein-Westfalen (2018): Interkulturelle Öffnung als Erfolgsfaktor! – Wir sind Partner! Tätigkeitsberichte 2016/2017 der Partner der Landesinitiative „Vielfalt verbindet!“. https://www.mkffi.nrw/sites/default/files/asset/document/18-0173_mkffi_broschure_interkulturelle_offnung_der_landesverwaltung_neu_web.pdf [Zugriff: 10.02.2020].

Ministerium für Schule und Weiterbildung NRW (2016): Herkunftssprachlicher Unterricht. https://www.bezreg-arnsberg.nrw.de/themen/h/herkunftssprachlicher_unterricht/ [Zugriff: 10.02.2020].

Moll, Andre/Kohler, Gabriele (Hrsg.) (2013): Excellence-Handbuch. Grundlagen und Anwendung des EFQM Excellence Modells. Düsseldorf: Symposium Publishing GmbH.

Montag Stiftung Jugend und Gesellschaft (Hrsg.) (2011): Inklusion vor Ort. Der Kommunale Index für Inklusion – ein Praxishandbuch. Berlin: Eigenverlag des Deutschen Vereins für Öffentliche und Private Fürsorge.

Närdemann, Larissa (2018): Flucht, Arbeit, Integration. Vorstellungen, Erwartungen und Bedarfe von Menschen mit Fluchterfahrung in Bezug auf den deutschen Arbeitsmarkt und daraus resultierende Handlungsempfehlungen für die Freiwilligenarbeit. Masterarbeit. Mönchengladbach: Hochschule Niederrhein/Fachbereich Sozialwesen.

Natarajan, Radhika (2019): Einleitung. In: Natarajan, Radhika (Hrsg.): Sprache, Flucht, Migration. Kritische, historische und pädagogische Annäherungen. Wiesbaden: Springer Fachmedien Wiesbaden, S. 3–48.

Nohl, Arnd-Michael/Weiß, Anja (2009): Jenseits der Greencard: Ungesteuerte Migration Hochqualifizierter. In: Aus Politik und Zeitgeschichte, 44, S. 12–18.

Norton, Bonny/Toohey, Kelleen (2011): Identity, language learning, and social change. In: Language Teaching 44, 4, S. 412–446.

Nuscheler, Franz (2004): Internationale Migration. Flucht und Asyl. 2. Auflage. Grundwissen Politik, Bd. 14. Wiesbaden: VS Verlag für Sozialwissenschaft.

Nüß, Sandra/Schubert, Herbert (2004): Projektmanagement in der sozialen Arbeit. Ergebnisse einer Befragung von Akteuren der sozialen Arbeit zum Projektmanagement in Kalker Einrichtungen. Forschungsprojekt „Sozialpädagogische Projekte und soziale Stadtteilentwicklung", Forschungsschwerpunkt, Sozial.Raum.Management, Arbeitspapier 9. Fachhochschule Köln, Fakultät für Angewandte Sozialwissenschaften.

Nussbaum, Martha (2010): Die Grenzen der Gerechtigkeit. Behinderung, Nationalität und Spezieszugehörigkeit. Berlin: Suhrkamp.

[OECD] Organisation for Economic Co-Operation and Development (2017): Nach der Flucht: Der Weg in die Arbeit. Arbeitsmarktintegration von Flüchtlingen in Deutschland. http://www.oecd.org/berlin/publikationen/Arbeitsmarktintegration-von-Fluechtlingen-in-Deutschland-2017.pdf [Zugriff: 28.01.2020].

Ohm, Udo (2007): Informationsverarbeitung vs. Partizipation: Zweitsprachenerwerb aus kognitiv-interaktionistischer und soziokultureller Perspektive. In: Krumm, Hans-Jürgen/Eßer, Ruth (Hrsg.): Bausteine für Babylon. München: Iudicium Verlag, S. 24–33.

Oltmer, Jochen (Hrsg.) (2016): Handbuch Staat und Migration in Deutschland seit dem 17. Jahrhundert. Berlin, Boston: de Gruyter Oldenbourg.

Paluck, Elizabeth Levy/Green, Donald P. (2009): Prejudice reduction: what works? A review and assessment of research and practice. In: Annual review of psychology 60, S. 339–367.

Pettigrew, Thomas F. (1979): The Ultimate Attribution Error. Extending Allport's Cognitive Analysis of Prejudice. In: Personality and Social Psychology Bulletin 5, 4, S. 461–476.

Pettigrew, Thomas F./Tropp, Linda R. (2006): A meta-analytic test of intergroup contact theory. In: Journal of personality and social psychology 90, 5, S. 751–783.

Pichl, Maximilian (2017): Diskriminierung von Geflüchteten und Geduldeten. In: Scherr, Albert/Mafaalani, Aladin e./Yüksel, Emine G. (Hrsg.): Handbuch Diskriminierung. Springer Reference Sozialwissenschaften. Wiesbaden: Springer VS, S. 450–462.

Piontkowski, Ursula et al. (2000): Predicting acculturation attitudes of dominant and non-dominant groups. In: International Journal of Intercultural Relations 24, 1, S. 1–26.

Plutzar, Verena (2016): Sprachenlernen nach der Flucht. Überlegungen zu Implikationen der Folgen von Flucht und Trauma für den Deutschunterricht Erwachsener. In: Cölfen, Hermann/Januschek, Franz (Hrsg.): Flucht_Punkt_Sprache. Osnabrücker Beiträge zur Sprachtheorie, Band 89. Duisburg: Universitätsverlag Rhein-Ruhr, S. 109–133.

Pohl, Thomas (2009): Entgrenzte Stadt. Räumliche Fragmentierung und zeitliche Flexibilisierung in der Spätmoderne. Bielefeld: Transcript-Verl.

Preußig, Jörg (2018): Agiles Projektmanagement. Scrum, Use Cases, Task Boards & Co. Freiburg: Haufe Verlag.

Pro Asyl e.V. (2018): Eritrea: Ein Land im Griff einer Diktatur. Desertion, Flucht & Asyl. Broschüre. https://www.proasyl.de/wp-content/uploads/2018/05/PRO_ASYL_Connection_Broschuere_Eritrea_EinLandimGriffeinerDiktatur_Web.pdf [Zugriff: 28.01.2020].

Pro Asyl e.V. (2016a): Asyl ist Menschenrecht. Informationen zum Thema Flucht und Asyl. https://www.proasyl.de/wp-content/uploads/2016/09/PRO_ASYL_Asyl-ist-MR_Broschuere_Web_klein_sep16.pdf [Zugriff: 10.02.2020].

Pro Asyl e.V. (2016b): Sagt man jetzt Flüchtlinge oder Geflüchtete? https://www.proasyl.de/hintergrund/sagt-man-jetzt-fluechtlinge-oder-gefluechtete/ [Zugriff: 10.02.2020].

Putnam, Robert D. (2000): Bowling alone: the collapse and revival of American community. New York: Simon and Schuster.

Razum, Oliver/Wenner, Judith/Bozorgmehr, Kayvan (2016): Wenn Zufall über den Zugang zur Gesundheitsversorgung bestimmt: Geflüchtete in Deutschland. In: Gesundheitswesen 78, 11, S. 711–714.

[RBSG] Robert Bosch Stiftung (2016): Chancen erkennen – Perspektiven schaffen – Integration ermöglichen. Bericht der Robert Bosch Expertenkommission zur Neuausrichtung der Flüchtlingspolitik. Stuttgart: Robert Bosch Stiftung.

Regiestelle Weiterbildung (2012): Leitfaden zur Sicherung der Nachhaltigkeit im und nach Projektverlauf. http://initiative-weiter-bilden.de/fileadmin/pdfs/downloads/Leitfaden_zur_Sicherung_der_Nachhaltigkeit.pdf [Zugriff: 28.01.2020].

Reichel, René/Rabenstein, Reinhold (2012): kreativ beraten. Methoden und Strategien für kreative Beratungsarbeit, Coaching und Supervision. 5. Auflage. S. 57f. Münster: Ökotopia Verlag.

Reiss, Michael/von Rosenstiel, Lutz/Hofmann, Laila (1997): Change Management. Programme, Projekte und Prozesse. Stuttgart: Schäffer-Poeschel Verlag.

Ridley, Charles R. (2005): Overcoming unintentional racism in counseling and therapy. A practitioner's guide to intentional intervention. Thousand Oaks: Sage Publications.

Rieger, Judith (2014): Die individuelle Basis für Partizipation: Haltung und Fachkompetenz. In: Straßburger, Gaby/Rieger, Judith (Hrsg.): Partizipation kompakt. Für Studium, Lehre und Praxis sozialer Berufe, S. 56–73.

Riek, Blake M./Mania, Eric W./Gaertner, Samuel L. (2006): Intergroup Threat and Outgroup Attitudes. A Meta-Analytic Review. In: Personality and Social Psychology Review 10, 4, S. 336–353.

Rippl, Susanne/Baier, Dirk (2005): Das Deprivationskonzept in der Rechtsextremismusforschung. In: Kölner Zeitschrift für Soziologie und Sozialpsychologie 57, 4, S. 644–666.

Roth, Christina (2018): Rassismuskritische Haltung in der Beratung. In: ARIC-NRW e.V./Modellprojekt Kompass F – Kompetenzentwicklung im Diskriminierungsschutz für Flüchtlinge (Hrsg.): Diskriminierungsschutz in der Sozialen Arbeit mit geflüchteten Menschen. Prävention und Intervention. Arbeitshilfe. Köln, S. 26–29.

Schiefer, David (2018) für den Sachverständigenrat deutscher Stiftungen für Integration und Migration (SVR): Viele Fragen, zu viele Antworten? Die Transparenz des Asyl- und Aufnahmesystems für Flüchtlinge. Policy Brief des SVR Forschungsbereichs 2017-4. Herausgegeben von der Robert-Bosch-Stiftung.

Schiefer, David (2017) für den Sachverständigenrat deutscher Stiftungen für Integration und Migration (SVR): Wie gelingt Integration? Asylsuchende über ihre Lebenslage und Teilhabeperspektive in Deutschland. Studie des SVR Forschungsbereichs 2017-4. Herausgegeben von der Robert Bosch Stiftung.

Schiffauer, Werner/Eilert, Anne/Rudloff, Marlene (Hrsg.) (2017): So schaffen wir das? eine Zivilgesellschaft im Aufbruch. 90 wegweisende Projekte mit Geflüchteten. Bielefeld: transcript Verlag.

Schmid Noerr, Gunzelin/Meints-Stender, Waltraud (Hrsg.) (2017): Geflüchtete Menschen. Ankommen in der Kommune. Theoretische Beiträge und Berichte aus der Praxis. Opladen, Berlin, Toronto: Verlag Barbara Budrich.

Schmitt, Caroline (2016): Inklusion, Interkulturelle Öffnung, Diversity. Professionstheoretische Überlegungen zu einem kritisch-reflexiven Inklusionsverständnis. In: Zeitschrift für Inklusion 11, 2, Online-Zeitschrift.

Schneider, Gerald/Riedel, Lisa (2017): Dezentraler Asylvollzug diskriminiert: Anerkennungsquoten von Flüchtlingen im bundesdeutschen Vergleich, 2010-2015. In: Politische Vierteljahresschrift 58, 1, S. 23–50.

Schouler-Ocak, Meryam/Kurmeyer, Christine (2017): Study on Female Refugees. Repräsentative Untersuchung von geflüchteten Frauen in unterschiedlichen Bundesländern in Deutschland. Bundesamt für Migration und Flüchtlinge. https://female-refugee-study.charite.de/fileadmin/user_upload/microsites/sonstige/mentoring/Abschlussbericht_Final_-1.pdf [Zugriff: 10.02.2020].

Schröder, Helmut/Zok, Klaus/Faulbaum, Frank (2018): Gesundheit von Geflüchteten in Deutschland. Ergebnisse einer Befragung von Schutzsuchenden aus Syrien, dem Irak und Afghanistan. In: WIdO Monitor 15, 1, S. 1–20.

Schröer, Hubertus (2007): Interkulturelle Öffnung und Diversity Management. Konzepte und Handlungsstrategien zur Arbeitsmarkintegration von Migrantinnen und Migranten. erstellt im Auftrag des Netzwerks „Integration durch Qualifizierung – IQ“. Schriftenreihe IQ Band 1. http://www.content-zwh.de/intqua/fileadmin/user_upload/pdf/IQ-Schriftenreihe_InterkulturelleOeffnung_web.pdf. [Zugriff: 28.01.2020].

Schumacher, Jürgen/INBAS-Sozialforschung GmbH (2018): Kooperation von Haupt- und Ehrenamtlichen in der Arbeit mit Geflüchteten. Bestandsaufnahme und Handlungsempfehlungen. Frankfurt am Main. https://www.bamf.de/SharedDocs/Anlagen/DE/Integration/Ehrenamt/studie-ehrenamt-hauptamt-inbas.pdf?__blob=publicationFile&v=5 [Zugriff: 28.01.2020].

Sen, Amartya (1993): Capability and well-being. In: Nussbaum, Martha C./Sen, Amartya (Hrsg.): The quality of life. Oxford: Clarendon Press.

Serena, Sivlana (2005): Der hermeneutische Ansatz im Fremdsprachenunterricht. Rückblick und Ausblick. Silvia Serena im Interview mit Hans Hunfeld. In: Babylonia – Zeitschrift für Sprachunterricht und Sprachenlernen, 1, S. 43–47.

Seukwa, Henri Louis (o.J.): Flucht, Asyl, Migration. Angekommen – aber dann? Interview auf ZEIT Online. https://www.zeit.de/angebote/forschungswelten-forschen de-fachhochschulen/interview-migration [Zugriff: 27.08.2019].

Sidanius, James/Pratto, Felicia (1999): Social Dominance. An Intergroup Theory of Social Hierarchy and Oppression. New York: Cambridge University Press.

Simon, Fritz B. (2017): Einführung in Systemtheorie und Konstruktivismus. Heidelberg: Carl-Auer-Systeme Verlag.

Sluzki, Carlos E. (2010): Psychologische Phasen der Migration und ihre Auswirkungen. In: Hegemann, Thomas/Salman, Ramazan (Hrsg.): Handbuch Transkulturelle Psychiatrie. Bonn: Psychiatrie-Verlag, S. 108–123.

Söhn, Janina et al. (2017): Erfolgsfaktoren für die Integration von Flüchtlingen. Forschungsbericht/Bundesministerium für Arbeit und Soziales, FB484. Göttingen: Bundesministerium für Arbeit und Soziales; Soziologisches Forschungsinstitut an der Universität Göttingen e.V.

Spatscheck, Christian/Thiessen, Barbara (2017): „Inklusion ist…". Ein Überblick über die Perspektiven und Positionen der Sozialen Arbeit zur Inklusionsdebatte. In: Spatscheck, Christian/Thiessen, Barbara (Hrsg.): Inklusion und Soziale Arbeit. Teilhabe und Vielfalt als gesellschaftliche Gestaltungsfelder. Theorie, Forschung und Praxis der Sozialen Arbeit, Band 14. Opladen, Berlin, Toronto: Verlag Barbara Budrich, S. 11–18.

Spohn, Cornelia/Avantario, Vito (Hrsg.) (2006): Zweiheimisch. Bikulturell leben in Deutschland. Hamburg: Edition Körber-Stiftung.

Stangl, Werner (2019): Resilienz. Lexikon für Psychologie und Pädagogik. https://lexikon.stangl.eu/593/resilienz/ [Zugriff: 10.02.2020].

Statistisches Bundesamt (2019): Bevölkerung – Migration und Integration. https://www.destatis.de/DE/Themen/Gesellschaft-Umwelt/Bevoelkerung/Migration-Integration/_inhalt.html [Zugriff: 10.02.2020].

Statistisches Bundesamt (2018): Bildungsstand der Bevölkerung. Ergebnisse des Mikrozensus 2017. Ausgabe 2018. https://www.destatis.de/DE/Themen/Gesellschaft-Umwelt/Bildung-Forschung-Kultur/Bildungsstand/Publikationen/Downloads-Bildungsstand/bildungsstand-bevoelkerung-5210002177004.pdf?__blob=publicationFile&v=4 [Zugriff: 28.01.2020].

Stoik, Christoph (2009): Aktivierende Befragung / Aktivierendes Gespräch. In: sozialraum.de (1) Ausgabe 2/2009.

Straub, Jürgen/Weidemann, Arne/Weidemann, Doris (Hrsg.) (2007): Handbuch interkulturelle Kommunikation und Kompetenz. Grundbegriffe – Theorien – Anwendungsfelder. Stuttgart, Weimar: Verlag J.B. Metzler.

Sulzer, Annika (2013): Inklusion als Werterahmen für Bildungsgerechtigkeit. In: Wagner, Petra (Hrsg.): Handbuch Inklusion. Grundlagen vorurteilsbewusster Bildung und Erziehung. Freiburg im Breisgau: Herder, S. 12–21.

SVR (2018a): Sachverständigenrat deutscher Stiftungen für Integration und Migration. Steuern, was zu steuern ist: Was können Einwanderungs- und Integrationsgesetz leisten? Jahresgutachten 2018. Berlin. https://www.svr-migration.de/publikationen/jahresgutachten_2018/ [Zugriff: 10.02.2020].

SVR (2018b): Stabiles Klima in der Integrationsrepublik Deutschland. SVR Integrationsbarometer 2018. Berlin.

Teller, Isabel [GBB Aachen] (2017): Rechtsschutz gegen Diskriminierung. Handreichung für AD-Beratungsstellen. Aachen.

Thomas, Alexander (2006): Kultur und Kulturstandards. In: Thomas, Alexander/Kinast, Eva-Ulrike/Schroll-Machl, Sylvia (Hrsg.): Handbuch interkulturelle Kommunikation und Kooperation. Band 1: Grundlagen und Praxisfelder. Göttingen: Vandenhoeck & Ruprecht, S. 19–31.

Ting-Toomey, Stella/Oetzel, John G. (2003): Cross-Cultural Face Concerns and Conflict Styles. Current Status and Future Directions. In: Gudykunst, William B./

Mody, Bella (Hrsg.): Handbook of international and intercultural communication. 2. ed. Thousand Oaks: Sage, S. 143–164.

Többe-Schukalla, Monika (2014): Soziale Arbeit im Kontext von Migrations- und Integrationspolitik. In: Benz, Benjamin et al. (Hrsg.): Politik Sozialer Arbeit. Band 2: Akteure, Handlungsfelder und Methoden. Weinheim: Beltz Juventa, S. 217–235.

Treibel, Annette (2011): Migration in modernen Gesellschaften. Soziale Folgen von Einwanderung, Gastarbeit und Flucht. 5. Auflage. Grundlagentexte Soziologie. Weinheim, München: Juventa.

Twain, Mark (1891/1996): The Awful German Language. Die schreckliche deutsche Sprache. Übersetzt von Ulrich Steindorff Carrington. Recklingshausen: Manuscriptum.

Ullmann, Johanna Maria/Lingen-Ali, Ulrike (2018): Geflüchtete Frauen in Deutschland. Kurzdossier: Zuwanderung, Flucht und Asyl. Bundeszentrale für politische Bildung. https://www.bpb.de/gesellschaft/migration/kurzdossiers/280382/gefluechtete-frauen-in-deutschland [Zugriff: 10.02.2020].

UNHCR Deutschland (2019): Statistiken. https://www.unhcr.org/dach/de/services/statistiken [Zugriff: 10.02.2020].

van Keuk, Eva/Ghaderi, Cinur/Joksimovic, Ljiljana (Hrsg.) (2010): Diversity. Transkulturelle Kompetenz in klinischen und sozialen Arbeitsfeldern. Stuttgart: Kohlhammer.

Volkert, Jürgen (Hrsg.) (2005): Armut und Reichtum an Verwirklichungschancen. Amartya Sens Capability-Konzept als Grundlage der Armuts- und Reichtumsberichterstattung. Wiesbaden: Springer VS Verlag für Sozialwissenschaften.

Vom Orde, Heike (2016): Flucht und Asyl in den Medien. In: TeleVizion 29, 2, S. 11–13.

Voswinkel, Stephan/Kontos, Maria (2010): Ungenutzte Kompetenzen. Probleme und Chancen der Beschäftigung hochqualifizierter Migrantinnen und Migranten. In: Sozialwissenschaften und Berufspraxis (SuB) 33, 2, S. 212–241.

Wagner, Ulrich (2017): Geflüchtete und wir – sozialpsychologische Perspektive. In: Ghaderi, Cinur/Eppstein, Thomas (Hrsg.): Flüchtlinge. Multiperspektivische Zugänge. Wiesbaden: Springer VS, S. 169–181.

Walburg, Christian (2018): Migration und Kriminalität – Erfahrungen und neuere Entwicklungen. Dossier Innere Sicherheit. Christian Walburg für bpb.de. http:// www.bpb.de/politik/innenpolitik/innere-sicherheit/272522/migration-und-kriminalitaet [Zugriff: 31.07.2019].

Weichselbaumer, Doris (2016): Discrimination Against Female Migrants Wearing Headscarves. Bonn: Forschungsinstitut zur Zukunft der Arbeit (IZA).

Weller, Fritz (2018): Interkulturelle Öffnungsprozesse beim Caritasverband Stuttgart. In: Blank, Beate et al. (Hrsg.): Soziale Arbeit in der Migrationsgesellschaft. Grundlagen – Konzepte – Handlungsfelder. Wiesbaden: Springer VS, S. 787–796.

Winker, Gabriele/Degele, Nina (2009): Intersektionalität. Zur Analyse sozialer Ungleichheiten. Bielefeld: Transcript.

Woellert, Franziska et al. (2016): An die Arbeit. Wie lokale Initiativen zur Integration von Flüchtlingen in den Arbeitsmarkt beitragen können. Discussion Paper, Band 19. Berlin: Berlin-Institut für Bevölkerung und Entwicklung.

Worbs, Susanne/Bund, Eva (2016): Asylberechtigte und anerkannte Flüchtlinge in Deutschland. Qualifikationsstruktur, Arbeitsmarktbeteiligung und Zukunftsorientierungen. Ausgabe 1|2016 der Kurzanalysen des Forschungszentrums Migration, Integration und Asyl des Bundesamtes für Migration und Flüchtlinge. Nürnberg: BAMF.

XENOS Panorama Bund (o.J.): Transfercoach. Einführung in den Transfercoach. https://www.xenos-panorama-bund.de/zumtransfercoach [Zugriff: 15.05.2019].

Zick, Andreas (2010): Psychologie der Akkulturation. Neufassung eines Forschungsbereiches. Wiesbaden: VS Verlag für Sozialwissenschaft.

Zick, Andreas/Küpper, Beate/Berghan, Wilhelm (2019): Verlorene Mitte – Feindselige Zustände. Rechtsextreme Einstellungen in Deutschland 2018/19. Hrsg. von Franziska Schröter für die Friedrich-Ebert-Stiftung. Bonn: Dietz-Verlag.

Zick, Andreas/Preuß, Madlen (2019): Einstellungen zur Integration in der deutschen Bevölkerung. Dritter Erhebung im Projekt „ZuGleich – Zugehörigkeit und Gleichwertigkeit“. Essen: Stiftung Mercator.

Zick, Andreas/Küpper, Beate/Krause, Daniela (2016): Gespaltene Mitte – Feindselige Zustände. Rechtsextreme Einstellungen in Deutschland 2016. Hrsg. von Ralf Melzer für die Friedrich-Ebert-Stiftung. Bonn: Dietz-Verlag.

Zick, Andreas/Küpper, Beate/Hövermann, Andreas (2011): Die Abwertung der Anderen. Eine europäische Zustandsbeschreibung zu Intoleranz, Vorurteilen und Diskriminierung. Hrsg. von der Friedrich-Ebert-Stiftung. Berlin.

Zick, Andreas et al. (2008): The Syndrome of Group-focused Enmity. The interrelationship between prejudices tested with multiple cross-sectional and panel data. In: Journal of Social Issues 64, 2, S. 363–383.

Zito, Dima/Martin, Ernest (2016): Umgang mit traumatisierten Flüchtlingen. Ein Leitfaden für Fachkräfte und Ehrenamtliche. Weinheim, Basel: Beltz Juventa.

Die Autorinnen

Beatrix Bos-Firchow, M.A. Interprofessional Health and Community Care, BBA. Wissenschaftliche Mitarbeiterin am SO.CON Institut. Arbeitsschwerpunkte: Projektmanagement, Interkulturelle Öffnung, Arbeit mit Unternehmen und Zugewanderten.

Özan Golestani, M.A. Sozialwissenschaften, wissenschaftliche Mitarbeiterin am SO.CON Institut an der Hochschule Niederrhein. Sie arbeitet zu den Themen inklusive, partizipative Stadteilentwicklung und Lokale Ökonomie.

Susanne Grimaldi, Dr. phil., M.A. Kulturwissenschaften. Wissenschaftliche Mitarbeiterin und Sprachcoacherin für Deutsch als Zweitsprache im Projekt OnTOP für zugewanderte Akademiker_innen an der Hochschule Niederrhein. Arbeitsschwerpunkte sind die Förderung von internationalen Studierenden sowie die Arbeitsmarktintegration von geflüchteten Frauen.

Ann Marie Krewer, Dr. phil., Politikwissenschaftlerin, Lehrkraft für besondere Aufgaben am Fachbereich Sozialwesen der Hochschule Niederrhein sowie Leiterin des Instituts „SO.CON, Forschung und Entwicklung in der Sozialen Arbeit“. Arbeitsschwerpunkte: Sozialraumorientierung, Quartiersmanagement, differenzsensible Handlungskonzepte in institutionellen und kommunalen Kontexten.

Beate Küpper, Dr., Dipl.-psych., Professorin für Soziale Arbeit in Gruppen und Konfliktsituationen an der Hochschule Niederrhein. Sie arbeitet zu den Themen Rechtspopulismus, Vorurteile, Diversity und Integration an der Schnittstelle von Wissenschaft und Praxis und ist u.a. im Beirat des Bündnisses für Demokratie und Toleranz der Bundeszentrale für politische Bildung.

Swantje Maaßen, B.A. Soziologie, wissenschaftliche Mitarbeiterin am Institut SO.CON an der Hochschule Niederrhein. Arbeitsschwerpunkte: Projektentwicklung, Institutsassistenz, Gender.

Maike Michalowski, M.A. Psychosoziale Beratung und Mediation, Dipl. Päd., war als wissenschaftliche Mitarbeiterin im SO.CON-Institut an der Hochschule Niederrhein tätig. Sie hat Erfahrungen in interkulturellen Arbeitsbezügen, der Zusammenarbeit von Haupt- und Ehrenamtlichen und in der Bildungsarbeit mit ehrenamtlich Tätigen.

Larissa Närdemann, M.A. Kulturpädagogik und Kulturmanagement, arbeitet als Projektmanagerin bei der Stiftung TalentMetropole Ruhr und unterstützt junge Menschen beim Übergang von der Schule in das Berufsleben. Zuvor arbeitete sie im Projekt „Kulturelle Vielfalt in Betrieben“ und schrieb ihre Abschlussarbeit zum Thema Arbeitsmarktintegration von Geflüchteten.

Flavia Nebauer, Dipl.-Soziologin, M.A. Erwachsenenbildung, wissenschaftliche Mitarbeiterin am Institut SO.CON an der Hochschule Niederrhein. Arbeitsschwerpunkte: Migration, Bildung, Projektmanagement.

Lisa-Marie Rüther, M.A. Empowerment Studies, B.A. Soziale Arbeit, Projektreferentin im Projekt „Kompass F – Kompetenzentwicklung im Diskriminierungsschutz für Geflüchtete“. Das Projekt befindet sich in Trägerschaft des Anti-Rassismus Information-Centrum ARIC-NRW e.V. und wird durch das Bundesprogramm Demokratie Leben! dem Ministerium für Kinder, Familie, Flüchtlinge und Integration des Landes Nordrhein-Westfalen und der Glücksspirale gefördert (Laufzeit 2017-2020).

Ariane Schulz, M.A. Sporttourismus und Erholungsmanagement, B.A. Ergotherapie. Wissenschaftliche Mitarbeiterin im Institut SO.CON der Hochschule Niederrhein, Projekt OnTOP – Brückenmaßnahme für zugewanderte Akademiker_innen. Arbeitsschwerpunkte sind die Beratung und Förderung bei der Arbeitsmarktintegration.

Julia Tiskens, Sozialarbeiterin (B.A.), M.A. Psychosoziale Beratung und Mediation. Wissenschaftliche Mitarbeiterin am Institut SO.CON am Fachbereich Sozialwesen der Hochschule Niederrhein. Arbeitsschwerpunkt: Projekt „High Potentials Crossing Borders“ (grenzüberschreitendes Projekt in Kooperation mit der Fontys International Business School, der Hogeschool Zuyd und der FH Düsseldorf).

Marieke Vomberg, M.A. Business Management, wissenschaftliche Mitarbeiterin am Institut SO.CON der Hochschule Niederrhein. Arbeitsschwerpunkte: Quartiers-/ Stadtteilmanagement, Digitalisierung in der kaufmännischen Ausbildung und Projektentwicklung.

Nicole van Wickeren, M.A. Kulturpädagogik/Kulturmanagement und Interkulturelle Trainerin, war von 2013 bis 2018 für verschiedene Projekte im Bereich Diversity (v.a. Gender und Interkulturalität) am SO.CON Institut tätig, u.a. im IQ-Projekt „Kulturelle Vielfalt in Betrieben“. Aktuell arbeitet sie als Pädagogin für Freiwilligendienste.

Stefanie Wolgast, M.A. Psychosoziale Beratung und Mediation, B.A. Soziale Arbeit, ist seit 2015 wissenschaftliche Mitarbeiterin im Institut SO.CON der Hochschule Niederrhein. Sie unterstützt in der Brückenmaßnahme OnTOP des Förderprogramms „Integration durch Qualifizierung" (IQ) zugewanderte Akademiker_innen bei der Integration in den deutschen Arbeitsmarkt.